新教育文库·阅读课系列

文库主编 朱永新

给孩子们上的阅读课

——"中国小学生基础阅读书目"阅读指导设计

吴建英 主编

海峡出版发行集团 | 福建教育出版社

图书在版编目（CIP）数据

给孩子们上的阅读课："中国小学生基础阅读书目"阅读指导设计/吴建英主编．—福州：福建教育出版社，2015.5（2015.10 重印）
（新教育文库．阅读课系列/朱永新主编）
ISBN 978-7-5334-6612-1

Ⅰ.①给…　Ⅱ.①吴…　Ⅲ.①阅读课－小学－教学参考资料　Ⅳ.①G623.233

中国版本图书馆 CIP 数据核字（2014）第 214476 号

新教育文库·阅读课系列
文库主编　朱永新

Gei Haizimen Shang De Yuedu Ke
给孩子们上的阅读课
——"中国小学生基础阅读书目"阅读指导设计
吴建英　主编

出版发行	海峡出版发行集团
	福建教育出版社
	（福州梦山路 27 号　邮编：350001　网址：www.fep.com.cn）
	编辑部电话　0591—83726290
	发行部电话　0591—83721876　87115073　010—62027445
出版人	黄　旭
印　刷	福州华彩印务有限公司
	（福州市福兴投资区后屿路 6 号　邮编：350014）
开　本	720 毫米×1000 毫米　1/16
印　张	20
字　数	307 千
插　页	2
版　次	2015 年 5 月第 1 版　2015 年 10 月第 2 次印刷
书　号	ISBN 978-7-5334-6612-1
定　价	40.00 元

如发现本书印装质量问题，请向本社出版科（电话：0591—83726019）调换。

本 书 主 编：吴建英

本书编写者：沈晓晓　陆　莉　张永杰　唐朝霞　陈　凯
　　　　　　黄栋英　冯　娟　陈海燕　季爱华　何裕琴
　　　　　　陈惠惠　黄海燕　潘　樱　陆佳艳　朱　慧
　　　　　　张苏瑜　朱敏慧　叶兰花　朱慧红　黄　培
　　　　　　俞慧英　施伟东　黄冬燚　秦晓晖　徐　勇
　　　　　　陆锦华　范佳稀玲

总　　序

教育实验是一项细致而长久的工程,需要通过一代人去影响另一代人,不能急于求成,不能故步自封,一定要学会等待,一定要耐得住寂寞。

新教育实验更不例外。

中国教育有许多弊端,但仅仅是怒目金刚式的斥责和鞭挞,虽然痛快却无济于事。对于中国教育而言,最需要的是行动与建设,只有行动与建设,才是真正深刻而富有颠覆性的批判与重构。

新教育实验就是寓重构于行动之中,寓批判于建设之中。

新教育要做的,就是给教师和学生一种幸福完整的教育生活、一个开阔无垠的精神视野,让他们对人的内心的复杂性有更为深切的体验,不但要了解生命的伟大和宇宙的博大,而且要感受生活的丰富与人性的丰厚。

从2000年《我的教育理想》的出版,新教育思想悄然萌芽,到2014年《新教育文库》的第三版修订,此时此刻的中国大地上,2000多所学校的200多万新教育师生,正走在新教育的路上。

以追寻理想的执着精神、深入现场的田野精神、共同生活的合作精神、悲天悯人的公益精神,埋首耕耘,成就我们的人生、我们的教育、我们的民族。这就是新教育精神的本质内涵。

新教育追求高度,但永远不会高高在上;新教育培养卓越的教师,更关注普通的教师;新教育不是一个精英俱乐部,而是一个宽容开放的团队。新教育始终敞开胸怀,永远等待、拥抱理想主义者。真实的新教育,永远在田野中,在千千万万默默无闻的普通老师的教室里。

新教育人,就是这样一群有着共同梦想,遵守共同标准的志同道合者。彼此为对方的生命祝福,彼此珍惜生命中偶然的相遇,彼此郑重作出承诺,共同创造一间又一间完美的教室,共同书写一篇又一篇生命的传奇。

新教育不求无懈可击的理论体系,而是强调行动起来,在实践中思考,在实践中提升,在实践中成长。帮孩子成为自己,让我们成为自己,一个完整的幸福的自己。我们不是人类文明的创始者，但人类文明可以通过教育的伟大理想穿越时空，通过我们今天的行动变为现实。

当然，我们也知道，只有对新教育的认识从"概念"向"信念"推进，由"理想"转向"思想"引领，激发出人们深沉的情感、执着的意志，从精神世界的积淀表现为主题的自觉行动时，新教育实验才可能真正成为人生力量和教育智慧的策源地。

新教育文库，正是总结、梳理、传播新教育人的所行所思所得的一种努力。无论是经验还是教训，这一路跋涉的足迹，将成为指向明天的路标。在这套文库中，不同书系有着不同定位：我们希望用"通识书系"积淀下新教育的根本书籍，用"蒲公英书系"及时总结一线教育经验，用"萤火虫书系"全力搭建家校沟通的平台，用"榜样书系"言说新教育优秀教师的故事，用"操作手册书系"来介绍新教育的课程与项目，用"领读者书系"传播阅读专家的智慧，用"阅读课书系"汇聚一线阅读推广人的经验，用"阅读力译丛"和"核心知识译丛"来介绍国外阅读理论与实践……我们并不准备用一部部书籍堆砌功名的城堡，但我们盼望这一部部心血凝成、行动书写的图书，能够成为一块块砖石，铺就一条通往彼岸的桥梁。

那么，新教育的彼岸是什么模样？

我想，彼岸是一群又一群长大的孩子，从他们身上能清晰地看到：政治是有理想的，财富是有汗水的，科学是有人性的，享乐是有道德的。

亲爱的新教育同人，我们正在这条通往彼岸的船上。让我们同心同行，过一种幸福完整的教育生活。

行动，就有收获。

坚持，才有奇迹。

朱永新

2015 年 1 月 21 日于北京滴石斋

分享阅读，收获幸福

——写在《新教育文库·阅读课系列》出版之际

随着时代的发展与进步，随着对阅读研究的日渐深入，阅读的重要性越来越引起广泛的关注。从十八大报告倡导全民阅读，到前不久围绕阅读的立法工作，可以看到我们的国家正在为阅读积极创造良好的环境，努力提供制度、政策和经费等各方面的保障。

但是，无论何时何地，民间力量永远是蓬勃不息、不可忽视的。只有群策群力、全民动员、个个参与，阅读推广才可能取得我们期待中的成功。

近年来，作为新教育实验关于阅读研究和推广的重要力量，新阅读研究所做了很多工作，无论是书目研制，还是线上线下阅读活动的开展，影响力日增。

新阅读读书会是新教育研究院的新阅读研究所于2012年5月底在网上举办的，通过名为"新阅读群"的超级QQ群举行的阅读讲座和讨论的网络活动。目前的十几个群，分为幼儿群、小学群、中学群等，还有教师群、父母群以及书评群、共读群等，上万人加入其中。一年多来，已开展专家讲座活动二三百场，还有越来越专业的教师、家长自发举办的阅读分享活动正在进行中。每周"新阅读群"都有六七场不等的阅读讲座和分享活动。在这个认真而包容的网络平台上，新阅读研究所的姿态是开放性，目标是专业性，看重的是成长性，与各方阅读人士一起华山论剑，为阅读公益添砖加瓦。

我们知道，阅读研究推广，其实就是要让大家懂得阅读的价值和意义，解决读什么和怎么读的问题。作为《新教育文库》的一个系列，大家面前的这套书，就是根据新阅读研究所2012年6月至12月底的阅读讲座和分享的网络实录整理出来的，其中既有对幼儿和中小学生阅读的指导，也有父母、教师该如何与孩子进行共读的经验介绍。对于重视孩子阅读问题的父母和教师来说，这些细致的解读，将会为他们提供及时有效、切合实际的指导。

随着工作的推进，这个系列我们还将继续不断地推出。目前2013年的讲座实录正在编辑过程中，争取每两个月出一本，使之成为一个阅读指导的品牌，让大家都来关注新阅读的"阅读课"。值得一提的是，这些讲座的实录编辑整理工作都是由"新阅读群"的义工们完成的。他们对阅读这一公益事业的辛勤工作，让"新阅读群"成为越来越有影响力的专业阅读群。目前，"新阅读群"里的六十多位义工，每天除了把群务管理开展得井井有条之外，还策划讲座，设计海报，开展阅读讲座和分享活动，并不断整理这些讲座实录。这样的义工，因阅读而会聚，也是阅读的骄傲。

另外，作为"阅读课"系列的重要内容，我们还将出版一线优秀教师的阅读教学与指导的书籍。

一个人阅读，是幸福，阅读推广，就是在分享幸福。感谢愿意和大家一起分享宝贵经验的阅读专家、阅读推广人，感谢主动分享图书的教师和父母，正是源于大家热于分享的精神，才有了这套书中的精彩。希望在阅读推广的路上，看到大家更多精彩的分享；在分享阅读的生活中，看到大家收获更多的幸福。

朱永新

2015年1月21日夜于北京滴石斋

目录
Contents

序　　把最美好的世界献给孩子 / 许新海 ……………………001
写在前面　播下最美妙的种子 / 吴建英 ………………………005

小学低段（1~2年级）

《蝴蝶·豌豆花》阅读指导设计 / 沈晓晓 ……………015
《稻草人：叶圣陶佳作选》阅读指导设计 / 陆　莉 ……022
《没头脑和不高兴》阅读指导设计 / 沈晓晓 …………030
《小猪唏哩呼噜》阅读指导设计 / 张永杰 ……………039
《我有友情要出租》阅读指导设计 / 米敏慧 …………051
《我想去看海》阅读指导设计 / 唐朝霞 ………………057
《濒临危机的动物》阅读指导设计 / 张永杰 …………066
《走进微生物》阅读指导设计 / 陈　凯 ………………076
《三字经》《弟子规》《千字文》阅读指导设计
　　　　　　　　　　　　　　/ 黄栋英、陆莉 ……088
《中国神话故事》阅读指导设计 / 冯　娟 ……………096

小学中段（3~4年级）

《千家诗》阅读指导设计 / 陈海燕、沈晓晓 …………109
《三毛流浪记》阅读指导设计 / 陆　莉 ………………119
《宝葫芦的秘密》阅读指导设计 / 季爱华 ……………127
《安徒生童话》阅读指导设计 / 何裕琴 ………………136
《长袜子皮皮》阅读指导设计 / 陈惠惠 ………………144
《亲爱的汉修先生》阅读指导设计 / 黄海燕 …………154
《奇妙的数王国》阅读指导设计 / 潘樱、范佳稀玲 …165

《让孩子着迷的 77×2 个经典科学游戏》阅读指导设计
/ 陆佳艳 … 172

《林汉达中国历史故事集》阅读指导设计
/ 朱慧、张苏瑜 … 181

《书的故事》阅读指导设计 / 朱敏慧 … 190

小学高段（5~6年级）

《西游记》阅读指导设计 / 叶兰花 … 203
《城南旧事》阅读指导设计 / 朱慧红、黄海燕 … 214
《草房子》阅读指导设计 / 黄　培 … 230
《我的妈妈是精灵》阅读指导设计 / 俞慧英 … 241
《夏洛的网》阅读指导设计 / 施伟东 … 251
《科学家故事 100 个》阅读指导设计 / 黄冬燚 … 258
《昆虫记》阅读指导设计 / 秦晓晖 … 266
《地心游记》阅读指导设计 / 何裕琴 … 275
《孔子的故事》阅读指导设计 / 徐　勇 … 285
《少年音乐和美术故事》阅读指导设计 / 陆锦华 … 293

附录1　如何引领儿童读好整本书 / 吴建英 … 302
附录2　新教育实验用书 … 307

序
把最美好的世界献给孩子

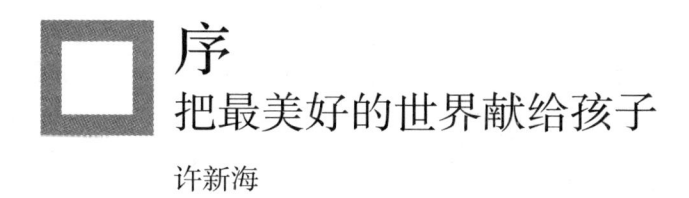

许新海

一

伟大的教育家维果茨基说:"教学要走在儿童发展的前面。"因为教学承担着引领儿童发展的责任。

海门新教育人说,阅读要走在教学的前面。

因为以阅读为前提的教学,会无限拓展教室的空间,将平常规矩的学习生活幻化为一段浪漫而奇妙的旅程。在诗歌、小说、传记、童话、寓言的伴随下,旅程中的老师和同学们会不断地遇见爱、友情、纯洁、高尚、坚毅等人类所有美好的事物;旅程中的每一次停留、对话都会成为创造意义、发现奥秘、成长自我的精神探险。知识、生活与生命会在这里奏响幸福的共鸣,教师、学生会在这里激情书写生命的传奇。

"阅读——而不是别的,可以给我比一个人的生命更多的生命。"埃及人阿巴斯·阿卡德把阅读看成是一个人个体生命的扩展。海门新教育人相信书籍的力量,倾情用一身书卷味,唤醒儿童的阅读需要;倾力用一路书香,温润儿童的精神成长。

二

构建面向儿童的课程,把最美好的世界献给孩子,是海门新教育人共同的追求。

晨诵,与黎明共舞。清晨,海门的校园,韵味十足的童谣、流传千古的诗词、意蕴优美的词句、琅琅的英语美文交融相汇，合成一串跌宕起伏的音符，玩味其间，感受得到孩子的灵魂、精神因晨诵而获得充分的舒展。近年来，海门团队重点进行主题性晨诵课程的开发与研究，将节日文化与农历时节相结合，将学校"每月一事"与班级活动相结合，将《好书伴我成长》与《古诗七十首》相结合，整理出优秀且适合不同年级的晨诵内容，按照从"粉红"到"天蓝"的彩色阶梯，带领学生体验、感悟、吟诵、玩味。与黎明共舞的晨诵生活，已成为开启校园生活的一种仪式，正逐步丰盈着儿童当下的生命。而别具一格的"生日送诗""流动诗苑""诗王擂台赛"的设立，一日一诵、一周一查、双周一比、一月一思机制的建立，进一步调动了教师参与课程研发的热情，激发了学生的诵读兴趣，他们如辛勤的蜜蜂，积累着，收获着。

午读，成为日常生活。"为每个孩子寻找最适合的阅读书籍，为每个教师呈现最适当的指导方法，为每所学校营建最适宜的阅读环境"是海门新教育人在经典阅读、主题阅读、学科阅读和师生共读中的不变追求。为此，我们一方面建立制度：每天午读时间，不许任何人、任何事占用；共读书教师要在开学前或学生读书前读完；各年级在每学期开学前要对共读书进行研讨，形成阅读手册；鼓励创造性地用好共读书籍等。一方面不断完善午读课程，形成了爱国、生命、生态等多个主题系列。我们的老师自主开发的阅读手册《好书伴我成长》中，既有各年级必读书目的阅读指导，还有不少空间留给喜欢个性化阅读的孩子们。走进每周一节的校本阅读课，精美的PPT、灵动的背景音乐、激情或委婉的叙说，会激起在场每一个人对某部文学作品的渴望。师生沉浸在对经典作品的回味中，孩子们在分享阅读感受时显现出特有的灵性与智慧。

暮省，伴随生命成长。海门新教育人用纷呈的暮省方式开启着孩子们的智慧人生。反思随笔曾是暮省的主要方式，显然这很难让每一个学生都喜爱。新教育的田野意识让教师们创造了低年级读写绘、中年级日记画、高年级读书卡等多种暮省方式。其中，书本剧表演是学生在充分阅读的基础上，通过对文本的重新解构、创造，并融入各种艺术元素而形成的一种独具魅力的暮省方式。让每个孩子在小学阶段至少参演六个经典书本剧，已成为海门学校文化建设的重要内容。

每年的4月23日，海门都会隆重举行全市新教育阅读节开幕式。其间，书香教师代表讲述中内涵最丰富的是儿童课程，舞台上最靓丽的是儿童课程，赢得掌声最多的还是儿童课程。"世界读书日"虽然只有一天，但它的意义在于使每一天都成为"读书日"。每年两次的校园读书节活动成了海门校园里最美的风景，"淘书乐"充盈了班级图书角；作家进校园，点燃了孩子们阅读、创作的激情；低年级的童谣大赛、中年级的书本剧展演、高年级的经典诗文联诵，一浪高过一浪；个性读书卡、日记画、手抄报展板吸引着孩子们的眼球；各种阅读挑战后的颁奖典礼成了孩子们的盼望。

面向儿童的阅读课程，在广袤的儿童阅读天幕中闪烁着璀璨的光彩。

三

新教育认为：阅读，对个体的精神成长至关重要。没有阅读就不可能有个体心灵的成长，不可能有个体精神的完整发育。每一个人的生命都是一粒神奇的种子，童年蕴藏着不为人知的秘密，而阅读能够唤醒这种潜在的美好与神奇。

为了能让孩子们在那些承载着人类最美好的故事和最美妙的知识的书籍世界里健康而快乐地成长，海门新教育团队做出了不懈的努力。以特级教师吴建英为代表的语文骨干教师们，积极地为孩子们提供和营造良好的阅读环境，为孩子们选择最美好、最适合、最生动的书籍；从2005年起就开始开发、设计《阅读手册》，引领孩子们高效优质地阅读；还进行阅读指导课的研讨，使阅读指导更好地适应儿童的心智成长和精神发育……

传统的课堂阅读离真正的阅读是那么遥远，那仅是在读教材，不是在读整本书，而且只有语文的阅读，没有数学、科学、历史、艺术的阅读，更缺乏高雅的、精神的、文化的阅读。于是，我们的骨干教师们不断探索基于民族、知识、情感、思辨、审美的阅读指导的方法和途径，教会孩子们阅读，让孩子们拥有阅读能力，通过与书本的对话，获得正能量，从而不断修正自己对人生和世界的态度、看法，提升自己的综合素养，养成向上的高尚品格。

《给孩子们上的阅读课》这本书，就是老师们对新教育研究院的新阅读研究所研制的"中国小学生基础阅读书目"中最基础的前30本书进行阅读指导研究的成果之一。书中的内容，来自他们的创意和智慧，来自他们亲身的实践和体验，来自他们对教育最朴素的感悟和理解，闪烁着一种动人的原生态的美！

我在翻看此书的过程中，为老师们那种认真执着的精神所感动：正是他们对儿童阅读的诗意情怀与卓越追求，对阅读规律的尊重与恪守，才成就如此美丽动人的儿童阅读课！

我坚信，在这样的儿童阅读课堂里播下的一粒粒美妙的种子，经过无数岁月，最终会在孩子们的人生历程中怒放出美丽的花儿来。

作序至此，我想用我在海门新教育阅读节宣言上的几段话作为结语：

我们期望，每一所学校都能成为收藏丰富的图书馆。用书籍装点校园的角角落落，用文化统领学校的持续发展，用智慧唤醒教育的精神本义，用书香熏染每一间教室。孩子们在学校就是在图书馆中。

我们期望，每一位教师都能成为虔诚的阅读者。用阅读帮助自己发现教育的真谛、工作的意义、为师的尊严。在平常与琐碎中享受幸福与完整，在充满劳绩的教育园地中诗意地栖居。

我们期望，每一个学生都能成为痴迷的阅读者。用琅琅的吟诵迎接每一个黎明，用静静的阅读度过每一个白昼和黑夜。让书籍带领我们远离浮躁，冲破狭隘，从平凡走向高贵，从优秀走向卓越。

我们期望，每一个家庭都能坐拥一壁藏书，上至天文地理，下至草木虫鱼，大至立身处世，小至人情物理。让一家三口读书的身影成为印在黑夜中的一朵美丽窗花。

（作者系教育哲学博士，江苏省特级教师，海门市教育局局长，新教育研究院院长）

写在前面
播下最美妙的种子
——儿童阅读的思考与行动

吴建英

儿童阅读对于儿童成长有着极其重要的作用和价值。惠特曼说，一个孩子向前走去，他看见最初的东西，他就变成了那个东西。格林说，人生14岁以前所阅读的东西会远远比以后的学习重要得多。这些伟大的作家都认为儿童阅读会深刻影响人的一生。

儿童阅读有许多关键期，小学阶段是所有关键期中的关键。首先，儿童阅读能力在学习能力中占据了核心位置；其次，阅读是获取知识、启迪智慧的有效方法；另外，阅读还是一个人精神成长的重要途径。儿童阅读，培养儿童对书籍的亲近，其实就是培养他们的母语意识。母语意识是集体意识、民族意识、国家意识的根本所在，没有母语意识的人，对母语没有感情的人，就不会有本土文化的归属感。儿童阅读的过程，不仅是提高他们理解与运用母语能力的过程，也是儿童精神发展、融入社会、文化认同的过程。所以，在童年——一个人记忆、学习的黄金时期，让儿童阅读一定数量的经典，从而贮存大量的语言和思想资源，对一个人的终身发展有着特别重要的意义。

然而，我国儿童阅读的现状令人担忧。长期以来，语文课程一直没有打破让学生读一本教材，然后大量做各种习题的怪圈，这是严重违反母语学习规律的。同时，在实际教学实践中，由于缺乏具体的、可以操作的课程标准（如读物的选择，实施的方法、时间，评价考查的方法等），因此很难将课程标准中关于阅读的要求真正落到实处。另外，电子媒介文化对儿童阅读的冲击很大，电子媒介所传达的图像世界使得儿童不再喜爱深度的文字阅读和思考。视野领域的侵占导致了儿童精神领地的失落。在这个价值多元的浮躁时代，如何使学生静下心来开展有效阅读，获得深入人心的东西？这是值得我们思考和解决的一个问题。

所以，我们倡导儿童阅读，让儿童与书为友，与书结盟，悉心培育和展现优雅的阅读环境、浓郁的阅读气息、丰富的阅读表情、风趣的阅读姿态、良好的阅读习惯，使阅读成为儿童最为自然的生活方式。

阅读文化生态：构建儿童成长的"理想村落"

我们构建了以学科文化阅读、主题文化阅读、经典文化阅读为主要领域，以课堂阅读、班级阅读、网络阅读、亲子阅读、自主阅读等为主要形式，以丰富多样的阅读指导、推广策略以及充满激励与促进功能的阅读评价机制为支撑的阅读文化生态。

1. 选择经典童书

朱永新教授说，要把"最美好的东西给最美丽的童年"。孩子的心灵是柔弱而稚嫩的，我们应当为儿童输送契合他们心灵的优雅、诗意、柔美、精致的作品。因为，儿童更需要经典。我们以"中国小学生基础阅读书目"为基础，构建了一至六年级阅读课程体系，每学期向全校学生推荐阅读书目。在书目推荐上，注意了三点：一是选择面广。以儿童文学为核心，兼选自然科学、人文科学等方面的其他优秀读物。二是所选的书绝对是经典的。努力把人类那些最重要的价值，如爱、自信、尊重、感恩、诚信、同情、敬畏、宽容等成长维生素，通过最美好、最优秀的书籍带给孩子。三是指导分层。把书按低、中、高年级进行横向分层，即分为不同年段的书目。这样，"为每一个儿童寻找到此时此刻他最适合的书"。童年是最美好的岁月，童书是最美妙的种子。经典童书为儿童播下了最美妙的种子，为他们的精神世界打上美丽的底色，让他们的人生开出美丽的花儿。

2. 创建阅读乐园

为了给学生创造好的阅读环境，我们努力创建缤纷的阅读乐园。学校每学期要举行一届"阅读文化节",每一届阅读文化节都有一个鲜明的主题,如"亲近母语·传承文化·爱我中华""文学,让儿童的心灵柔软起来""在语言中狂欢"等。在阅读文化节中,我们努力营造读书的氛围,如把"书"的各种字体做成展示牌,挂在树上;每学期都会邀请儿童文学作家来校,开展作家面对面活动。我们还有班级读书会展示、"童手写童心"、"我为名著写书评"、书本剧表演、诗词诵读会等精彩纷呈而又实实在在的系列读书活动,为儿童搭建展示读书成果的平台,唤起学生阅读的原动力,推动阅读文化建设。同时,推进每天中午30分钟的师生共读和日常30分钟的自由阅读活动,使学校成为一所永远开放的图书馆,成为儿童成长的"理想村落",让广大学生浸淫于清朗而高贵的读书生活中,让读书成为孩子每天生活中不可或缺的一部分。我们的读书活动还延伸到家庭、社区,让教师、学生、家长席卷其中,班级读书会、亲子读书会、教师读书会如雨后春笋般涌现,"书香儿童""书香教师""书香班级""书香家庭"层出不穷。

3. 开展丰富活动

为了给学生搭建阅读交流的平台,我们开展了丰富多彩的阅读活动:

"你讲我听"活动。低年级老师坚持每天为学生大声朗读课外书,一部部经典童书在老师的朗读中传递给了学生。

"持续默读"活动。每天中午,校园内飘起美妙的轻音乐,师生静静共读。在共读氛围下,各班涌现出了许多"小书迷"。

"班级读书会"活动。让学生做小画家,为自己喜爱的书画插图,绘制故事绘本;当播音员,朗诵最喜爱的文章片段;创办班报,倾诉阅读感受、交流阅读心得等。

"亲子阅读"活动。我们发了《为孩子的诗意阅读致家长朋友的一封信》《家长指导孩子阅读手册》,还组织了"亲子读书乐""亲子阅读沙龙""亲子征文评比"等活动,让家长也卷入浓浓的书香之中。

"主题阅读"活动。配合学校文化节,如游戏文化节、生态文化节等,开出系列阅读书目,推动主题阅读。

"学科阅读"活动。文学阅读、科学阅读、数学阅读、历史阅读、英语阅读等应时而生，逐步壮大。涉及各种学科领域的书籍，纷纷进入了儿童的阅读视野，知识变得格外"美丽"起来。

"星级评比"活动。通过阅读挑战活动、阅读星级评比，引领学生以最大的热情拾级而上，欣赏一路风景，享受最美童年。

阅读指导：领略童书的无穷魅力

儿童与成人不同，成人有一定的阅读和生活经验，很容易在再造想象中将文字符号转化为脑海中的形象。儿童由于年龄与审美经验的不足，对文字美的内涵往往难以把握，这就需要教师蹲下来，用儿童能够理解的方式去唤起他们的审美体验，激发他们的想象力，使其充分领略童书的魅力。基于建构主义的观点，理想的阅读应该是儿童与书本实现对话，相互比照，发现自我，升华自我，创造自我，从而建构一个具有独立精神世界的自我的过程。我们的阅读指导由此出发，使儿童的实际生活经验与书本中的世界实现对话，产生融合、撞击、互动、升华，从而架起儿童和作者之间的桥梁，让阅读成为一个心与心交流的时空。

我们每周开设一节儿童阅读指导课。在阅读指导中，以经典童书为范本，引领儿童感受作品独具的美学特质，提高他们的阅读审美能力，让他们充分浸润在母语中。我们立足教学实际，摸索和总结阅读指导课的基本课型，如读物推荐课、阅读欣赏课、读书汇报课、语言积累课、大声朗读课、经典诵读课、读写结合课等，并逐步形成整本书阅读的"导读——推进——延伸"三课一体的模式。因为有了共读一本书的指导、交流，学生感到阅读更快乐、更幸福，也读得更深、更透，更富有意义。

母语读本：对美丽的中文存敬爱之心

研究中，我们发现，母语阅读必须契合儿童生命成长的需要，关注儿童语言发展和精神发展的关系；必须突破原有的阅读框架，引进新的资源和力量。于是，我们树立了凡适合儿童阅读的读本都是教材的思想，充分利用汉语的文化禀性，开拓阅读疆域，让学生走进迷人的童话、绮丽的诗歌、精彩的小说，阅读神奇的科学、绵延的历史以及充满人文情致的民歌、对联、成语、农谚、童谣等。改变过去平面式的只阅读一本语文课本，而语文课本大多以单篇美文为主要阅读材料的阅读课程体系，将中华经典诵读、主题美文赏读、经典童书阅读结合起来，尝试建设独具个性的符合汉语言文字特点的阅读文化课程体系。

如让课外阅读与课内教学结合，开发编写母语读本。教师对教材进行了重组、整合，将同主题的文章放在一起，并以此拓展与之相关或同主题的文章、书籍，让学生去阅读。如果说课文是"经"，那么拓展的文章、书就是"纬"，这样构建成"经纬"交错的阅读网络，促进了知识的迁移、融合，使课内外相互补充，相得益彰。

再如让课外阅读与主题活动结合，开发编写母语读本。我们通过主题活动引领儿童畅游书的海洋，如二年级开展了"安徒生童话月"的主题活动，在"童话月"中，孩子们读安徒生童话、听安徒生童话、画安徒生童话、演安徒生童话，和"海的女儿"说话，跟"卖火柴的小女孩"交朋友。孩子们展开想象的翅膀，赏读安徒生诗一般的语言，尽情抒发内心深处的感受。在每一个主题活动中，我们都对丰富的文本资源进行整理与优化，为学生精选读本，如结合母亲节、中秋节、游戏文化节、海洋文化节等主题活动，开发了《母亲节读本》《中秋读本》《游戏文化读本》《海洋文化读本》等。这些读本围绕主题，精选最适合儿童的阅读材料，内容以儿童文学（童谣、童诗、图画书、民间故事、童话、儿童小说等）为主，也包括适合儿童阅读的古今中外优秀的文学作品和文化资源，如神话传说、古典诗词、简单的文言文等。文章的选择力求文质兼美：内容上有情趣，字里行间闪烁着人性的光辉、思想的光辉、大自然的和谐和童真童趣；文字有张力、有质感；语言有意味，规范、生动、优美；文章具有较高的认识价值、教育价值和审美价值。

母语读本的开发，为儿童搭建了一个博大圆融的文化背景。在情韵丰满、意象深远、充满情趣的读本中亲近母语，使儿童的个体生命成长具有鲜明的书香之气，使他们"对美丽的中文存敬爱之心"，更加感受到母语的亲和、温馨，更加自由舒畅地吮吸到丰足的滋养，以此来成就每个个体对于自己民族的母语情结。

阅读手册：指引儿童阅读向青草更青处漫溯

《阅读手册》是以经典的儿童文学作品为范本，根据儿童的认知特点和现代的阅读观念，全方位挖掘文本的语言、美学等价值，设计相配套的形式灵活的阅读指导和训练的练习，引导学生从整体感知入手，从学习、品味语言入手，培养良好的语感和整体把握的能力。《阅读手册》的开发，既便于课堂师生互动，进行高效优质的阅读指导和讨论，又便于深入理解名著。

老师们每人重点研读一部优秀作品，力争成为该部作品的专家，通过对一部作品的理解带动对儿童文学整体的理解，并以儿童的视角把它作为教材来开发。《阅读手册》的设计一般分为三大板块：阅读期待，开启兴趣之门；阅读回味，走向文本深处；阅读延伸，品读意犹未尽。老师们研读了《草房子》《安徒生童话》《西游记》等经典儿童文学作品，从字、词、句、篇章以及听、说、读、写等方面逐步建构起以名著为精读范本的阅读课程新体系，设计了一系列的阅读练习，这些练习包括讨论、争议、剧本创作、想象、动手做，甚至游戏等，把读书与听、说、议、讲、编、写、画、演、做、想象相结合。如《〈夏洛的网〉阅读手册》，里面有人物点击的游戏、分享感人片段、探究话题、仿写摇篮曲、写给主人公威尔伯的一封信、与好朋友分角色朗读表演等综合练习。我们充分利用《阅读手册》一起阅读、分享、探讨、思考、感悟，师生一起步入美化的阅读境域，启智怡神，将阅读的积淀融于一个个生命个体中。

文化研修：教师成为"播种的人"

随着儿童阅读思考与行动的深入，我们意识到，教师的阅读视野是决定学生阅读品质的重要前提，儿童阅读的关键在老师。我们组建了教师文化团队，在文化阅读、文化沙龙、文化欣赏、文化讲坛等多种活动中培植教师的文化，让教师成为真正"播种的人"。

文化阅读。我们开启艰辛而又甜蜜的"文化之旅"，成立了读书俱乐部，读书内容丰富，有文化类经典书籍，如《论语》《教师人文读本》等；有促进教师专业发展的书籍，如《情境教育的诗篇》《文学的故事》；有儿童文学，如《城南旧事》《小王子》等；有提高文化品位的书籍，如《美学散步》《谈文学》等。

文化沙龙。我们就《情境教育的诗篇》展开课堂情境有效性的话题研讨，就《百万宝贝》进行生命与信念、成功与代价的人生哲思的探讨，就《澳洲课程故事》进行域外教育本土化的实践探索汇报……沙龙过程，开启了一扇扇智慧的门。

文化讲坛。我们邀请专家、学者等来做报告；让老师走上讲坛，演绎自己精彩的教育思想、课程故事。精彩纷呈的报告讲座、自由开放的座谈对话，令教师们情思激越、悟性顿开。在一次次的对话交流中，老师们感受到教育生命的拔节。

在儿童阅读中，我们始终把自己当作一个"播种的人"——带领儿童读一本本有趣的耐人寻味的书，就是在他们的童年播下一粒粒最美妙的种子，那是文化的种子、善良的种子、圣洁的种子、优雅的种子……它能让孩子享用一辈子。

把最美妙的种子，播在童年的岁月里，我们相信，这些种子里有强烈的信仰，我们期待，奇迹的发生。

（作者系海门市通源小学教育集团总校长，江苏省特级教师，全国优秀教师）

小学低段
（1~2年级）

《蝴蝶·豌豆花》阅读指导设计

■ 作品解读

《蝴蝶·豌豆花》这本童诗集精选了中国二十位诗人的经典童诗,其中包括叶圣陶、冰心、圣野、金波等大家的儿童诗。这些诗人的诗作,有的并不是专为儿童所作,但能让我们明显感受到诗的美。这种美天然地呼应着儿童的想象力、好奇心和新鲜感。细细品味这些小诗,能使读者的灵魂伴随着花朵、白云、小鸟飞入幻境。书中,还有十位知名儿童文学插画家为诗作画。画家以鲜活有力的笔触将他们对诗作的理解以图画的方式诠释,与读者交流。画面温馨宁静,让诗歌产生了第二次生命,让读者感受到童年纯美的情境和隽永的趣味。诗情画意是这本书最大的特点。

■ 设计意图

苏霍姆林斯基说:"每一个孩子,都是诗人。"在孩子心目中,这个世界上所有美好的事物,都是有灵性的,它们能说会笑,创造着一个个美丽的故事。因而我们引导孩子用读故事、读生活的眼睛来读诗，在感情上引起共鸣，让内心得到抚慰，让心灵得到庇护，从而进入诗的意境。

培根说："记忆力归于历史，想象力归于诗歌，理解力归于哲学。"那想象力就是诗歌的翅膀。读诗的人要展开想象的翅膀才能在诗歌的天空中尽情飞翔。因而在教学中，要从文字、图画间激活儿童的想象，反复诵读，感知想象力的奇妙，诗才有趣。

诗的独特的表现形式决定了诗具有它独特的魅力，通过美读、美诵，可以让学生感知儿童诗的节奏之美、语言的精练天真等，激发他们对儿童诗的喜爱。

▍指导目标

1. 引导学生像读故事一样读童诗，感受童诗的趣味，培养阅读童诗的兴趣。

2. 通过文字、图画感受儿童诗的丰富想象，通过美读、美诵感知儿童生活的情趣，童诗语言的精粹天真。

3. 能简单模仿，初步进行儿童诗创作，培养富有创意地表述自己所想所感的能力。

▍指导过程

▲导读板块

一、引导看图，猜一猜

1. 老师给大家带来一张好看的图画（出示《蝴蝶·豌豆花》插图），仔细看看，你们看到了什么？

2. 知道这是什么花吗？请猜一猜。

3. 它有一个很有意思的名字，叫——豌豆花。来，跟它打个招呼。

4. 猜猜蝴蝶和豌豆花在干吗？

二、吟诵诗歌，说一说

1. 有一首诗是这样写的（出示全诗），听老师来读一读。（配乐读）

2. 豌豆花以前没见过蝴蝶，它以为蝴蝶是——一朵花，一朵——飞起来的花。

多有意思啊！谁想来读？（指名读、齐读）

3. 蝴蝶好像也没见过豌豆花，咦？它和我长得好像啊！它是谁呢？（出示：一朵豌豆花在甜甜地开放，蝴蝶问豌豆花，你是＿＿＿＿＿吗？）学生自由说。

三、激发兴趣，翻一翻

1. 挺有意思吧，蝴蝶和豌豆花都会说话啦！刚才，我们读的这首诗就是选自这本童诗集《蝴蝶·豌豆花》。（出示《蝴蝶·豌豆花》的封面）这本童诗集里一共有二十首好玩的童诗，写这些童诗的诗人都特别有名，画这些画的画家也特别了不起。我们来看看这本好玩的书里还有哪些诗呢？瞧！这就是书的目录，我们一起来慢慢读一读。

2. 你们最喜欢哪个题目，为什么？

3. 小朋友们，平凡的小花、春雨、小鸟、云朵、大树和孔雀，所有的一切，在我们的诗里都会活起来，它们和我们一样能说话、会思考，它们之间发生着一个个好玩有意思的故事。想知道这些故事吗？那就好好读读这本书吧！老师希望你们用心读诗的同时，也会用心看图画，你们一定会感受到更多的乐趣！

推进板块

一、课前活动

老师用多变的节奏朗读儿歌，老师说得快学生也得说得快，老师说得慢学生也得说得慢。老师说话是什么样的节奏，学生也得是什么样的节奏。

好玩吗？觉不觉得还蛮好听的，像唱歌一样？

二、课堂分享

（一）童诗里的游戏

1. 其实我们身边的东西都会唱歌，就看你们会不会欣赏了。不信？来，我们接着玩。这回我问你们答，还得跟上我的节奏哦！

喔喔喔，是谁在唱歌？（喔喔喔，公鸡在唱歌。）

喵喵喵，是谁在唱歌？（喵喵喵，小猫在唱歌。）

呼呼呼，是谁在唱歌？（呼呼呼，风在唱歌。）

滴答滴答，是谁在唱歌？（滴答滴答，小雨在唱歌。）

2. 自然界的万物是不是都会唱歌呀？咦，小雨突然唱起了歌，你们会怎么做？

3. 看到什么了？（出示《春雨》插图）

4. 瞧！下雨了，小朋友笑嘻嘻，蜗牛探出头，花儿绽开笑脸，麦苗挺直身子，他们好像都很高兴。是怎么回事呢？自己读读这首诗。谁来读给大家听一听？

5. 他们为什么都很高兴啊？

是啊，春雨润物细无声，咱们一起来读读，那么高兴，读得轻快些。

6. 这么高兴，我们再来演一演吧。瞧，老师就演这里的春雨，你们想演谁呀？咱们边演边继续玩声音的游戏，好吗？其他同学为我们打节奏，好不好？春雨下得轻轻柔柔，很轻快，我们节奏也轻柔一点。（引导学生分角色读，跟着老师的节奏读感受诗歌的节奏美）

咱们变个节奏再来玩一次，好不好？这回第一组演种子，第二组演梨树，第三组演麦苗，第四组演小朋友。

7. 可真好听！想一想，春雨下了，还有谁也很高兴呢？可能不光是植物，还有动物呢？他们想干什么呢？你们也能编一编，唱一唱吗？在小组里说一说。（出示：＿＿＿＿＿＿说："下吧，下吧，我要＿＿＿＿＿＿。"）

8. 哪个小组来展示一下？

9. 小朋友真了不起，都成了诗人。我们刚刚这样说一说、唱一唱、玩一玩声音的游戏，发现原来童诗可以这么好听呀！

（二）童诗里的故事

1. 喜欢玩捉迷藏吗？你们和谁一起玩过捉迷藏？和风玩过捉迷藏吗？

2. 有个小妹妹，她和风玩起了捉迷藏，可有意思了！想听《捉迷藏》的故事吗？（听故事）

3. 你们觉得他们捉迷藏好玩吗？哪里特别好玩？自己轻声读读想想。

4. 这么有意思的故事，能绘声绘色地讲给大家听吗？可以加上表情、动作，为自己的故事加加分。自己试着讲一讲。谁来给大家讲讲这个故事？

5. 我们也去和风玩捉迷藏好不好？（出示《捉迷藏》插图）用你们亮亮的小眼睛，从上到下，从左到右，仔细观察，你们还在哪些地方发现了风的踪迹啊？

发挥你们的想象，你们和它又是怎么玩捉迷藏的呢？它藏在哪里呀？你们是怎么发现它的呢？最后捉到它了吗？自己编一编，和同桌说说看。（出示：风藏在＿＿＿＿，我＿＿＿＿，可是＿＿＿＿＿＿。）

6. 这就是和风捉迷藏的好玩故事，即使我们发现了风的踪迹，忙乎一阵，最终还是没有捉到风。一起来把这个好玩的故事讲一讲吧！

（三）童诗里的魔术

1. 做了游戏，听了故事，下面老师要带大家去看魔术——云朵的魔术。云朵可是个了不起的魔术师，想变什么就变什么。

2. 不信，看，你们看到云朵都变成了什么啊？谁来读？其他小朋友想想，云朵是怎么变的？（指导朗读）

3. 你们羡慕云朵吗，为什么？

4. 看，想怎么样就怎么样，愿意怎么样就怎么样，自己读读，把自由的感觉读出来。（出示：你想变小你就变小，你想变大你就变大，你想变什么就变什么；你愿意做什么，就去做什么。）

5. 云朵真是个了不起的魔术师，如果你也是一片云，你还想变成什么呢？你最想去干什么呀？（引导学生用"我想＿＿＿＿＿＿就

_____。我愿意_____就_____"的句式说话）

6. 自由自在的云啊，变幻着无穷的魔术。咱们合作读，把那么自由的云朵读出来，让大家都感受到。

三、推进阅读

1. 童诗里有游戏、有故事、有魔术，童诗里一定还有很多很多好玩、有意思的，看看谁能发现。自己找找，自己念念，自己去发现吧！

2. 你们发现什么了？读两句自己认为好玩的诗句。

3. 下课后继续去读这本《蝴蝶·豌豆花》吧，好好读，想怎么读就怎么读，你们一定会有更多的发现。

▶ 延伸板块

一、"读诗读出故事味儿"交流会

1. 小朋友，你们读完了《蝴蝶·豌豆花》，听到了、看到了什么好玩的故事？大家都来说一说。

2. 在交流的过程中，引导学生关注图画，关注一些简单的可以模仿的点，引领学生自主创作。

二、"我们打开诗的翅膀"诵诗会

引导学生自由组合，自由编排，以各种形式来诵诗。

生1：美丽的《蝴蝶·豌豆花》，

生2：美丽的《蝴蝶·豌豆花》，

生1：像蝴蝶，展开透明的翅膀，载着我们飞进诗的丛林；

生2：像花朵，散发诱人的清香，托着我们走进歌的海洋。

生1：在这片丛林里，我们认识了郭沫若先生，知道了牛郎织女凄美的故事；

生2：在这片海洋里，我们认识了冰心奶奶，知道了纸船承载的深深的母爱。

生1：美丽的《蝴蝶·豌豆花》，

生2：美丽的《蝴蝶·豌豆花》，

生1：你带着我们化身一片云，"想变成什么就变成什么"，

生2：你领着我们化身一头牛，在草地里做梦，直到"太阳偷渡了西山的青峰"。

生1、2齐：在你的世界里，我们——

全体：时而是找梦的稚童，

全体：时而是飘到小河的雪花，

全体：时而是渴望像鸟儿一样飞翔的花朵，

全体：时而是狡猾骗肉吃的狐狸。

生1、2齐：今天，在这里，我们把你呈现，

听到的是我们稚嫩的童音，

留存的是你永远魅力。

"我们打开诗的翅膀"诵诗会，现在开始！

三、"我们是天生的诗人"分享会

我们一起读了《蝴蝶·豌豆花》，还做小诗人创作了属于自己的诗，我们一起来分享。（童诗诵读欣赏）

（沈晓晓，海门市学科带头人，海门市书香教师）

《稻草人：叶圣陶佳作选》阅读指导设计

■ 作品解读

  叶圣陶是中国现代童话创作的拓荒者，他的童话在少年儿童当中极受欢迎。《稻草人：叶圣陶佳作选》选录了叶圣陶创作的《小白船》《芳儿的梦》《稻草人》《古代英雄的石像》《含羞草》等儿童文学美文十多篇。故事中的人物形象鲜明活泼，语言简练感人，而且善于展现人物的情感世界，能让儿童从中获得思想上的启迪和艺术上的享受。

■ 设计意图

  叶圣陶的《稻草人》"给中国的童话开了一条自己创作的路"。考虑到低年级学生的阅读水平和接受能力，教学中主要侧重引导学生通过朗读感受作品中语言文字的优美，通过老师的生动讲述和故事情境的创设体会故事人物的思想感情。由于本书的写作背景久远，除了在课前让学生大致了解相关的历史背景外，在阅读时选择了具有代表性的《稻草人》，引导学生采用"读读想想"的阅读方法，感受"稻草人"内心的情感变化，继而让学生享受到阅读童话的乐趣。

■ 指导目标

1. 师生共读叶圣陶的代表作《稻草人》，通过老师生动的讲述和学生多种形式的朗读，感受作品语言文字的优美。

2. 通过故事情境的创设，引导学生猜测、创编故事情节，逐步感受"稻草人"的形象和内心情感的变化。

3. 基本掌握"边读边想"的阅读方法，感受阅读童话的乐趣，激发学生对优秀课外读物的阅读热情。

■ 指导过程

▲ 导读板块

一、谜语导入

1. 小朋友们都喜欢猜谜语，老师给大家带来了一则在农村流传的谜语。（出示：破衣破帽容貌丑，风雨无阻田边守，两把破扇不停摇，鸟雀一见就飞走。）猜猜是什么？（预设：稻草人。）

2. （出示稻草人的图）看，这就是稻草人。知道它为什么要站在田里吗？（预设：是为了驱赶偷吃粮食的鸟雀。）

3. 现在我们几乎见不到稻草人了，它已变为童话中的人物了。

二、牵手作家

1. 你们喜欢读童话吗？读过哪些童话？（交流读过的童话故事）

2. 小朋友们都喜欢读童话故事，因为童话故事都很有趣，很吸引人。

那么你们知道谁是第一个为中国小朋友写童话的人呢？

3.（出示叶圣陶的画像）瞧，就是这位老爷爷，他的名字叫"叶圣陶"。

4. 叶圣陶爷爷曾经做过老师，他特别喜欢孩子，为了让中国小朋友都来读自己国家的童话，他创作了童话集《稻草人》。（出示《稻草人》的封面）

三、通读目录

1. 这本书里收录了叶圣陶爷爷写的好多文章，有哪些呢？用什么办法能最快地知道？

2. 对，看目录。我们先一睹为快，来看看目录。（学生轻声读目录）

四、初读故事

1. 在这些故事中，大多数是童话故事。大家一定迫不及待地想知道叶圣陶爷爷笔下的稻草人到底长什么样儿？让我们从书中寻找答案吧！（指导学生自由阅读《稻草人》的第一、二自然段）

2. 画出描写稻草人样子的语句，再完成填空题。

出示以下文字：

他的骨架子是_____，他的肌肉、皮肤是_____。_____、_____都可以做他的帽子；帽子下面的脸_____，分不清哪里是鼻子，哪里是眼睛。他没有手指，却拿着一把_____。他的骨架子很长，脚底下还有一段，农人把这一段插在田地中的泥土里，他就整天站在那里了。

3. 田野里白天的风景和情形，有诗人把它写成美妙的诗，有画家把它画成生动的画，而稻草人却看到了一幅幅凄惨的画面。稻草人看到了什么呢？下节课我们再继续阅读这个童话故事。

▲ 推进板块

一、谈话导入

1. 小朋友们，最近我们都在读一本书，一起说出它的书名。（预设：《稻草人》。）

2. 在这本书中，最有名的故事就是《稻草人》了。不过，这个故事读起来是有点难度的，老师和你们一起来读。

二、师生共读

（一）初识稻草人

1. 故事开始啦！（音乐起，老师讲述故事的第一自然段内容）

2. 这个稻草人长着啥模样？哪个小朋友愿意到前面来，一边指着图，一边向大家介绍？（出示稻草人插图）

3. 这个稻草人和真正的人相比有什么不同呢？（游戏：找不同）

（二）感受"尽责"

1. "稻草人非常尽责任。" 它是怎样尽责任的呢？你们能从后面的文字里找一句话来告诉大家吗？（学生自由阅读）

2. 师生合作读。

3. 是呀，这个稻草人不吃饭，也不睡觉，就是坐下歇一歇也不肯，总是直挺挺地站在那里，真的非常尽责任。

（三）赏读优美语段

1. 叶圣陶爷爷的童话写得非常美，轻轻地读一读第四自然段。

2. 优美的文字最适合朗读了。（师生合作朗读第四自然段）

3. 想象、说话练习。（出示：他还知道_____。）

（四）体会人物内心

1. 老师与学生进行游戏互动：真假稻草人！（师生共同喊口令：田里有个稻草人，不许动来不许笑）

2. 看来你们都已经化身稻草人了。下面，就来讲讲你们在夜间遇见的一件事儿。

（1）感受第一重情感：高兴。

① 老师讲述："一个满天星斗的夜里……稻草人看着，心里很高兴。"

② 学生朗读体现稻草人内心高兴的句子。

③ 采访学生：稻草人呀，你的心里为什么这么高兴？

（2）感受第二重情感：焦急。

① 老师讲述：稻草人正在高兴地想着的时候，一个小蛾飞来，是灰褐色的小蛾。他立刻认出，这小蛾是稻子的仇敌，也就是主人的仇敌，必须把它赶跑了才是！

② 采访学生：稻草人呀稻草人，如果此刻你有嘴，能开口说话，你会对那个可恶的小蛾说什么？（学生根据情境练习说话）

③ 老师继续讲述：可是，稻草人呀，你不能说话，也没有手和脚，你的"身子跟树木一样，定在泥土里，想往前移动半步也做不到；扇子尽管摇动，那小蛾却依旧稳稳地歇着。想到主人的眼泪和干瘪的脸，想到主人的命运"，你心里有何感受？（预设：难受、焦急……）

（3）感受第三重情感：痛心。

① 老师讲述：不到几天，在稻田里，蛾下的子变成的肉虫，到处都是了。夜深人静的时候，稻草人听见他们咬嚼稻叶的声音，也看见他们越吃越馋的嘴脸。

② 情境创设：学生模仿虫子咬嚼稻叶的声音。

③ 老师继续讲述：渐渐地，一大片浓绿的稻全不见了，只剩下光秆儿。（稍做停顿）

④ 采访学生：稻草人呀稻草人，想到你的主人——那位可怜的老太太，你的心里又有何感受？（指名说）

⑤ 老师小结：是的，"他痛心，不忍再看，想到主人今年的辛苦又只能换来眼泪和叹气，禁不住低头哭了"。（出示书中插图）

三、自主阅读

1. 小结阅读方法：边读故事，边想想稻草人的心情。（板书：读故事，想心情）

2.在这样的夜晚,稻草人还遇见了哪些人、哪些事?他的心情又发生了哪些变化呢?(播放轻音乐,学生自主阅读第2、3个故事)

3.读后交流。

四、总结延伸

这样一个可亲可爱的稻草人的形象,深深地留在了我们的记忆中。这本书中还有许多故事,有的读了让人高兴,有的让人感动,希望你们用这一课学到的边读边想的方法去阅读其他的故事。

▲ 延伸板块

一、交流精彩语段

1.在小组内把自己认为文章中写得特别优美的语句读给组内同学听。

2.小组推荐上台朗诵。其他同学猜一猜他(她)朗读的是哪一篇故事中的文字。

片段朗读:

"一条小溪是各种可爱的东西的家。小红花站在那儿,只顾微笑,有时还跳起好看的舞来。绿色的草上缀着露珠,好像仙人的衣服,耀得人眼花。水面上铺着青色的萍叶,蠢起一朵朵黄色的萍花,好像热带地方的睡莲——可以说是小人国里的睡莲。小鱼儿成群地来来往往,细得像绣花针,只有两颗大眼珠闪闪发光。"

——《小白船》

"清澈见底的小河是鲤鱼们的家。白天,金粉似的太阳光洒在河面上,又细又软的波纹好像一层薄薄的轻纱。在这层轻纱下面,鲤鱼们过着十分安逸的日子。夜晚,湛蓝的天空笼罩着河面,小河里的一切都睡着了。鲤鱼们也睡着了,连梦儿也十分甜蜜,有银盘似的月亮和宝石似的星星在天空里守着它们。"

——《鲤鱼的遇险》

"许多梧桐子,他们真快活呢。他们穿着碧绿的新衣,都站在窗沿上游戏。周围张着绿绸似的帷幕。一阵风吹来，绿绸似的帷幕飘动起来，像幽静的庭院。从帷幕缝里，他们可以看见深蓝的天，看见天空中飞过的鸟儿，看见像仙人的衣裳似的白云；晚上，他们可以看见永远笑嘻嘻的月亮，看见俏皮的眨着眼睛的星星，看见白玉的桥一般的银河，看见提着灯游行的萤火虫。他们看得高兴极了，轻轻地唱起歌来。这时候，隔壁的柿子也唱了，下面的秋海棠也唱了，石阶底下的蟋蟀也唱了。"

——《梧桐子》

……

二、猜猜故事角色

叶圣陶爷爷写的故事中有许多让人印象深刻的人物，你们还记得他们吗？（以抢答的形式进行）

出示题目：

（1）他一生下来就睡在育婴堂墙上的大抽屉里，最后他被国王邀请雕一座高大的牌楼。　　　　　　　　　　　　　　　　（傻子）

（2）他做梦都想着送给妈妈一件最特别的礼物，来表达他对妈妈比海还深的爱。　　　　　　　　　　　　　　　　　　（芳儿）

（3）他为地球上的人造出了许多机器，让地球人想要什么，只要按一下机关，就能得到他们需要的东西。　　　　　　　　（旅行家）

（4）他从大自然中学会了许多优美的曲调，拉给穷人们听，让他们得到安慰，感到舒适。　　　　　　　　　　　　　　（祥哥）

（5）他忠诚地守护着夜间的田野，看到了许多凄惨的人和事，最后倒在了田地中间。　　　　　　　　　　　　　　　　（稻草人）

三、对话书中人物

这些故事中的许多人物都给我们留下了深刻的印象，接下来，就让我们与书中人物进行对话。

出示题目：

我想对《_____》中的_____说："_____。"

四、当回小小演员

1. 从自己喜欢的故事中选择一段对话比较多的，寻找伙伴一起分角色读一读、演一演。

2. 学生自由组合成若干个小组，先分角色读一读，再加上合适的动作、表情、语气等演一演。

3. 推荐两三个小组上台演，师生一起认真观看，并评一评。

五、延伸阅读任务

1. 读了叶圣陶爷爷的作品，人们做了很多评价。

出示以下文字：

给中国的童话开了一条自己创作的路。

——鲁迅

阅读叶圣陶的作品，会让你真正认识到："爱，生趣和愉快"是"世界的精魂"。在他的文字里，你会发现一个真正属于儿童的世界，以及对于人生的幻想、憧憬和动力。

——王小庆

2. 小朋友们读叶圣陶爷爷的童话是一种幸福。除了童话，叶圣陶爷爷为小朋友们写的小说、散文和诗歌也充满童趣，是小朋友们的"智慧的食粮"。课后，希望大家再去读读叶圣陶爷爷的其他作品，相信你们也会喜欢的。在这里，老师先向大家推荐其中的一本，也是叶圣陶爷爷的作品集——《小学生叶圣陶读本》。

（陆莉，海门市骨干教师，全国新教育实验优秀个人）

《没头脑和不高兴》阅读指导设计

■ 作品解读

"没头脑"和"不高兴"是作家任溶溶笔下一对可爱的宝贝。任溶溶是个风趣幽默、童心永驻的作家,他把他写的许多好笑的故事——比如《一个天才杂技演员》《小妖精的咒语》等都收到了这本《没头脑和不高兴》里。这些故事幽默好笑,让大家爱不释手。尤其难得的是,讲述故事的大白话都能让小读者看得懂。这种大白话是经过精心挑选和打磨的,其中巧妙地隐含了作者想要传达的寓意,比如怎样克服缺点、怎样尊敬长辈等。相信读了任溶溶写的故事,儿童一定会收获满满的快乐。

■ 设计意图

梅子涵先生说:"儿童文学说的是童言,表现的是童心和童趣。儿童文学儿童为什么会喜欢?因为好玩,有趣。有趣是前提,然后有一些人生的意味,一种很温暖的感情在这里面。好玩的表面和很深沉的内涵在一起的，那就是最好的儿童文学作品。"读《没头脑和不高兴》，我们首先读的就是书中好玩、有趣的地方。希望通过发现幽默的阅读之旅，让学生的生活充满欢笑，从而爱上阅读。相信孩子们所收获到的绝对不仅仅是故事，更有那作者想要传达的寓意。这应该就是梅子涵先生所说的那种"人生的意味"了。

■ 指导目标

1. 通过大声读原汁原味的儿童文学作品，让学生感受作品语言文字的幽默、好玩之处。

2. 通过读故事，了解故事人物形象，从中受到教育。

3. 认识作家任溶溶及其作品，课外拓展阅读。

■ 指导过程

▲ 导读板块

一、导入故事，猜猜人物

1.（出示：没头脑　不高兴）读一读，猜猜这说的是什么？

2. 这是两个小朋友的外号，一个叫"没头脑"，另一个叫"不高兴"。咦，他们怎么会有这么奇怪的外号呢？你们来猜一猜。

二、倾听故事，了解人物

1. "没头脑"到底怎样没头脑，"不高兴"又是怎样得名的？让我们走进故事来看看吧！

2. 读故事前半部分，交流：你们现在知道没头脑为什么叫"没头脑"，不高兴为什么叫"不高兴"了吧？（预设："没头脑"记什么都打折扣，想什么都想不周全，经常丢三落四；"不高兴"脾气古怪，做事与别人反着干，经常不高兴而吃尽苦头。）

3. 他们如愿以偿地长大了，会发生什么事情呢？继续听故事。

4. 读故事后半部分，交流："没头脑"做了什么没有头脑的事情，后果严重吗？（预设："没头脑"设计的少年宫是三四百层高的大楼，而且忘记设计电梯和指示牌，观众要想找到剧场，就得像行军露营那样背着行军袋，穿着运动鞋，带着锅碗瓢盆、蚊帐被褥。）

5. "不高兴"那总是喜欢不高兴的毛病是不是会给别人带来麻烦呢？我们接着看。（预设："不高兴"演《武松打虎》因为不高兴死，就不顾剧情要求，以至于一连演了好几天，这些都是小时候养成的坏毛病惹的祸。）

三、角色换位，明晰道理

1. 此时，你就是这个"没头脑"，看着自己设计的大楼、看着台上不肯倒下的"不高兴"，你有什么想法？（引导学生明理：知道从小养成好习惯，没有好习惯长大会给工作带来不可挽回的损失，给大家带来更大的危害。做错事了应该马上就改。）

2. 我们生活中，有没有这样的"没头脑"与"不高兴"？他们遇到过什么麻烦吗？

3. 你们喜欢这个童话吗，为什么？（预设：好玩。发现好玩之处：取的外号特别好玩，书中语言好玩……有意义。让我们知道小时候没有养成好习惯，会给自己和他人带来危害。）

四、介绍作者，推荐阅读

这个童话的作者是任溶溶，他是个风趣幽默的老爷爷。任爷爷最开心的事就是能为小朋友写故事。我想大家看了他写的故事，一定会发现很多好玩、有趣的地方，也一定会收获很多有助于我们成长的道理。赶快行动，去读他写的故事吧！

▲ 推进板块

一、好玩之旅

小朋友们都读了《没头脑和不高兴》,喜欢吗?我想你们一定发现了书中很多好玩、有趣的地方,今天我们就来进行一次"好玩之旅"。在这次旅行中,我们会经过一个个好玩的车站,看看每个车站有什么好玩的东西等着我们。

第一站——"好玩题目"

出示标题:

谁是大大大,谁是小小小

小小小奋战大老鼠

大大大翻身落水——不,翻身落地

小小小从大大大的脚板里拔出了一棵大树

鱼还没捉,先捉回鞋子

小小小到大大大的喉咙里去探险

……

比赛:好玩的题目,我来读。

你们觉得哪个题目最好玩?把这个题目的好玩之处读出来。比比谁读得最好玩!

第二站——"好玩人物"

书中人物的名字取得特别有意思、好玩,你们发现哪些名字很好玩?

出示人物名字:

台焦傲 甄用工 闹闹 大大大 小小小

喊喊他们的名字。一喊,我们发现这个名字取得妙,把这个人的特点都说出来了。你发现了吗?

任爷爷给他书中人物取的名字都这么好玩,要不咱们也来试试。

出示以下文字:

这个小孩特别爱哭!

这个小孩特别讲卫生!

你特别爱读书！

……

第三站——"好玩语言"

（1）声音匣子。

读了《没头脑和不高兴》，我们就像进了个声音匣子，能听到各种各样的声音。听，"嘭嘭嘭"……你们还听到了什么声音？比比谁找得多。

（2）成语擂台赛。

故事中还有许多成语，我们来个成语擂台赛。以小组为单位，比比哪个小组一口气说得多。

（3）快乐加油站。

这本书中有许多文字常常让我们捧腹大笑，给我们带来了许多快乐。出示以下文字：

可你不高兴跟他玩，他可是不高兴你不高兴跟他玩。

打上边看下去，他们一个个头抬起来，就是一个脸的海：大脸、小脸、胖脸、瘦脸、长脸、扁脸。

他坐的船当然很大很大，要是不大，怎么坐得下大人国这个很大很大的大人呢？

……

读一读，把好玩的地方读出来。

找一找，你们还发现了哪些好玩的地方？

二、收获之旅

任溶溶爷爷写的故事不仅仅只是好笑，故事里还有许多做人的道理。你们发现了吗？我们一起来交流交流。

★《没头脑和不高兴》：从小养成好习惯的重要性，从而改正自己的缺点。

★《一个天才的杂技演员》：骄傲使人落后，勤奋使人进步，从而懂得用功学习。

★《当心你自己身上的小妖精》：正确管理自己的情绪，正确认识不良情绪带给自己的危害，学会管理情绪。

★《大大大和小小小历险记》：学会勇敢、坚强、真诚、善良、乐于助人，明白"大"和"小"只是相对的概念，各有各的好。世界上有大也有小，大也重要，小也重要。

▲ 延伸板块

一、故事讲述
用心揣摩故事中自己最喜欢的片段，然后讲给伙伴或家长听。

二、影视欣赏
这部作品被许多电影工作者拍成了动画片，被美术工作者画成了连环画，可有名了。今天老师也带来一段，请大家欣赏。（播放故事片段）

三、剧本演绎（剧本附后）
小小的一个剧本能演绎出生动的故事情节，让我们更加深刻地体会到人物的性格特点。

四、好书推荐
任溶溶爷爷还写了许多作品，如《丁丁探案》《土土的故事》《爸爸的老师》等，赶快找来读一读吧！

◎ 附

没头脑和不高兴
【场景一】

"没头脑"说："我今年十岁了，记性不太好，大家都叫我'没头脑'。"

"不高兴"说："我是个倔脾气，不管干什么事都要和大家不一样。

大伙儿向东,我偏要向西;大伙儿向西了,我偏向东。他们叫我'不高兴'。我的好朋友是'没头脑',我们俩一块儿上学,一起回家,形影不离。"

星期三放学后,"没头脑"和"不高兴"写完作业,"没头脑"急匆匆地回家了。"不高兴"刚关上门。

"没头脑"敲门:"嘭嘭嘭!"

"不高兴"开门一看,是"没头脑"。

"没头脑"说:"对不起,忘拿书包了。"

"没头脑"一边摘下帽子和手套,一边进屋找书包。他找到书包,走了。

"不高兴"关上门,转身刚坐下。

"没头脑"又来敲门:"嘭嘭嘭!"

"不高兴"开门一看:"又是你,怎么了?"

"没头脑":"对不起,忘拿帽子了。"

他找到帽子,走了。

"不高兴"关上门,转身刚坐下打开电视机看电视,"嘭嘭嘭!"门又响了。这回"不高兴"也不看是谁,一开门就把一副手套递出去:"没头脑!你的,拿去!"进屋再一看,那不是他的书包吗?

【场景二】

刚下过雨,"不高兴"跟几个同学一块儿放学回家。大家都走大道,"不高兴"偏要抄近道走泥地。他一边迈着大步,一边还大叫大嚷:"不高兴!不高兴!不高……"没想到扑通一声,掉进了一个大水坑。他垂头丧气地爬起来,看见面前站着一个白胡子老爷爷。

白胡子老爷爷说:"我是仙人,刚才听你一个劲儿地说'不高兴',现在又见你一脸不高兴的模样,我就想让你高兴高兴。说吧,你有什么愿望,我一定帮你实现。"

"不高兴"想了想,说:"我想变成大人,做件大事让大家瞧瞧。"

白胡子老爷爷说:"好啊,我就让你变成大人。可是你想干什么呢?"

"不高兴"想了半天,这不高兴干,那也不高兴干,最后他决定当一名演员。

白胡子老爷爷正要说"变","不高兴"一把拦住他。

"不高兴"说:"我有个好朋友,也让他高兴高兴吧!"

他急忙找来了"没头脑"。

"没头脑"说:"我想当个建筑工程师。"

白胡子老爷爷说:"我还要在这儿呆一个月,有事儿可以来找我,一个月后我就要回天上去了!"

他念了几声咒语,"不高兴"和"没头脑"呼的一下长高了,他们一个成了演员,一个成了建筑工程师。

【场景三】

"没头脑"成了建筑工程师以后,设计建造了一座少年宫,是一片三四百层高的大楼群,剧场、运动场、游艺场、图书馆……应有尽有。

"没头脑"收到请帖,被邀请去那儿看戏。一路上人山人海,热闹非凡。孩子们身上背着行军袋,脚下穿着运动鞋,有的还抬着锅碗瓢盆、蚊帐被褥……

"没头脑"觉得奇怪:"大伙儿怎么回事呀?去少年宫玩怎么跟去露营一样呢?"

"没头脑"来到少年宫,刚想进门,门卫拦住他。

"门卫"问:"你怎么没带食物和被褥?"

"没头脑"挺纳闷的:"看戏还用带那些玩意儿?这可太新鲜了!"

门卫解释说:"这地方太大了,楼房太多太高,楼里光有楼梯,没有电梯,也没有指示牌,要找到剧场,没有十天半个月还真不行。不带吃的还不饿死?"

"没头脑"呆住了:"啊?!"

门卫安慰他:"不要紧,我给你开一张条子,一路上会有人照顾你食宿的。"

"没头脑"心里直懊恼:"电梯和指示牌给忘了!设计图纸的时候怎么不好好想想呢?"没办法,"没头脑"只能跟着大伙儿,像没头的苍蝇一样,乱碰乱撞地往里走,一层一层地往上爬。起先几天还好,五六天后,大伙儿全都垂头丧气的,没了精神。

走了快半个月,"没头脑"总算找到了剧场。

【场景四】

帷幕拉开了，锣鼓"锵锵锵"敲了起来。武松手拿棍棒，醉醺醺地走出来。呼的一声，从树丛后面扑出一只猛虎，扮演猛虎的就是"不高兴"。他向武松扑来，跳得高，窜得快，观众都使劲鼓掌。武松迎头给他一棒，棒断了，就赤手空拳地打。锣声"锵锵锵"敲个不停，武松、老虎打个不停，你来我往，一连打了两三个钟头。武松累得呼呼直喘气，老虎还是精神十足。

武松轻声跟老虎说："够了够了，你得倒下去装死了！"

老虎回答说："不高兴！"

"锵锵锵"，又打下去，足足打了四五个钟头，武松拳头都举不起来了，求老虎快点儿躺下去。

武松说："你快躺下去装死吧！"

老虎说："不高兴！不高兴！不高兴！"

"锵锵锵"，还打下去，武松累得都快不能动了，躺在地上央求老虎。

武松说："我求求你了，快躺下去装死吧！"

老虎蹦过来跳过去，一个劲地说："不高兴！不高兴！"

剧场只好宣布暂时休息。

戏一连演了好多天，武松怎么也打不死老虎，老虎怎么也不高兴死。台下的观众可就着急了，再这么打下去，带的粮食就不够吃了！

"没头脑"越看情形越不对，觉得"不高兴"的毛病跟自己的一样，都给大家带来了害处。"没头脑"冲到台上，一把抓住老虎的尾巴，把他倒着拖下台去了。

你还喜欢哪个故事片段？也可以和同学们一起表演。

（沈晓晓，海门市学科带头人，海门市书香教师）

《小猪唏哩呼噜》阅读指导设计

■ 作品解读

《小猪唏哩呼噜》是一部非常适合大声朗读的长篇童话,作者是曾获国际安徒生文学奖提名奖的孙幼军。本书是小布头丛书中的一册,讲述了围绕小猪的奇遇引发的一系列生动有趣的故事,这些故事构思巧妙,图文并茂,语言风趣幽默。

孙幼军先生在唏哩呼噜身上寄寓了完美的儿童形象,虽然完美,但也很真实、质朴。唏哩呼噜像五六岁的小男孩,他有点儿憨但并不真傻,除了贪吃、贪睡、经常受大人骗,还有一上课就打呼噜外,他几乎没有毛病。

孙幼军的童话保持了一种"唠嗑"的架势,看他的故事,就像听北京人拉家常一样,极其自然流畅地娓娓道来,充满了浓郁的"京味儿"。

■ 设计意图

1. 顺应儿童心理,激发阅读期待。阅读期待是一种迫切阅读的心理状态，是阅读的先导，它直接关系到阅读的热情、阅读的质量及品位。通过悬念的制造，情境的创设，激起学生阅读的欲望。

2.大声朗读，培养良好的倾听习惯。大声朗读可以提高学生的听、说、读、写能力。在朗读过程中，创造良好的交流氛围，多一些自由，少一些约束，安排一些轻松的话题，如精彩回放、心底畅想、真情对话等，让学生在自由、平等、互动的氛围中"说来听听"。

■ 指导目标

1.通过多种途径激发学生的阅读期待和阅读兴趣。

2.通过阅读交流，分享阅读心得，体会小猪的正直善良、机智勇敢、懂事能干。

3.能对感兴趣的人物和事件发表自己的想法，并乐于与人交流。

■ 指导过程

▲ 导读板块

一、聊聊猪

1.小朋友，你们一定都很喜欢看童话故事吧！老师给你们带来了一位老朋友。（出示猪八戒图画）请和它打个招呼吧。

2.在我们听过的故事中肯定还有许多猪的形象，请小朋友们以小组为单位介绍介绍故事中的猪。（预设：《三只小猪》《笨笨猪》《猪八戒新传》《小猪变形记》《三只猪》《猪国里的狼》……）

3.小组交流。

二、取个名

1.刚才我们认识了一些猪朋友，这一课，我们来认识一位新朋友。（出示小猪唏哩呼噜图片）说说第一印象。

2. 给看到的小猪取个名字。

3. 大家都给它起了许多非常可爱的名字，想不想听小猪自己的介绍？（画外音：小朋友们好！我是你们的新朋友——唏哩呼噜。）

三、看封面

1. 其实啊，这个小猪是一个童话故事中的人物，不仅名字有趣，在它的身上还发生了许多有趣的事，这就是今天老师要向你们推荐的一本书。（出示《小猪唏哩呼噜》的封面）仔细看看这本书的封面，你们知道了什么？

2. 孙幼军是一位著名的儿童文学家，他写了许多适合我们小朋友看的书，老师特地挑了几本带给大家。（出示孙幼军创作的其他图书——《怪老头儿》《神秘的大鸟》《没有风的扇子》《小布头奇遇记》）

3. 孙幼军爷爷为我们小朋友写过许多的作品，《小猪唏哩呼噜》就是其中非常有趣的一本书。

四、看目录

1. 说到这里，大家一定很想知道这本书到底写了什么！（出示《小猪唏哩呼噜》的目录）

2. 自己看看这里面到底有哪些故事。

五、听故事

1. 刚才，许多小朋友听到小猪叫唏哩呼噜这个名字时都很纳闷很奇怪，现在我们就来揭开谜底。（老师讲述第一个故事《唏哩呼噜是谁》）

2. 请学生表演"猪爸爸数数"。

3. 说说"唏哩呼噜"名字的由来。

4. 在小猪唏哩呼噜身上发生了许多有趣的故事，小猪唏哩呼噜为鸭太太做保镖，一个人赶夜路到城里送鸭蛋，还帮鸡太太在鸡宅里捉鬼呢，为了还钱，唏哩呼噜给象博士当保姆看孩子……其余的故事，我们下次再讲。

推进板块

一、人物猜一猜

根据老师的描述,学生猜测人物。

1. 一个狡猾又凶狠的大家伙,穿着一身黑衣服,胸前有个白色的月儿。

2. 一只热心又聪明的黑鸟儿,他总是说:"你好、再见。"是小猪的好朋友。

3. 那个活东西很像一条花花绿绿的腰带,可是有一双小眼睛、一张大嘴和一条细尾巴。

4. 他是市场上的一霸,但自从吃了一次苦头后,他每次见着小猪唏哩呼噜,总是满脸堆笑,点头哈腰地说:"哟,是猪大侠!您吃了吗?今儿个天气真不错!"

二、看图说一说

1. 出示书中的经典插图,让学生看图说话。

2. 诵读儿歌。

小猪唏哩呼噜

小猪小猪胃口大，唏哩呼噜一大盆。
小猪小猪真勇敢，拿起猎枪吓老狼。
小猪小猪真奇怪，小蛇当作皮带戴。
小猪小猪有爱心，挖来蚯蚓喂小狼。
小猪小猪真滑稽，上课打起大呼噜。
小猪小猪有孝心，为换蛋糕运垃圾。

三、深入读一读

1. 看图理解"倒栽葱"。

出示以下文字：

大狼往里走，不想刚一迈进腿去，就绊到了一件又大又软的东西上，摔了个倒栽葱。

2. 联系上下文理解"躲进我孩子的肚子里"。

出示以下文字：

小猪说："呀，你可不知道！别瞧我妈挺和气的，要是我太淘气，惹她发了火，她就用大耳朵扇我耳光，用小尾巴抽我，谁劝也没用！"

大狼说："你躲进我孩子的肚子里，你妈就抽不着你了！"

小猪觉得很惊讶："你孩子的肚子有那么大？"

大狼说："一个当然没那么大，可是把你分着装进我三个孩子的肚子里，就差不多了。再说，我也正饿得要命！"

3. 通过请教理解"咨询所"。

出示以下文字：

唏哩呼噜卖东西技术咨询所

告诉你做买卖的宝贵经验！
绝不出欺骗顾客的坏主意！

▲ 延伸板块

一、精彩回放

1. 看来这本书对大家吸引力不小。还记得他们吗？（出示书中几个人物的图片，点击再出现人物的名字）你们能用一个词语简单地说说他们的特点吗？

唏哩呼噜 叮铃 皮皮 安安 哇呜老师 丁丁 白白 花花

2. 其实书中还有许多精彩有趣的情节，你们能把其中的一个故事情节用一幅画画下来，并用两句话写下来介绍一下吗？看谁画得最精美，写得最明白。

二、互问互答

之前中央电视台有一档节目叫《开心辞典》，里面有一个甜美、漂亮的主持人叫王小丫，你们喜欢她吗？今天，老师就请你们来当一当主考官"王小丫"，来考考其他组的同学，有信心吗？

要求：把班级学生分成两大组，每组同学根据这本书的内容设计六个问题，写在卡片上。活动时由每组组长代表提问，被问组集体参与回答，可以补充。

问题示例：

唏哩呼噜是用什么方法把野猪的牙弄掉的？

唏哩呼噜的朋友是谁？

小猪给妈妈准备的生日礼物是什么？

三、内心畅想

1. 憨厚、可爱的小猪唏哩呼噜已经在我们心中扎根，成了我们最好的朋友，大家为什么会如此喜欢他呢？你愿意把自己喜欢他的理由说出来与大家一起分享吗？

2. 交流"我心中的小猪唏哩呼噜"。

3. 根据学生的回答，老师适时联系学生的生活实际点拨引导，让他们明白：做人要善良、勇敢、自信，要活出精彩的自己。

四、真情对话

小猪唏哩呼噜已走进了小朋友的心中，他傻得那么执着，那么可爱！书中其他的人物，老师相信大家也有自己独特的感受和理解，那么你想对他们说些什么呢？请大家选择一个人物，对他说出你最想说的话。（出示：我想对＿＿＿＿说："＿＿＿＿＿＿＿＿＿＿＿＿＿＿。"）

五、剧本表演（剧本附后）

1. 小组展示表演的节目。

2. 师生互评。

六、快乐推荐

争做小小推销员。小组合作，帮孙幼军爷爷推销《小猪唏哩呼噜》。

老师提供推销秘诀：（1）可以向顾客简单介绍本书的作者；（2）可以向顾客简单介绍本书的主要内容；（3）可以向顾客简单介绍本书中精彩的部分；（4）可以向顾客说一说看本书的好处……

◎ 附

小猪卖橘子闯了祸

第一场　小猪到皮皮家

背景：皮皮家门口（道具要求：一堵带门窗的墙，一辆小自行车）。

（小猪跑到皮皮家，皮皮正在擦车，皮皮抬头看见小猪）

皮皮：（愁眉苦脸的）唏哩呼噜，又想借我的自行车呀？真的，不是我不借。要是摔坏了，我爸爸非揍我不可！

小猪：不，皮皮，我要自己买一辆，让你帮我出出主意。

皮皮：（高兴起来，鬼头鬼脑地朝他家的窗户瞧瞧，把小猪拉到大门外，压低声音）给你出个好主意吧！你爸不给买，你就闹，就这样子——（这时皮皮躺在地上，一边打滚一边朝空中蹬两条腿，哭叫着）我要自行车！我要自行车！

小猪：（为难的表情）这样多羞呀！

皮皮：（站起来，紧张地侧着耳朵听了听，很神秘地）要是还不给买，你就不吃饭！

小猪：不吃饭，那多饿呀！

皮皮：哎呀，你又不是不知道你们家厨房在哪儿！两顿不吃，你爸一着急，不就给你买啦！

小猪：我不要靠爸爸妈妈，我现在自己会挣钱了。乡下的心里美萝卜很便宜，跑得越远越便宜。我跑得远远的，用担子担回来。

皮皮：卖萝卜才能挣几个钱？不如卖水果：香蕉、苹果、大鸭梨，多棒！卖水果，可赚钱啦！

小猪：（高兴地）好，就卖水果！

皮皮：水果批发站在东城外，很远。你明天早点儿去。买了水果，赶快到集市去。告诉你，早上，集市的顾客多！

小猪：好！好！（想了一会儿）那你能不能帮我的忙，把水果用自行车驮到集市上去？

皮皮：我都跟丁丁说好了，明天一大早跟他一起骑着自行车去钓鱼呢！你别睡懒觉，早点儿起来不就得了嘛！

小猪：那好吧。

第二场　小猪到水果批发店

背景：水果批发站门口（在皮皮的门上挂上一个牌子，上面写着"水果批发站"）。

（灰兔爷爷第一个上场，环顾了一下四周，把一块砖头放在门口又走了，这时小猪来了）

小猪：（走到批发站门前，见门没开，来回踱步）哎呀，怎么还不开门呀！真急人！（发现地上放的砖头）咦，谁把砖头放这儿，多碍事呀！

（小猪一边说着，一边弯腰想把砖头移走。这时，灰兔爷爷回来了，大声地，有点凶）

灰兔爷爷：别动！砖头是帮我占位置的，我排第一个！

（小猪吓了一跳，很无辜地看着灰兔爷爷，鸡太太这时一扭一扭地上场了）

鸡太太：（看到这个情形，轻轻拉了小猪一下，并使个眼色，小声地对小猪说）别想不通，这是我们的行业规矩，你去上个厕所什么的，放个砖头在那，那个位置就还是你的。

小猪：（点点头）噢，知道了。（把身体往后退了退）

（猩猩经理不急不忙地走过来开门。先是灰兔爷爷，他拿了一筐水果，猩猩经理看了他一眼，他连忙掏出一个红包给猩猩经理，猩猩经理脸上顿时乐了，灰兔爷爷下场到水果集市去了）

小猪：猩猩经理，我要一筐橘子。嗯，就要这一筐！（把钱递给猩猩经理，两张一百元分别递过去）

猩猩经理：嗯，200块，钱正好啊！

猩猩经理：（把上身探过来，凑近小猪的耳朵）你的"意思"呢？

小猪："意思"是什么呀？

猩猩经理：你说呢？

（这时鸡太太把小猪拉到一旁）

鸡太太：（小声地，把脸贴近小猪的耳朵）"意思"就是你给他的好处，比如说红包什么的。

小猪：只有在过年的时候，爸爸才在红包里包了压岁钱给我，我又不是他的爸爸，为什么要给他压岁钱？

鸡太太：你这个傻孩子，你就听我的吧，你不给猩猩经理好处，他是不会批发给你好橘子的！

（小猪走到猩猩经理身边。黄狗上场，排在鸡太太的后面）

小猪：猩猩经理，我知道"意思"是什么了！可是，我攒的钱太少了，只够买一筐橘子。

猩猩经理：（突然变了脸色）买这一筐不行，有人订下啦！

小猪：我保证下回一定带来"意思"。

猩猩经理：（打断小猪的话）下回再说！

猩猩经理：（伸出手指一指远处的一筐橘子）你要那一筐吧！

小猪：（先跑到那一筐橘子前面看，又扭头看看他原先要的那一筐，高兴地叫）大小差不多嘛！

猩猩经理：（不耐烦地）那就搬走吧！

小猪：谢谢你！

第三场 集市上卖橘子

背景：黄狗先生、灰兔爷爷、鸡太太和小猪同时在水果集市场上卖水果。

灰兔爷爷：（一边把枣子摆好，一边喊）卖大枣了，新鲜的大枣！

鸡太太：（两手扶着箩筐）卖苹果喽！

黄狗：（一手拿着一只大梨子，大声地吆喝）大鸭梨，真叫甜，先尝后买，不甜不要钱！

小猪：（也学大黄狗吆喝）大橘子，真叫甜，先尝后买，不甜不要钱！

（黄狗扭过头来，瞪了小猪一眼，小猪友好地冲黄狗笑了笑。黄狗这时也忍不住笑了）

小猪：（继续吆喝）大橘子，真叫甜，先尝后买，不甜不要钱！

（这时，黄狗往地上一坐，拿起个鸭梨，在衣服上蹭两下，吃了一口）

小猪：（看见黄狗吃梨子，咽了一口唾沫，也拿起一个橘子，刚要剥皮，又赶紧放下，在自己脑袋上使劲地敲了一下）打你个唏哩呼噜，你不想要自行车啦？

小猪：（打了一个哈欠）夜里睡得太少了，真困呀！

小猪：（伏在筐上，打了两声呼噜，紧接着，在自己脑袋上狠狠敲了一下）打你个唏哩呼噜！卖东西可以睡大觉吗？不甜不要钱。

（小猪的头渐渐垂下，终于伏在筐上睡着了）

皮皮：（推着自行车上场，面朝观众）唏哩呼噜是我的好朋友，又不小气，问他要两个香蕉，他准能给我！

皮皮：（来到小猪的摊子前）哈，这家伙在睡大觉呢！（推推小猪）唏哩呼噜！喂，唏哩呼噜！

小猪：（打着呼噜）呼——噜，呼——噜！

皮皮：（笑，停下自行车）没有香蕉，橘子也凑合！

（皮皮拿起两个橘子，塞进衣袋。弯下腰听听，小猪还在打呼噜，皮皮又抓起两个，推着自行车跑了）

小猪：（醒来，使劲敲了自己脑袋一下）打你个唏哩呼噜！卖东西，怎么可以睡大觉？

小猪：先尝后买，不甜不要钱！

马太太：（上场，先把每个摊子都看了一遍，尝了一遍，走到小猪面前）这橘子好吃吗？

小猪：不好吃不要钱！您先尝一个！

马太太：（小声地，面朝观众）这个小猪真傻，别人只许尝一瓣儿，他倒让尝一个！

马太太：（挑了一个大橘子，把它剥了皮就整个儿地塞进嘴里，嚼了两口，一声大叫）哇！呸、呸、呸……

马太太：（皱着脸）酸死啦！

马太太：哎哟，我的牙齿怎么都掉了，（一屁股坐在地上）我的牙齿哟！我的牙齿都掉光了哟。

马太太：（站起来揪住小猪）你赔我的牙！你赔，你赔！

小猪：（吓坏了）我……我……我赔，我赔！

（这时，猩猩经理、黄狗、黑熊、鸡太太、灰兔爷爷都围上来）

小猪：（愁眉苦脸地面向大家）可是我已经没钱了，拿什么赔呀？

黑熊：小猪，你别着急，我问问你，你这些橘子多少钱买的？

鸡太太：（拉着小猪，很神秘地）告诉你，这可是大名鼎鼎的黑熊经理，他也许能帮你呢！

小猪：200块钱！

黑熊：我给你100块钱，你把这些橘子都卖给我吧！（面朝观众）这回我可得了大便宜了，酸橘子也可以当柠檬用嘛，而且比柠檬便宜多啦，嘿嘿……

黑熊：（把一筐橘子搬走，往场下走，边走边面向观众说）渴了喝"黑熊"！"黑熊"果汁，果汁"黑熊"！噢耶！（做一个屈臂的手势）

（小猪等退后一步，皮皮上场）

皮皮：（上场）小猪原本想卖橘子挣了钱，买辆自行车。没想到钱没挣到却闯了祸，让马太太的牙齿全部掉光了，这该怎么收场呢？你想知道后面会发生什么故事吗？敬请期待续集，再见。

（集体向观众挥手致意，下场）

（张永杰，南通市骨干教师，海门市学科带头人，海门市书香教师）

《我有友情要出租》阅读指导设计

■ 作品解读

　　《我有友情要出租》是台湾女作家方素珍编写的一本好看的图画书。书中讲述了一个真挚的友情故事,这也是一个略带伤感的故事:有一只寂寞的大猩猩,为了找到朋友,想出了"我有友情要出租"的办法,小女孩咪咪租下了他的友情。一段充满欢笑的日子过后,小女孩因为搬家离开了这里,大猩猩又重归寂寞,于是他写下了"我有友情免费出租"。这一次他特意强调"免费"出租,代表他已经了解友情的真谛,即友情是不能用金钱买卖的。可是直到今天,叶子都褪色了,大猩猩还在等待下一个好朋友……

　　读这本图画书,除了感受作者所传达的真友情外,还要仔细观察图画里的玄机。画者郝洛玟通过细致的描绘传达了大猩猩和小女孩的感情,更大量运用暖色调让友情持续加温,构成温馨感人的画面。画者还特意创造小老鼠这个角色,来隐喻故事背后的另一启示。小老鼠从一开始就不断地出现在大猩猩的身旁,然而大猩猩始终没注意到,他也没上前和大猩猩一起玩耍,两个只能默默地等待哪天友谊发芽。此外,图画里还陆续出现许多动物，有狮子、豹、斑马、长颈鹿、鸵鸟等，表示森林里并非没有友伴，他们也渴望交朋友，但却羞怯地躲在一旁，让猩猩感到孤单。因此，阅读时不妨鼓励孩子们细心找找图画里的动物，通过这一游戏让他们明白：朋友是要去找寻的，而且，他们都在附近，就等你去发现。

■ 设计意图

现在的孩子大多数是独生子女，以自我为中心，缺少主动去结识新朋友以及和好朋友正确相处的经验，导致时常在人际交往中受挫。本书除了要带给学生一个动人的故事外，还希望他们在读完故事后能够主动去结交新朋友。基于此，本次阅读采用师生共读的方式，在绘本本身所营造的轻松愉悦的氛围中，通过合作游戏阅读，调动各种感官，经历"猜——读——思——玩——悟——说"等一系列阅读过程，在边读边玩中真正融入故事，充分享受阅读与交友的乐趣。

■ 指导目标

1. 师生共读，了解故事内容，理清主人公的情绪变化，懂得交朋友需要主动。

2. 以绘本为载体，把观察、概括、想象与阅读相结合，培养体会图意、前后联系、理解故事的能力，以及边听边想并大胆表达的习惯和能力。

3. 分享阅读体会，通过读、演、编等多种途径体会读书快乐，激发阅读兴趣。

指导过程

导读板块

一、阅读封面，了解作者

1. 我们一起来读一本好看的图画书，名字叫——（出示《我有友情要出租》封面）

2. 封面是书的第一印象，是编者的精华所在。当你们第一眼看到这本书的封面时，看到了什么？

（1）介绍作者：方素珍，台湾女作家，能写很多好看的童话，别人还叫她——花婆婆。

（2）介绍绘者：郝洛玟，经常给我们儿童画画。

二、理解"出租"，释题质疑

1. 你们知道什么是"出租"吗？在哪儿看到过？

2. 读了书名，你们有什么问题要问吗？

3. 可是，大猩猩要出租的不是车子、房子等物品，而是友情，这是怎么回事儿呢？还是让我们赶紧来读故事吧！

三、初读故事，理清情绪

1. 自主阅读故事，你们看到了哪些画面，从中见到了一只怎样的大猩猩呢？请边读边填写好《大猩猩情绪起伏表》。

大猩猩情绪起伏表

场景	情绪词
坐在树下等待朋友	寂寞

2. 小组分享，完善表格。

3. 汇报交流。

4. 刚才大家认识了一只寂寞、快乐、伤感，情绪不断起伏变化的大猩猩，下节课我们将继续走进大猩猩的内心世界，感受它的情绪变化。

推进板块

一、师生共读，分享感受

1. 上节课我们初步理清了大猩猩的情绪变化，书中的哪一处场景最令你们难忘，书中塑造了一只怎样的大猩猩？

2. 学生汇报交流，老师相机指导。

★预设一：在一片绿油油的大森林里，住着一只大猩猩，他常常想："我好寂寞，我都没有朋友。"从中可以看出这是一只寂寞的大猩猩。

（1）这里有个词"寂寞"，跟老师读。你们知道什么是"寂寞"吗？

（2）读故事要透过文字，读懂人物的心情。请仔细看图，想想你们还从哪里感受到了大猩猩很寂寞。

（3）小结：是呀，这是一只寂寞的大猩猩。

★预设二：从大猩猩和咪咪相识、游戏，可以看出这是一只快乐的大猩猩。

（1）有咪咪陪着玩，大猩猩可快乐了！从哪儿可以看出来？

a.（出示："不痛不痛，我已经会了，很好玩！"）大猩猩痛吗？你们是从哪儿感受到的？那大猩猩快乐吗？这是为什么？

虽然大猩猩只会出"布"，而且 次次被踩，但因为有了咪咪的相伴，他仍然感到很快乐！

你们想玩踩脚游戏吗？和你们的好朋友一起快乐地玩一玩这个游戏吧！

b. 读绘本除了读文字，还要用双眼观察图中的细节。你们能从下列图中读到大猩猩内心的快乐吗？（出示三张大猩猩开心的图片和相关的需补充完整的句子：有一天_____，有一天_____，有一天_____，即使不说一句话，大猩猩都觉得好_____呢！）

（2）此时此刻，我们感受到这是一只快乐的大猩猩。

★预设三：从和咪咪的离别中，我们可以看到这是一只失望、痛苦的大猩猩。

（1）（出示：终于，一部……远远地离开了。）大家有感情地合作朗读，读出大猩猩的失望、痛苦。

（2）（出示：大猩猩失望极了，看着远去的车子，大猩猩想起了＿＿＿，想起了＿＿＿，想起了＿＿＿。）和你的小组成员一起说一说。

（3）这又是一只失望的大猩猩啊！

★预设四：尽管大猩猩是如此想念好朋友咪咪，可咪咪还是一直没有回来……大猩猩又开始了等待，又回到了寂寞的日子。

（1）现在大猩猩又在大树上贴了一片叶子，上面写着：我有友情免费出租。这一次，与上回有什么不同吗？

（2）什么叫"免费"？他为什么要"免费"出租友情？

（3）可是，一直到今天，那一片叶子都褪色了……大猩猩还在等待下一个朋友。所以让我们感受到了这是一只落寞的大猩猩。

二、整体感知，把握主题

1. 那在大猩猩的周围，是不是真的没有朋友呢？请你们拿起书，到图中仔细找找。（提示：图画书可以反复看，说不定每看一遍都会有新的发现！）
2. 指名交流在图中找到的小动物。
3. 为什么大猩猩不和他们交朋友呢？
4. 其实友情就在身边，只要你们善于发现、寻找，就不会再寂寞了。
5. 假如你们就是大猩猩或者是大猩猩身边的小动物，会怎么做呢？

三、活动延伸，深化主旨

1. 游戏：找呀找呀，找朋友。（播放音乐《找朋友》）

小动物之间是这样，我们又何尝不是如此呢？有时候胆大一点，勇敢地伸出友谊的手，主动和对方打个招呼，说说话，玩玩游戏，就能交上朋友。现在就请你在教室里寻找一位新朋友，跟他们主动打个招呼，介绍一下自己，看谁能找到朋友。

2.（出示：朋友是要去找寻的，而且，他们都在附近，就等你去发现。）亲爱的新朋友、老朋友们，最后让我们再一次深情朗读这句意味深长的话吧！（师生齐读）

▲ 延伸板块

一、故事讲述

1. 把故事中最能打动自己的一个场景找出来，然后讲给同桌听。
2. 同桌互评。

二、绘本展演

1. 根据绘本内容，小组进行排练。
2. 师生共评。

三、故事续编

1. 夕阳西下，倦鸟归巢，大猩猩坐在树下等待下一个好朋友的出现。大猩猩等待的下一个好朋友会是谁呢？他们又会发生什么好玩又有趣的故事呢？请你们发挥想象，大胆创编吧！
2. 学生续编故事，并展示交流

四、好书推荐

小朋友们，这节课已经结束，但《我有友情要出租》这本绘本值得我们一读再读，因为还有许多秘密藏在书里面，等着你们去发现呢！另外，老师还想给大家推荐几本方素珍写的好看的绘本：《花婆婆》《生日快乐》等（出示图书），愿好书伴你们健康成长！

（朱敏慧，海门市教坛新秀）

《我想去看海》阅读指导设计

■ 作品解读

《不一样的卡梅拉》系列故事讲的是母鸡卡梅拉和她的儿女们卡梅利多、卡门的历险故事。《我想去看海》是卡梅拉系列的第一册，充满童趣。一只柔弱的小鸡——卡梅拉，听了鸬鹚朋友佩罗的讲述，被大海深深迷住，不顾爸爸反对深夜独自踏上大海探险之旅，她经历了重重困难，最终实现愿望，看到了大海。高兴之余，竟然迷失在海上，在她孤独无助的时候，遇到了探险家哥伦布的船队，险些被拔光了毛煮来吃，多亏她保证每天早上下一个鸡蛋给哥伦布当早餐，才得以保住性命。在海的那一边，她遇到了帅小伙——火鸡皮迪克，卡梅拉把他带回了家，从此过上快乐的生活。卡梅拉家族里的每个人都与众不同，敢于幻想，更敢于去尝试别人不敢想的事情。卡梅拉是一种象征，一种成长路上必不可少的"伴侣"，读不一样的卡梅拉，朝着梦想努力前行，成就与众不同的人生。书中充满了惊险的情节和法式的幽默，也不乏那些捧着肚子哈哈大笑的段子，值得一读。

■ 设计意图

　　用游戏营造儿童的真实情境。儿童文学的一切审美品质，都以童年情境为原点，而童年情境中最本真的状态便是游戏。游戏是儿童适应现实的需要，是满足不能实现的愿望的需要。《我想去看海》以自由的笔触抒写了"卡梅拉"们——儿童对自由、梦想、未来的追寻。在阅读中，把卡梅拉与儿童的生命密码合二为一，运用游戏的方式释放儿童的情感、需求和天性，用轻松、自由、想象、体验的文本精神与儿童特质契合。

　　用感悟陶冶儿童的高尚情操。绘本，没有一句教条，却能满足儿童精神成长的需要；没有一丝说理，却能启发儿童深入思考；没有一点喧闹，却能激起儿童大笑。绘本故事里，演绎的永远是人们心灵深处的真、善、美。通过阅读，引领儿童进行情感体验，埋下终身受用的美好情感。

　　用补白发散儿童的幻想品质。对儿童来说，超现实的世界存在于儿童的心灵里，是儿童对现实世界幻想的结果。幻想可以让儿童摆脱现实的羁绊和束缚，是儿童精神世界的营养原料。而《不一样的卡梅拉》宣扬的是幻想和追求的精神，引导学生利用故事中的留白点，发挥想象填补情节，让故事更加天真和烂漫。

　　用创写触动儿童的写作灵感。绘本的语言通俗易懂、生动简练、朗朗上口、悦耳动听，适合儿童阅读，也适合模仿和借鉴。引导儿童从绘本中获取写作的素材和灵感，或模仿，或续写，或扩充，使静态的事物变成鲜活的画面、动人的旋律、立体的场景，读写得到有效结合。

■ 指导目标

　　1. 通过聆听、观察、交流，阅读文字和图画，享受阅读带来的乐趣，提高对绘本的阅读兴趣。

　　2. 在想象、猜测、补白中丰富故事情节，敢于发表自己独特的感受，提高想象力和口语表达能力。

3. 在角色体验中体会卡梅拉在追求理想过程中的勇敢和坚持。

■ 指导过程

▲ 导读板块

一、摸摸"不一样"的图书

1. 老师给大家带来了一本不一样的绘本。请小朋友读读封面、扉页和封底,你们觉得这本书跟自己以前读的绘本有什么不一样?

2. 很多小朋友都喜欢这本书,你们看,它得了五颗红星!这本书的作者是两名法国人。告诉你们一个秘密,他们的妈妈是爱尔兰仙女!扉页中有他们的详细介绍(出示《我想去看海》的扉页),你们可以好好地读一读。

3. 封底上是有名的萝卜探长对这个系列书的评价,他可喜欢这些书了!(出示,齐读)

4. 读一本书的时候,仔细读读封面、扉页和封底,可以知道书的很多信息,这是读书的好习惯。今天,我们读的这本书就是——《我想去看海》。

二、亲亲"不一样"的母鸡

1. 是谁想去看海呢,你们能叫出她的名字吗?

2. 大家见过母鸡吗?说说自己见过的母鸡的样子。

3. 在小朋友的眼里,母鸡每天在鸡窝里吃吃粮食,踱踱方步,睡睡懒觉,下下蛋,偶尔出去找点虫子吃,遇到大狗之类的就连忙躲回窝里去了。你们觉得她们的日子过得怎么样呢?

4. 母鸡就是这样吃吃饭、下下蛋的,这才是普通母鸡的生活。不下蛋怎么能行呢?可是卡梅拉最反对下蛋,她认为下蛋是最最无聊的事儿,她觉得生活中应该有更好玩的事儿!

5.(出示图片)边观察边学学卡梅拉不肯下蛋的样子。

6. 真有趣!看看封面上的这只母鸡,你们觉得她与别的母鸡有什么"不一样"?（预设：她不肯下蛋；她很有活力；她有一个梦想，就是去看海……）

三、聊聊"不一样"的梦想

1. 一天晚上，又到了该回鸡窝睡觉的时间。这些小鸡困极了，有的打着哈欠，有的已在妈妈的怀里睡着了。卡梅拉呢？她睁大眼睛，丝毫不想睡觉，"我不想睡觉！我才不要和其他小鸡一样呢！"真是一只与众不同的小鸡，她不去睡觉，想干什么呀？（出示："我想去看海！"）（齐读）

2. 你们觉得卡梅拉的梦想会实现吗？（学生各抒己见：会，只要她勇敢地从自己的鸡窝里走出去，战胜困难，就能看到大海。不会，她只是一只弱小的母鸡，没有强健有力的双腿，也没有搏击风雨的翅膀。）

3. 梦想是美好的，现实却是残酷的，卡梅拉的梦想一开始就遭到了家人的反对。哪个勇敢的男孩子来读读鸡爸爸的话？

4. 鸡爸爸的表情你们能用一个词来表达吗？（预设：愤怒、怒发冲冠、暴跳如雷……）鸡爸爸会怎么教训卡梅拉？同桌合作演一演。

5. 我们来帮帮卡梅拉，说服她的爸爸让她去实现梦想。

6. 卡梅拉的爸爸真是固执，在他的眼里母鸡的责任就是下蛋，你们说了这么多都感动不了他。无助的卡梅拉被爸爸生拉硬拽地拉回到了窝里。可是爸爸的阻拦没有打消卡梅拉的梦想，卡梅拉瞪着眼，怎么也睡不着，她还在想看海的事……卡梅拉轻轻跳下床，推开门，回头看了她的爸爸妈妈、兄弟姐妹最后一眼，就离开了家，朝着梦想中的大海走去。

7. 猜猜看，卡梅拉走了，她的伙伴、家人会说什么，会有什么样的反应？

▲推进板块

我们已经认识了一只不一样的母鸡，她的梦想是——我想去看海。可是，朝着梦想前进的道路不是那么平坦的。让我们走进这段艰难的旅程吧！

一、体验"苦尽甘来"的喜悦

1. 读图，说说卡梅拉遇到的困难。（预设：黑暗、暴雨、高山。）她是怎么做的？

2.想象，在途中卡梅拉可能会遇到哪些困难，她又是怎样克服的？（适时渗透卡梅拉不怕困难、勇敢的精神）

出示以下题目：

下起了倾盆大雨，卡梅拉成了落汤鸡，她想：＿＿＿＿＿＿，就＿＿＿＿＿＿＿＿＿＿＿＿＿＿＿＿＿＿＿＿＿＿＿＿。

夜晚，一片漆黑，卡梅拉什么也看不见，她想：＿＿＿＿＿＿，就＿＿＿＿＿＿＿＿＿＿＿＿＿＿＿＿＿＿＿＿＿＿＿＿。

太阳火辣辣地照着，卡梅拉＿＿＿＿＿＿＿，她想：＿＿＿＿＿＿，就＿＿＿＿＿＿＿＿＿＿＿＿＿＿＿＿＿＿＿＿＿＿＿＿。

一只黄鼠狼出现在面前，卡梅拉＿＿＿＿＿＿，她想：＿＿＿＿，就＿＿＿＿＿＿＿＿＿＿＿＿＿＿＿＿＿＿＿＿＿＿＿＿。

＿＿＿＿＿卡梅拉＿＿＿＿＿＿＿＿＿＿＿，她想：＿＿＿＿＿＿，就＿＿＿＿＿＿＿＿＿＿＿＿＿＿＿＿＿＿＿＿＿＿＿＿。

……

3.是啊，任何艰难险阻都阻挡不了卡梅拉的步伐，她心中一直有着看海的梦想！她走了很远很远，现在的卡梅拉是什么样子？（预设：疲惫不堪、狼狈不堪、脏兮兮……）她已经累得筋疲力尽，那双可怜的小脚，已经快没有知觉了，可她依然紧紧地用手抓住岩石向上攀登。看到眼前的卡梅拉，你们想对她说点什么？

4.早上，当卡梅拉站在沙丘顶上时，眼前的一切，让她吃惊得简直不敢相信这是真的……卡梅拉瞪大眼睛，张大了嘴巴，猜猜看！她发现什么了，会如此吃惊？卡梅拉看到的大海是怎样的，谁来形容一下？

5.哇！大海！这是多么奇妙的景色啊！大海翻滚着雪白的浪花，一会儿惊天动地涌上来，一会儿又轻声细语地退下去……卡梅拉又震惊，又兴奋。小朋友，现在我们都是卡梅拉，我们实现了自己的梦想，看到大海喊了起来，你们会喊出什么话语？

6.读读卡梅拉在海边玩耍的文字和图片，大海给卡梅拉带来了什么？（预设：美、快乐、轻松、自由……）

7. 是呀，（播放大海的声音和视频）卡梅拉享受着大海带来的前所未有的乐趣。小卡梅拉们，带上你们的头饰，让我们在海边尽情欢乐吧。（练习说话：你在海边_____；你在海里_____。）

8. 卡梅拉在海中尽情玩耍，忘记了周围的一切。时间过得真快，转眼天色渐渐暗了下来，卡梅拉想回家了，但可怕的是海岸线消失了！根本分辨不出东南西北！家在哪儿呀？难道卡梅拉就这样在海上孤零零地漂流着吗？接下来又会发生什么事情呢？大家一起编一编！

二、穿越"有惊无险"的刺激

1. 你们都是富有想象力的小作家，看看大作家是怎么编故事的——突然，克里斯托弗·哥伦布的帆船出现在海面上。（适时介绍哥伦布）

2. 卡梅拉被惊醒了，她大声呼救。（出示："喂！听见了吗？小鸡！有只小鸡在海里！"）读出她当时的语气。卡梅拉的话还没有说完，一个巨浪就把她卷上了"圣玛丽亚"号的甲板。

3. （出示："哈，一只小鸡！把这个小东西的毛拔干净，煮来吃！"船长命令道。）听到船长发出这样的命令，刚刚被巨浪卷上甲板的卡梅拉此时会做出怎样的反应？同桌合作演一演哥伦布船长和卡梅拉之间的对话。

4. 现在唯一能救她性命的，就是每天要给船长下一个蛋。这对于一只母鸡来说，应该不是件很困难的事，可为什么卡梅拉却紧张得牙齿直打颤？

5. 接下来的日子，卡梅拉开始尝试下蛋：蹦、跳、爬高、倒立、仰卧……凡是能想到的方法都用了。让我们随着音乐的节奏用动作表演出书中描绘卡梅拉"下蛋"的样子。

6. 一转眼，他们已经在海上航行了几个星期。此时的卡梅拉好悠闲，没有了刚到甲板上时的恐惧和紧张。她为什么能这么幸福地坐在甲板上晒太阳？——她有了自己存在的价值，她活得有价值。（板书：有价值的生命才是有意义的！）

7. 卡梅拉还收获了什么呢？（播放欢乐轻松的音乐）

8. 师生在音乐声中一起阅读卡梅拉与火鸡皮迪克相识的过程。

三、品尝"胜利返乡"的快乐

1. 时间过得真快！哥伦布又要扬帆远航了。皮迪克深深爱上了卡梅拉，他决定和她一起走。皮迪克依依不舍地和家人告别。妈妈伤心地哭了："辛辛苦苦养大的孩子，就这么远走高飞了。"那么坚强的鸡爸爸的眼角也挂着泪花，可他为了孩子的幸福，还是微笑着与自己心爱的孩子告别。船已经驶出很远了，可爸爸妈妈依然挥动着他们的手臂。那是一份怎样的不舍呀！

2. 几个星期后，卡梅拉带着皮迪克高高兴兴回家了。见到久别重逢的卡梅拉，一家人肯定有说不完的话。请说说一家人久别重逢的喜悦情景。

3. 第二年春天，卡梅拉和皮迪克生下了他们的第一个孩子，一只很可爱的小公鸡——卡梅利多。

出示以下文字：

"卡梅利多？该回家了！"卡梅拉呼唤着宝贝儿子。

"再等一分钟，妈妈，我在看天上亮晶晶的星星呢。"

"该睡觉了！"

"睡觉，睡觉，总是睡觉！真没劲，我才不要和其他的小鸡一样呢，就知道睡觉！"卡梅利多反抗道，"生活中肯定还有比睡觉更好玩的事……"

这个画面你们感觉熟悉吗？就如当年的那个卡梅拉！不一样的卡梅拉，不一样的卡梅利多！

孩子们，我们一起跟随一只不一样的小母鸡实现了她的梦想，你们有什么样的梦想呢？可以把自己的梦想写一写，配上图画，也会成为一本绘本，和老师、同学们一起分享！

▲延伸板块

一、阅读对对碰

1.《我想去看海》已经读完了，我们认识了不一样的卡梅拉，书中有许多的精彩之处。请大家一起来找一找。

（1）精彩对话读一读。

选择自己最喜欢的一处对话，和小伙伴读一读，看谁能准确地表达出人物的语气。

（2）精彩动作演一演。

这些动作你们都会做吗？在我们的游戏、学习、生活中也有各种不同的动作，说说自己印象最深的动作，可以边说边做动作。

（3）精彩心理晒一晒。

卡梅拉的心理反映了她的成长历程，你们肯定也有过不同的内心体验，说说在你们受委屈、失望、成功或者担心时心里的想法吧！

① 我们从卡梅拉的语言、动作、心理活动中见证了她的成长，我们的成长也是这样丰富多彩的，就像这只可爱的小母鸡一样。

② 读到这里，你们喜欢卡梅拉吗，为什么？

③ 其实，我们看到的只是"卡梅拉系列"中的一本，这套书已经有11本了，让我们一起来看。（出示11本书的封面）

④ 读了这些书名，你们有什么发现，有什么期待，有什么问题？

⑤ 课后运用读一读、想一想、猜一猜、说一说、演一演等方式读这几本书，与卡梅拉们一起经历这些有趣的事情。

⑥ 这套书还被拍成了动画片，大家也可以一睹为快，我们来看其中的一组镜头。（播放动画片片段）

二、剧本编编看

1. 想象的世界真是神奇，作者的奇思妙想令人赞叹，竟然让卡梅拉碰到了哥伦布，从而发生了那么多有趣的故事。

2. 每个人的想象都是不一样的，如果你们是作者，在卡梅拉迷失方向之后会碰到谁,之后会发生什么故事呢？自己编一个"卡梅拉获救"的故事，看看哪位小作者的想象最奇特，我们给他（她）颁发"卡梅拉写作奖"。

三、舞台走走秀

1. 故事中有很多精彩的片段，选择其中一个片段，寻找伙伴一起分角色演一演。

2. 推荐两三个小组上台表演，师生一起认真观看、评价。

3. 颁发"卡梅拉演绎奖"。

四、梦想悠悠飞

1. 老师在推荐这本书的时候说过，这是一本不一样的书，卡梅拉看海的故事结束了，你们读出其中的不一样了吗？（小组讨论，组长记录）

（1）你们小组觉得这本书好看吗？你们会给它几颗星？

（2）你们喜欢卡梅拉吗，为什么？（预设：心中有追求，不甘心过平淡、平庸的生活。有战胜困难的勇气。有自己独特的想法和见解，不人云亦云。）

2. 你们都是有梦想的孩子，你们的梦想是什么，准备怎样实现自己的梦想？

3. 卡梅拉为了实现自己看海的愿望，能够勇敢而坚定地朝自己的目标前进。一路上，她不仅仅看到了大海，还拥有了爱情。在不断成长的过程中，她明白了活着的价值和意义。让我们也做勇敢的卡梅拉，实现自己心中的梦想。

（唐朝霞，南通市骨干教师，海门市"最美乡村教师"，全国新教育实验先进个人）

《濒临危机的动物》阅读指导设计

■ 作品解读

　　《第一次发现》丛书是法国儿童科普经典之作,《濒临危机的动物》是其中的一册。《濒临危机的动物》介绍了世界上濒临灭绝的动物,比如说可爱的大熊猫、雄壮的美洲狮、漂亮的雪豹等,它们的生存为什么会受到威胁?人类该如何保护它们?

　　这本书是胶片书,书中插入一些双面印刷的透明书页,前一页是儿童平常见到的现象,翻过之后是表象下的事物演变过程,让儿童不但知道"是什么",而且知道"为什么",从而培养他们从小就能自己发现问题、解决问题的能力,启发高层次智能,培养他们独立的人格。

■ 设计意图

　　1. 对于科普类的书籍,男孩子也许会更偏爱一些,但是如果在阅读的过程中巧妙地讲述一些与之相关的动物故事,就会吸引所有的学生。

2.儿童的科学阅读活动应密切联系儿童的生活实际,要充分调动儿童的前阅读经验,调动儿童有关动画、影视方面的阅读经验。

3.将看图与探索、观察相结合,猜测与验证相结合,培养学生的观察力、想象力和语言表达能力。

指导目标

1.通过故事激发学生的阅读期待和阅读兴趣,培养学生聆听故事的习惯。

2.认识各种濒危动物,了解这些濒危动物目前的生存现状及濒临灭绝的原因。

3.领悟人和动物都是平等的地球公民,保护动物其实就是保护我们自己的道理。从小做起,爱护环境,做一个保护大自然的天使。

指导过程

导读板块

一、讲述故事

1.播放歌曲《一个真实的故事》。

2.刚才我们听的这首歌唱的是一个女孩和丹顶鹤之间的动人故事。徐秀娟为了找回"丹顶鹤",自己却牺牲了。每当这首歌响起的时候,人们会情不自禁地想起女孩保护丹顶鹤的壮举。野生动物需要我们的保护!今天,我们一起来读一读《第一次发现》丛书中的《濒临危机的动物》。

二、阅读封面

1.介绍《第一次发现》丛书。

《第一次发现》丛书是法国国宝级儿童科普经典，获得多项国际大奖，受到全世界儿童的喜爱。它采用独特的胶片印刷工艺，分为"透视眼系列"（72种）、"手电筒系列"（18种）、"放大镜系列"（10种）三个系列，向我们呈现了一个丰富多彩的立体世界。像《河边的动物》《丛林里的动物》《不同地方的动物》这些书都属于《第一次发现》丛书。

2. 读书名——《濒临危机的动物》。理解"濒临危机"的含义。（出示《濒临危机的动物》的封面）

3. 从书的封面上，你还看到了什么？

三、阅读扉页

1. 向大家展示《濒临危机的动物》的扉页。

2. 小结：我们阅读图书的时候，封面、扉页都要仔细阅读，因为我们会从中得到很多有用的信息。

▲ 推进板块

一、谈话导入

1. 你们知道2008年北京奥运会的吉祥物是什么吗？

2. 五个吉祥物中，晶晶便是一只憨态可掬的大熊猫。大自然中有许多动物，为什么要将大熊猫作为吉祥物之一呢？因为大熊猫是我们的国宝。但是，大熊猫却面临着生存的困境。让我们继续来阅读《濒临危机的动物》。

二、阅读"大熊猫"页

1. 出示以下文字：

濒危动物中最有名的要数大熊猫了。它是一种非常贪玩的动物。

大熊猫生活在中国四川、陕西、甘肃等地的山区中，它爱吃竹子。

竹子几十年开一次花，然后就会死去，不过几年之后，新的竹笋就会长出来啦！

竹林的消失正威胁着大熊猫的生存。

2. 阅读思考：

（1）大熊猫分布在哪些地方？

（2）大熊猫最爱吃什么？

（3）是什么威胁着大熊猫的生存？

3. 师生交流。

4. 补充介绍。

大熊猫是我们喜爱的珍稀动物。它生活在海拔1300~3600米的高山地带，喜欢吃冷箭竹、华桔竹。大熊猫吃得比较挑剔。竹林的不断减少和竹子开花严重威胁着大熊猫的生存。

大熊猫要继续生存下去，还必须有人类的真诚爱护和精心管理。目前，全国已建立了多个专门保护大熊猫的自然保护区，绝大部分的大熊猫栖息地都得到了保护。只要保护好大熊猫的生活环境，我们珍奇的"国宝"就一定能够一直繁衍生存下去。

三、阅读"金枪鱼"页

1. 出示以下文字：

无数的海洋生物都成为污染和过度捕捞的牺牲品。

尽管鲸受到了保护，却还是难逃被捕杀的厄运，人们从它那里获取鲸肉和脂肪。

腔棘鱼是很古老的鱼种，至今人们还能在海洋中看见它的身影。

2. 阅读思考：

（1）是什么威胁着海洋生物的生存？

（2）人们为什么要捕鲸？

3. 观看获奥斯卡金像奖的纪录片《海豚湾》片段，了解人类对于海豚的捕杀。

4. 说说观后感想。

四、读读想想

1. 师生一起逐页读完《濒临危机的动物》。

2. 小组合作，说说下表中动物濒临危机的原因。

濒临危机的动物	濒临危机的原因
红狼	
非洲象、雪豹	
白头海雕	
树懒	

3. 在亿万生命之中，我们人类受到大自然的特别宠爱，成为万物之灵长，然而我们有时并没有和动物友好相处，许多年前还随处可见的动物，转眼间已成为珍稀动物。

五、真情告白

1. 请替动物代言，想一想这些濒临灭绝的动物会说些什么。

2. 听了动物的心声，我们不禁要问自己，究竟怎么做才是对动物真正的爱呢？许多珍奇动物，已濒临灭绝。让我们记住它们的内心诉说，保护环境，保护身边的动物。

延伸板块

一、知识竞赛

读完了《濒临危机的动物》，我们来一次小小知识竞赛。

1. 最大的猫科动物是（　　　　）。

2. 美国的国鸟是（　　　　），但栖息地的减少和过度捕猎导致它的数量一度急剧减少。

3. 渡渡鸟曾生活在毛里求斯岛上，现在已经灭绝了。其灭绝的最主要原因是什么？

4. 你知道我国国家一级保护动物有哪些？请说出三种。

二、制作名片

1.地球上的动物种类正在急剧减少，一个接一个，一种接一种都消失了。有人问，如果这世界上只剩下人类，人类还能支撑多久？

请看令人忧心的近年动物灭绝记载：

旅鸽（北美，1914）

佛罗里达黑狼（北美，1917）

卡罗莱纳鹦鹉（北美，1918）

中国犀牛（中国，1922）

高加索野牛（欧洲，1927）

巴厘虎（印尼，1937）

红鸭（印度，1942）

袋狼（澳洲，1936）

爪哇虎（印尼，1982）

……

2.许多动物正离我们而去，那些离去的动物，我们已不知道它们的所有信息。那些濒临危机的动物我们也很少能见到了，那就请你们给那些动物做一张名片，让更多的伙伴知道它们。

示例：

我的名字叫大熊猫，英文名panda，又名大猫熊。我长着黑黑的耳朵，黑黑的眼睛，黑黑的手和脚，白白的肚子，白白的脸，黑黑的鼻子。

我喜欢吃竹子，主要分布在我国的陕西、四川、甘肃等地。喜欢独自生活，每次只能生一两只小熊猫，所以目前世界上只有1000多只。

三、小品表演

学生表演小品《生灵的呼唤》。（剧本附后）

四、爱心行动

1.为了保护濒危动物，有的人甚至付出了自己宝贵的生命。作为我们学生来说，也应该以自己独特的方式为野生动物奉献出一份爱心。

（1）走进餐馆、饭店，走进商场、狩猎场，用标语宣传保护濒危野生动物。

（2）利用网络、电视台、红领巾广播站……向人们发出倡议：让我们保护大自然，还濒危野生动物的家园。

（3）编拍手歌，去幼儿园向小朋友宣传，要让他们从小就有保护动物的意识。

2.动物和我们共同生活在地球上，维持着大自然的生态平衡，它们同人类一样有生命，有生存的权利。也正是因为它们的存在，我们人类才能得以生存，因此，动物是我们人类最好的朋友。

五、快乐推荐

最后，向大家推荐一本好书——《我的野生动物朋友》。让这本书带领我们去进行一次前所未有的美妙旅行，尽享大自然的恩赐吧！

◎附

生灵的呼唤

第 一 幕

（场景：周围是郁郁葱葱的树木）

一位戴着眼镜，胸前背着照相机的科学工作者急匆匆赶来，激动地说："从小我就喜欢动物，如今我终于成为了一位专门研究动物的科学工作者，今天我又要去考察野生动物的生活了。嘘，快看，那是什么？"

（音乐起：两只小老虎上）

可爱的小老虎蹦蹦跳跳地在树下玩耍。

（科学工作者蹑手蹑脚地靠近，小老虎用迟疑的目光瞪着他，慢慢后退）

他轻声细语道："别怕，别怕，过来，我不会伤害你的。"（掏出一支钢笔逗引小老虎）小老虎渐渐向前，似乎开始信任他了。他小心地抚摩着小老虎，显得异常兴奋，自言自语地说："其实动物是不会随便伤害人的，只要你了解它、关爱它，它是可以和人类交朋友的。"

（"乓"，枪声响起）

一只猛虎窜了上来，推开科学工作者，边推着小老虎向前逃边大声吼道："快跑，可怕的人类又来了！"随着叫声的响起，大批动物从科学工作者面前跑过，科学工作者从地上爬起来追在后面喊道："别跑别跑，我可以保护你们，相信我！"（老虎躲到树后，人下台）

（"乓、乓、乓"，几声枪响）

猛虎上，悲痛欲绝地诉说："我的又一个孩子被无辜地枪杀了。我们老虎曾经是森林之王，过去，我们在绿色家园里幸福地生活，然而有一天，人类的恶爪忽然伸向了我们。他们砍伐树木，令森林里的大批动物流离失所，这还不算，人类还随意捕捉我们，一些著名的虎种迅速灭绝，在30年中杀死了约3000只华南虎，致使他们彻底消失。"

（"乓"，猎人追上，猛虎逃走了）

第 二 幕

科学工作者走上台，扶了扶眼镜沉重地说："经过上次的丛林考察，我的心在颤抖，我要尽量掌握动物的生活习性，去帮助它们，拯救它们，制止人类的恶行继续发生。今天，我的目的地是海洋。"

科学工作者戴上动物语言助听器，跳入海中，游向幕后。

从幕后游出一条大白鲨，正在哭泣。

几条小鱼与小海马上前围住白鲨。

海马问："威武的大白鲨，你今天怎么了，发生了什么事？"

大白鲨哭诉道："我们鲨鱼家族的历史比恐龙还悠久，可最近我们的族群迅速减少，已被列入濒危动物的行列，（语气转为激昂）都是可恶的人类过量捕杀造成的！"

　　海马说："对，对！前些日子还听说人类发明了一种渔网，海洋中的任何动物都逃不了，纷纷落网，可惨了！"

　　小鱼甲说："是啊，人类还随意排放油污，害死了不少海洋湖泊中的生物。"

　　小鱼乙说："听说一些生物因此发生了变异，直接威胁着其他生物的生存，破坏了水世界的生态平衡！"

　　（背景音乐渐响）

　　小鱼丙喊道："哎呀，不好了，轮船又来了！"

　　海马也叫道："啊，是鱼网，小心，快跑！"

　　大海中一片混乱，海洋生物四处逃散。

　　（背景音乐切换，流动幕下）

　　科学工作者上台，沮丧地说："为什么？人类到处残害生灵，要知道，地球动物灭绝的那天，也就是人类的末日呀！"

第 三 幕

　　（场景：室内，有桌有椅）

　　科学工作者走上台，说："两次考察让我难以忘怀，我一定要让我的下一代学会关爱动物。昨天，我特地带着我的女儿去动物园了解动物，孩子被可爱的鸟类吸引住了，临走时买了一只小鸟带回家养。"

　　女孩走上，呜咽道："爸爸，鸟儿从昨天到现在，一点东西也不吃，叽叽喳喳叫个不停。"

　　爸爸说："别急，我有鸟语助听器，听听鸟儿在说些什么。"

　　鸟哭诉道："放我出去，我要回家，放我出去，我要回家！（背景音乐渐起）虽然我的小主人对我很好，可是我失去了自由，又怎么会快乐呢！美丽的树林才是我的家，那里有我亲爱的家人和朋友！离开了大家，我是多么孤独。

　　"我痛恨人类，是你们把我囚禁笼中的。

　　"我是多么想念我的家呀，谁来救救我！"

　　女儿放下耳机，叫道："爸爸，快放了它吧！"

爸爸沉重地走向台前高呼:"人类啊,万物之灵长,听听生灵的呼唤吧!"

动物齐向台前:"本是同根生,相煎何太急!"(三遍,一遍比一遍响)

尾　声

(背景音乐起:《狮子王》插曲)

在音乐中,父亲和女儿打开了鸟笼,鸟儿展翅高飞!

动物们欢跳起来!

(张永杰,南通市骨干教师,海门市学科带头人,海门市书香教师)

□《走进微生物》阅读指导设计

■ 作品解读

《神奇校车》是一套能让孩子在故事中获得科学认知的儿童科学知识读本。它以童话的形式带着儿童跟随着弗瑞丝老师进入神奇的科学之旅，情节生动，语言幽默，内容浅显易懂，适合对小学生进行科学启蒙。

《神奇校车》系列之《走进微生物》以简明诙谐、充满童趣的语言，系统介绍了微生物的生活史、微生物同人们生活的相互关系，有助于儿童了解微生物，激发他们对生命科学的兴趣。本书从"细菌"这个让人读起来就觉得脏兮兮的话题说起，告诉孩子，它只是微生物大家族中的一员，这个家族很大，无所不在。从而为孩子打开阅读的视野，激发阅读新体验。

■ 设计意图

从平凡的生活现象中，发现微生物的踪迹，欣赏微生物图片，激发对微生物世界探索的兴趣，引起对本书的阅读期待。同时，以摘记的形式，记录下读书所得，学会积累的方法。在共读过程中，通过游戏、交流等形式，引导学生细致、深入地阅读，并通过交流探讨，学习阅读科学读物的一般方法。在延伸阶段，以实验为主要活动形式，让学生真切感知书本内容与现实的联系，通过操作、观察等途径，学以致用，用有所得。

■ 指导目标

1. 利用图片，联系生活，激发对微生物世界的探索兴趣。通过阅读内容简介及他人的读后感，激发对本书的阅读期待。

2. 共读交流，初步了解有关微生物的常识，消除对微生物的恐惧之心，培养利用微生物造福人类的信心。

3. 在实验中，培养动手能力、观察能力，养成自觉主动的探索意识。

4. 学习阅读科学读物的一般方法，如摘记法、实验法、查找资料法等。

■ 指导过程

▲ 导读板块

一、简介弗瑞丝

1. 有这样一位老师，她是一位名副其实的探险家，在她的带领下，同学们经历了一次又一次惊心动魄的实地考察，明白了许许多多的科学知识，探究到了大自然的无穷奥秘。她的神奇校车和她一样特殊，只要有需要，变大、缩小、上天、入地……无所不能，这辆车带领着同学们穿越时空，体验探险。你们想认识这样的老师，坐坐这辆神奇的校车吗？

2.（出示弗瑞丝小姐图片）她就是弗瑞丝小姐。她的穿着打扮总是跟我们的探险有关，我们只要一看她的穿戴，就能猜到今天的历险内容。（出示有关弗瑞丝小姐多种穿戴的图片）

猜猜看，弗瑞丝小姐要带同学们去哪里探险？

（雷电） 　　　（赏鲸） 　　　（蝴蝶） 　　　（埃及）

3.这些地方，你想去看看吗？那就得跟弗瑞丝小姐去坐这辆神奇校车了。（出示校车图片）

4.只要我们走进这套丛书，就能跟着弗瑞丝小姐上天入地，到处游览了。这次，老师想请弗瑞丝小姐带大家去什么地方探索呢？请看她的穿戴！猜一猜。

5.老师想向大家推荐的是这本书——《走进微生物》。（出示《走进微生物》图书）

二、简介微生物

1.你们知道什么是微生物？（出示微生物图片）

2.这么美丽的微生物，你们见到过吗？可它们明明就在我们身边！不信，让我们看看书中的介绍吧！

出示有关介绍微生物的文字：

微生物就是很小很小的生物，它们实在太小了，只有用显微镜才能看见。而我们肉眼所能看见的，已经是由好几百万个微生物聚合在一起的了。就数量来讲，地球上的微生物肯定是最多的，远远多于其他生物，而且它们无处不在。

3. 读了这段介绍文字，你们有什么疑问？（预设：微生物有哪些样子？微生物生活在什么地方？我们身边有微生物吗？）

4. 有疑问是学习的第一步。让我们打开书本，默读第一章。

5. 读了第一章，你们有什么收获？

6. 这么多的收获，还需要存入专门的仓库——读书摘记，把我们认为重要的内容摘抄下来，如果有新的疑问也要记录，以便在以后的阅读中找到答案。

7. 指导做读书摘记。

出示读书摘记内容：

> 日期：5月12日
> 阅读内容：《神奇校车》系列之《走进微生物》第一章
> 摘记：可弗瑞丝小姐的脸却像圣诞树一样亮了起来。
> 随感：这句话把弗瑞丝小姐的脸比喻成圣诞树，还说她"亮"了起来，其实是在说弗瑞丝小姐兴奋得两眼放光。这样一写，就写出了弗瑞丝小姐发现了微生物就马上想到要带领我们去研究时的兴奋心情。

8. 注意读书笔记的格式，知道每个部分的作用。（在记录随感时，多关注语言表达的形式与作用）

▲ 推进板块

一、谈话识名称

1. 小朋友们都很喜欢看动画片，对吗？
2. 今天，老师也给大家带来了一段动画片。（播放动画片，学生欣赏）
3. 这段动画片来自我们正在读的一本书。（出示《走进微生物》图书）

4.你们知道微生物是什么吗？是怎么知道的？（围绕名称，解释："微"是很小很小的意思，"微生物"就是——）追问：书中哪些地方告诉了我们这个意思？

出示以下文字：

★ 微生物就是很小很小的生物。

★ 微生物只有用显微镜才能看见。

★ 我们平时肉眼看到的，是由好几百万个微生物聚合在一起的。

★ 微生物的种类有很多。

★ 地球上的微生物肯定远远多于其他生物。

5.《走进微生物》这本书是《神奇校车》系列中的一本。瞧，这就是神奇校车，你们觉得它神奇在哪儿呢？（预设：它像孙悟空一样会七十二变，能上天，能入地。）今天，就让我们坐上它，驶进微生物世界吧！

二、熟悉主人公

1.先来听一段介绍吧！（播放有关弗瑞丝老师的介绍）

2.这段话是谁说的？（预设：凯莎。）凯莎是这本书的讲述者。听了她的介绍，我们脑海里一定出现了这样一位有点奇怪、有点疯狂的老师。（出示弗瑞丝小姐图片）她叫弗瑞丝，孩子们也经常叫她卷毛老师。她经常带领一群和我们差不多大的同学进行惊心动魄的实地考察。

3.跟着弗瑞丝老师进行实地考察的是哪些同学呢，你们还记得吗？能根据文字猜出他们吗？

出示以下文字：

★ 他紧张地看看四周："我正处在微生物的包围中？哎呀，我要生病了！"

★ "我觉得今天要倒霉。"他嘟囔着。

★ "那些都是微生物吗？"他很小声很小声地问。

★ "地震啦！"他大喊。

★ 她打开从图书馆借来的书，翻到微生物那一章。她可真用功啊，连出来吃饭都要带上书。

★ "它们的动作极快，"她边翻书边说，"有些微生物在不到十分钟的时间里，数量就可以增加一倍！"

★ "真臭！"他指着车窗外满满的面包屑、橘子皮和枯叶抱怨，"在我以前的学校，从不会把学生连同垃圾一起扔掉！"

★ "你觉得这很有趣？"他紧紧抓着前座。

★ "在我以前的学校，我们从来不和苍蝇一起飞！"

4.你们从故事里还认识了谁？（预设：旺达、卡洛斯、蒂姆、拉尔夫、吉米……）看来，大家对主人公很熟悉，相信大家对书中其他内容也一样了解。那么，这一天，孩子们要去什么地方旅行？（预设：凯莎的面包。）

5.他们为什么要去凯莎的面包里旅行呢？（预设：走进微生物，亲眼观察微生物。）

三、认识微生物

1.我们现在就是卷毛老师班上的学生，坐上神奇校车。（老师用神奇的语调讲述）校车瞬间开始变小，越变越小，校车里的我们也变成了一粒粒灰尘。在空中飞呀飞，微小的我们看到了漂浮在自己身边的各种微生物。瞧，这是卷毛老师向我们介绍的五类常见的微生物，你们能叫出它们的名字吗？（出示各种微生物图片）

2.这些微生物的样子各不相同，说说它们分别像什么。（出示：微生物的形状千奇百怪，有的像＿＿＿＿＿＿＿＿＿，有的像＿＿＿＿＿＿＿＿＿，还有些是＿＿＿＿＿＿＿＿＿的。）

3.其实，微生物除了有不同的形状，还有许多颜色。老师特地找了一些给大家看一看。你们看到了什么颜色的微生物？（说话练习）

4.真不敢相信，微生物长得这么有趣！这时，卷毛老师转了一下方向盘，校车立刻朝刚才吃饭的地方急冲过去。呀！我们看见了那块掉在地上的面包。我们离面包越近，它看起来就越大，简直像一片沙滩，而上面的霉斑仿佛是沙滩旁的巨大森林。卷毛老师对准其中一片霉斑，冲了进去。你们有什么感觉？（预设：不可思议、恶心……）

5.下车前，卷毛老师给每位同学分发了橡皮靴和安全帽，大家纷纷跳下车，走在面包里，此时你们的感觉如何？（预设：像踏在海绵一样的面包表面上；我艰难地迈着脚步。）

6. 你们看见什么了？（出示《走进微生物》第 16 页的图片）

7. 关于真菌，你们知道些什么？

出示以下文字：

★ 真菌和细菌会制造一种叫"酶"的物质，帮助它们吃东西。

★ 真菌只会从其他动植物身上获取食物。

8. 指名交流。

四、交流阅读印象

1. 读到这儿，微生物给你们留下了什么印象？（预设：很奇妙、很神奇。）

2. 追问：奇妙在哪儿？翻翻书，找一找相关语句，再读一读。（板书：无处不在、历史悠久、作用各异）

3. 指名交流：

（1）无处不在。

此时此刻，微生物就漂浮在我们周围的空气中，它们也在我们的皮肤上、牙齿上、身体里，还在土壤中，在我们吃的食物里……我们接触的所有东西上面都有微生物。当你们把一只脚踩在地上，就是踏在数亿个微生物的身上。

（2）历史悠久。

微生物已经在地球上生存了35亿年，比植物、恐龙和地球上其他任何生物都要早，当然也比人类更早。

（3）作用各不相同。

（出示《走进微生物》第 14 页——旺达的笔记）孩子们，你们有没有发现，书中有很多这样的笔记？这些笔记能让我们快速、准确地获得有关微生物的信息。我们在阅读的时候，要特别关注！

（4）有趣。

微生物有各种形状、大小和颜色。请找出相关的句子读给大家听。

（5）最好的废物管理员。

如果没有它们，动物和植物的遗骸就会无穷无尽地堆积起来，那我们的地球早就不堪重负了。但有了微生物，这些东西就能腐烂分解成腐殖质。

（6）讨厌。

那些病毒会引发感冒。小小的病毒非常特别，当病毒单独存在的时候完全没有生命迹象，但当它们一接触到活物时就会入侵其中，然后变得非常活跃，开始施展它们的本事……

（7）有益。

（出示《走进微生物》第55页——凯莎的笔记）人类其实一刻都离不开微生物！

五、设置问题情境

同学们对微生物这么了解，都成了微生物小专家了！微生物小专家们，现在，要请你们利用专业知识解释下面的现象，好吗？

出示有关微生物现象的问题：

1. 由于天气原因，最近有很多人感冒发烧了，我们班沈佳乐同学前几天就发高烧打点滴了。她为什么会生病呢？（预设：微生物想办法入侵了沈佳乐身体中的防卫系统，进入了她体内。很多微生物一起入侵，她就生病了。 沈佳乐可能用带病菌的手去摸了眼睛、鼻子、嘴巴等，病菌就进入身体，所以她生病了。）

2. 今天，沈佳乐恢复健康，来上课了，这又是怎么回事呢？（预设：她体内的白细胞像卫兵一样，打败了病菌。）

3. 小朋友们，你们有没有什么办法避免有害微生物入侵我们的身体呢？（指导参考《走进微生物》第44、45页——阿诺的笔记和卷毛老师的教学笔记）

4. 秋冬时节，校园里、马路边的大树上有许多树叶纷纷扬扬落了下来，有的落到了走道上，被清洁工人扫走了，更多的树叶随着风飘落到了花坛里、树根边。慢慢地，累积了一层又一层。可是，奇怪的是，漫长的冬季过后，树叶不见了。它们到哪儿去了？（预设：这些树叶堆积在一起，在微生物的作用下，变成了柔软、深色的土壤。这叫腐殖质，含有丰富的养分，可以做植物的养料。）

5. 马上要过年了，乡下爷爷、奶奶家要蒸馒头和年糕啦！可是，小丽爷爷家今年蒸出来的馒头却是硬邦邦的，口感一点也不好，这可能是什么原因呢？（预设：他们可能忘了放酵母粉，面粉没有发酵就是硬邦邦的。）

6. 时间过得真快，一转眼就是来年的四月份了，奶奶想起还有蒸的年糕没吃完，赶紧找出来准备吃掉它，可是，发现年糕上长了毛茸茸的霉斑，这是怎么回事呢？（预设：那是因为真菌跑到这块年糕上去了。奶奶家蒸的年糕里面没有放防腐剂，所以就发霉了。）

六、交流读书摘记

1. 真不愧是微生物小专家，把生活中的问题解释得这么清楚明白。那么，这么多内容你们是怎么记住的？

2. 有的同学读了几遍之后，把内容牢牢地记在了脑子里；也有的同学喜欢做一些摘记，帮助自己记忆。这是一种很好的读书方法。《走进微生物》这本书里，就有许多孩子们做的读书摘记。看——（出示摘记图片）我们一起从前到后再翻翻看这些笔记。

3. 读了这些笔记，你们有什么心得体会？（预设：对微生物知识了解得更清楚了。平时读书时，我们也可以做做笔记。）

4. 老师大概统计了一下，这本书总共是61页内容，有笔记展示的竟有25页之多，可见这一部分内容相当重要，我们阅读的时候可不能放过哦！做摘记也要有一定的格式，我们一起来看看有些什么要求。

出示有关摘记的要求：

（1）摘记的内容要有一个恰当的标题。

（2）有摘抄者姓名，最好能加上摘抄日期。

（3）摘抄内容工整、美观。

5. 希望大家养成读书做摘记的好习惯，这样，你们的知识储备就会越来越丰富！

七、回顾神奇之旅

今天这节课真够刺激的,我们乘坐神奇校车一起进行了一次狂野之旅。咱们一起来回顾一下!(出示《走进微生物》7幅插图:面包中的真菌丛林、粘在苍蝇脚上在空中飞、被扔进洗衣机、在洗衣机里面被洗干净、进入烤箱、从吉米嘴巴进入他的身体、被吉米的喷嚏喷出体外)你们发现了没有,这些都是书中的插图,看来,我们读书的时候,除了要读封面、扉页,读文字,还要学会读插图,有时,图画里也蕴含了许多丰富的信息呢!

▲ **延伸板块**

实验主题:

能干的酵母菌。

活动一:酵母菌吹气球

实验准备:

酵母、白砂糖、温水、玻璃瓶、气球。

实验过程:

1. 把白糖和酵母倒进瓶子里,晃动摇匀;
2. 把温水倒入玻璃瓶,摇晃;
3. 把气球套在瓶口上;
4. 观察变化。

实验记录:

实验步骤	操作过程	观察记录	实验时间	备注
1				
2				
3				
4				

实验原理：

酵母是一些有益的真菌，把酵母泡在温糖水里，这些真菌会以糖为养料，分解糖类，释放出二氧化碳，那些泡沫就是二氧化碳造成的。瓶子里的二氧化碳气体多了以后，内部的气压就会高于外部，这样玻璃瓶内的气体就会被挤出瓶子，从而使气球慢慢鼓起来。

成果展览：

报告、图片、实物。

活动二：会长大的面团

实验准备：

发酵粉、面粉、温水、瓷盆、筷子、白砂糖。

实验过程：

1. 把适量的面粉放入盆中，把发酵粉和糖加入温水中；

2. 往面粉中倒入调好的温水，边倒边搅匀；

3. 当面粉开始结成团时，用手揉捏；

4. 将面粉揉成整块的大面团；

5. 把面团切成小块；

6. 在较暖和的地方，搁置3小时；

7. 烧开水；

8. 上架蒸约20分钟。

实验记录：

实验步骤	操作过程	观察记录	实验时间	备注
1				
2				
3				
4				
5				

（续表）

6				
7				
8				

实验原理：

_____
_____
_____
_____

成果展览：
报告、图片、实物。

（陈凯，海门市学科带头人，南通市作协会员）

《三字经》《弟子规》《千字文》阅读指导设计

作品解读

《三字经》是一部高度浓缩的中国文化史,全篇用通俗的文字将经史子集等各类知识糅合在一起,全文用典极多,充满了积极向上的乐观精神。三字一句的韵文极易成诵,内容包括了中国传统的教育、历史、天文、地理、伦理、道德以及一些民间传说,广泛生动而又言简意赅。

《弟子规》原名《训蒙文》,为清朝康熙年间秀才李毓秀所作。以三字一句、两句一韵编纂而成,分为五个部分加以演述,具体列举出为人子弟在家、出外、待人接物、求学应有的礼仪与规范,特别讲求家庭教育与生活教育。后经清朝贾存仁修订改编,并改名为《弟子规》,是启蒙养正,教育子弟,养成忠厚家风的最佳读物。

《千字文》在中国古代的童蒙读物中,是一篇承上启下的作品。它以历史为经,文化为纬,从"盘古开天"到当今世界,用四言韵语,串联成篇,再现五千年历史画卷,展示了博大精深的中华文化。其内容涵盖了神话传说、朝代更迭、政治军事、科学技术、人文历史、山川风物、百业众艺等方面。

■ 设计意图

中华国学经典是中华文明传承数千年的重要载体，内容博大精深。通过诵读《三字经》《弟子规》《千字文》，让学生初步感受中华传统文化的丰富内涵，并以此为起点，开始对传统经典的追寻，进而了解祖国优秀的文化遗产，汲取民族精神的丰富营养，不断增强对民族优秀文化的认同与自信。同时，在本课程的学习中教给学生做人的道理，提高其修养，陶冶其性情，开启其智慧，让学生汲取不竭的精神营养，为健康发展奠定基础。

■ 指导目标

1. 初步了解《三字经》《弟子规》《千字文》的内容；能正确、流利地朗读原文，熟读成诵，积累语言。

2. 在学习和诵读中，体会、理解书中蕴含的积极道理。

3. 初步感受中华传统文化的丰富内涵，激发阅读中华经典的兴趣，提升感悟经典内容的能力。

■ 指导过程

走近《三字经》

一、诵读导入

1. 同学们看，这是古人说的两句话——（出示：人遗子，金满籯。我教子，惟一经。）是什么意思呢？看看插图，边听老师读边思考。

指名回答。（预设：别人留给子孙的，是满箱子的金银财宝。我教育子女，只要一部经典就行了。）

2. 这"一经"指的就是《三字经》。《三字经》是南宋时期一位叫王应麟的人写的。古时候的小孩子上学读书都要读这本《三字经》。最近我们已经把这本书通读了一遍，来，让我们像古时候的小孩子那样摇头晃脑地背起来吧！（诵读《三字经》开头一段）

3. 读得真好，声音响亮又有节奏！自古以来，人们对这本书的评价都很高，说它是"中国历史文化的小百科全书"。同学们读了以后，是不是也有很多收获呢？看看你们能不能顺利闯过下面两关。

二、第一关——我来夸夸他

1.《三字经》这本书让我们认识了很多古代的名人，他们有的孝顺父母，有的敬爱哥哥，还有的勤奋读书……快打开书，找一找他们在哪里。（学生浏览《三字经》）

2. 交流汇报：

（1）（出示：香九龄，能温席。孝于亲，所当执。）黄香真是一个孝顺父母的好孩子，请你们夸夸他！（指名诵读、齐诵）

（2）那敬爱哥哥的又是谁呢？（出示：融四岁，能让梨。悌于长，宜先知。）"悌"就是"敬爱哥哥"的意思。一起来夸夸孔融！（齐诵）

（3）勤奋读书的又有哪些人呢？如果读过他们的故事，可以给大家简单地讲一讲。（出示：披蒲编，削竹简。彼无书，且知勉。头悬梁，锥刺股。彼不教，自勤苦。如囊萤，如映雪。家虽贫，学不辍。如负薪，如挂角。身虽劳，犹苦卓。）

①（学生讲述故事：西汉人路温舒劈蒲草编书简，公孙弘砍来竹子削成竹简。东汉人孙敬怕晚上读书会睡着，就把头发拴在房梁上；战国人苏秦也怕晚上读书打瞌睡，就用锥子刺大腿。）有个成语叫"悬梁刺股"就是从这儿来的，形容读书特别勤奋。

②（学生讲述故事：车胤把萤火虫装在袋子里来照明读书，孙康到雪地里借着雪的反光读书。朱买臣挑柴时把书放在柴上边走边读，李密放牛时把书挂在牛角上边放牛边看。他们虽然很贫苦，但是从未放弃学习。）这里也藏着两个形容勤奋读书的成语，知道吗？（预设：囊萤映雪、牛角挂书。）

③ 这些古人勤奋读书的故事通过《三字经》流传了下来，感动、教育了一代又一代人。让我们怀着这份感动，带着这份敬佩，来夸夸他们。（齐诵）

3.《三字经》真是一部奇书，它不仅让我们知道了那么多名人故事，而且还告诉我们各种各样的知识。让我们赶快进入第二关——我来告诉你。

三、第二关——我来告诉你

1.（出示句子）这些话中藏着好多问题，而问题的答案也就藏在这些话里面。比如我问"三才"，你回答"天地人"。来，同桌两个人面对面坐好，先男生问、女生答，然后再反过来。注意，遇到生字看清拼音读准确。（同桌一问一答）

2. 现在老师问，你们答，反应要快，读得要准确。

3. 请这两组同学读每句话的前半句，其他两组同学接每句话的后半句，我们合作诵读。

4. 如果把这些句子加入到我们平时玩的游戏《拍手歌》中，会不会更有意思呢？同桌两个玩起来吧！（同桌在游戏《拍手歌》中诵读）

四、小结

《三字经》真是一个丰富的宝藏，有那么多知识、那么多故事，课后大家再去好好多读几遍，有能力的小朋友还可以尝试把它背下来。

亲近《弟子规》

一、谈话导入

1. 这一课，老师要为大家介绍的也是一本古代经典，而且也是三个字三个字一句的，它就是——《弟子规》。（出示《弟子规》图书）

2. "弟子"是指谁呢？（预设：学生，小孩子。）给"规"组组词。（预设：规范、规矩、规则。）

3. 这本书要教给我们哪些规范和道理呢？开头的"总叙"中就告诉了

我们。

二、读"总叙",知内容

1. 谁能大声地读读这两句?

2. 这里的"圣人"指的是谁呀?(预设:孔子。)这些话都是根据孔子的话演变而来的。从"总叙"中我们就可以知道《弟子规》的内容。比如"孝"是孝顺父母,"悌"是敬爱哥哥,"谨"是谨慎小心,"信"是诚实守信,还有"爱众、亲仁、学文",这些方面的规矩、道理,《弟子规》都会告诉我们。

三、诵读"谨",明礼仪

1. 我们先从日常生活中的小事学起,先来读读"谨"这部分的内容,读了之后我们就会知道该如何做一个讲文明、懂礼仪的小朋友了!

2. 先读读原文,再看看注释或译文,你们学到了哪些礼仪规范?可以边学边做动作。(学生根据自学要求自主学习)

3. 交流:你们懂得了哪些礼仪规范呢?(学生自由畅谈)

4. (出示《弟子规》中的三幅插图)看看这些小朋友的文明礼仪,你想到了《弟子规》中的哪一句话呢?

5. 师生合作,情境表演其中的两幅插图。

出示两幅插图中的文字:

人问谁,对以名,吾与我,不分明。

借人物,及时还,后有急,借不难。

6. 复旦大学的钱文忠教授也给大学生们讲《弟子规》。下面,我们就来当一回小小大学生,听一段钱教授的课吧!(播放《钱文忠解读〈弟子规〉》视频片段)

7. 同学们听得真认真!有人还把《弟子规》唱了出来呢,一起来听一听,轻轻地跟着唱一唱。(播放音频《谨》,学生轻声跟唱)

牵手《千字文》

一、背诵导入，激发兴趣

1. 我们会背很多唐诗，下面我们把《唐诗三百首》中的一些诗歌背诵一下。

2. 这些古代的大诗人真是太有才了，他们给我们留下了许多优秀的文化遗产。你们想知道这些伟大的诗人小时候都读些什么书吗？《千字文》就是其中一本。

3. 简介《千字文》。

《千字文》是我国古代的蒙学课本，代表了中国传统教育启蒙阶段的最高水平。《千字文》通篇首尾衔贯、音韵谐美、构思精巧、气势雄浑、条理贯穿、妙语连珠、文采斐然，全文共250句，每四字一句，字不重复，句句押韵，有条不紊地介绍了有关自然、社会、历史、伦理、教育等方面的知识。明代古文大家王世贞称其为"绝妙文章"。

4. 听故事。

相传，梁武帝一生戎马倥偬，他很希望自己的后代能在太平时期多读些书。由于当时没有一本适合的启蒙读物，起初，他令一位名叫殷铁石的文学侍从，从晋代大书法家王羲之的手迹中拓下一千个各不相干的字，每纸一字，然后一字一字地教学，但杂乱难记。梁武帝寻思，若是将这一千字编撰成一篇文章，岂不妙哉？于是，他召来自己最信赖的周兴嗣。周兴嗣接受任务回到家后，苦思冥想了一整夜，思如泉涌，边吟边书，终将这一千字联串成一篇内涵丰富的四言韵书。梁武帝读后，拍案叫绝，即令送去刻印，刊之于世。这就是流传至今已1400多年的《千字文》。周兴嗣因出色地编撰了《千字文》而深得梁武帝的赞赏，被提拔为佐撰国史。不过，据说周兴嗣因一夜成书，用脑过度，次日，已鬓发皆白。

5. 同学们肯定迫不及待地想学习《千字文》了吧？我们就一起来领略这本奇书的魅力吧！

二、学习前五节

1.（出示带拼音的字幕：天地玄黄　宇宙洪荒　日月盈昃　辰宿列张　寒来暑往　秋收冬藏　闰余成岁　律吕调阳　云腾致雨　露结为霜　金生丽水　玉出昆冈）有些字大家可能没见过，但借助拼音，多读几遍，相信你们一定能读准！（学生自由练读，老师巡视并相机指导）

2.指名读，相机正音，并在正音的过程中解释词语的意思。

3.多种形式读，读准确、读通顺、读熟练。

4.在读的时候，我们发现"黄、荒、张、藏、阳、霜、冈"它们有一个共同点，韵母都是 ang，这几句都是押 ang 韵。古人读书时常常摇头晃脑、手舞足蹈，我们也学他们的样子来读读吧！

（1）老师带领学生按节奏拍手读。（节奏：××××/××××/××××/××××/）

（2）学生手脚合作打节奏读。（例：天地玄黄宇宙洪荒拍手拍手 踏脚 踏脚/拍手拍手 踏脚 踏脚）

5.古代的文字真是精妙，既有好听的韵脚，也有规律的节奏，这就是韵律美。

6.自由选读各自感兴趣的段落，同桌合作读，读出节奏，读出味道。

三、再读，品意思

1.古人云："读书百遍，其义自见。"这几句话我们已经读了这么多遍，那它们的意思你们知道了吗？先看看注释，再回答老师的问题。

2.最好的黄金出自哪里？最好的玉产自哪里？最好的宝剑叫什么？最名贵的珍珠叫什么……（学生思考并讨论）

3.真没想到，这本书还藏着这么多的宝贝呢！

4.课后请运用这样的读书方法 [出示学习小提示：（1）对照拼音读一读；（2）参考注释看一看；（3）自己尝试讲一讲。]好好把这些书读一读，相信你们会有更大的收获。

四、课堂小结

1.古人的诗唱出来更好听呢！我们来欣赏一下。(播放音乐及《千字文》书法作品)在听的过程中欣赏历代书法家书写或临摹过的《千字文》作品。

2.如果有兴趣，课后学唱《千字文》。

（黄栋英，海门市书香教师；陆莉，海门市骨干教师，全国新教育实验优秀个人）

《中国神话故事》阅读指导设计

■ 作品解读

　　神话产生于上古时期，所以又称为上古神话。远古时期，生产力水平低下，先民们对自然界种种复杂现象无法作出科学的解释，他们用自己幼稚的想象将自然力形象化、人格化、故事化，并依照人类所崇拜的英雄幻想出各种能够控制和驾驭自然的神，结果就创造了众多神话。人类最早的故事往往是从神话传说开始的。

　　中国神话故事是中国古代人们经过长期的社会实践，在劳动生活的过程中创造出来的一种文学形式，它是人类社会早期通过幻想对天地宇宙、人类起源、自然万物、生命探索、部族战争、劳动生活的稚拙的解说。中国神话故事展现了中国古代人民对天地万物天真、朴素、真诚、美好的艺术想象，反映了他们对美好生活的向往和追求。中国神话故事在民间口耳相传，它的神奇、瑰丽，反映出无穷的艺术魅力。

■ 设计意图

神话故事是民间文化瑰宝，故事浅显易懂。读神话故事，要设法让学生浸润到这种民间文化的氛围中去，引导学生爱读、会讲，从中感悟、熏陶，直至喜爱、学习。善良、坚强、勇敢的精神品质，懂得为理想而勇往直前。为了达成这种目标，首先要引导学生掌握阅读方法，有条理地进行阅读，同时引导他们围绕神话中感人或有趣的细节，阅读、体验、交流，走进神话世界，发挥想象和幻想，分享神奇，积累语言，发展语言。

■ 指导目标

1. 了解中华民族悠久的历史，领略神话独具魅力的特点，了解中国古代神话中所蕴含的璀璨的历史文化。
2. 通过阅读，丰富学生的想象力和创造力，开阔视野，启迪智慧。
3. 感受远古人类呼唤光明、伸张正义、信守真理的美好品质。

■ 指导过程

▲ 导读板块

一、创设情景，走进神话

播放动画片《宝莲灯》。

1. 知道这部动画片叫什么名字吗？故事的主人公叫什么名字？

2. 小小的沉香神勇无比，为了救妈妈历尽了千辛万苦，成了大家心目中的小英雄，他是神话故事中一个非常经典的形象。说说看，你们都读过哪些神话故事？

3. 学生交流，指名回答。

4. 你们还真读了不少神话故事，今天，让我们相约在一起，尽情遨游奇妙的神话天地，好不好？

二、交流人物，感受神话

1. 大家手中都有这本《中国神话故事》吧，先请告诉我，喜欢读这本书吗？为什么喜欢？（预设：人物丰富，本领高强，故事生动，想象奇特。）

2. 打开这本神话故事，就好像打开了一扇通往神话世界的大门，最先吸引我们的就是那一个个各具特色的人物。你们知道有哪些神话人物？（学生自由交流）

3. 看来大家对神话故事都很熟悉，那老师就先来考考大家，根据老师的描述猜猜是哪个神话人物。

出示以下文字：

"我来描述你来猜"

（1）他开辟了天地，并用身躯化作世间万物。

（2）他带领百姓战胜洪水，三过家门而不入。

（3）她吃了仙丹，升上天空，怀抱玉兔，在月宫遥望亲人。

（4）她淹没在大海之中，化作小鸟，衔来石子不停地投入大海。

（5）她用黄泥捏出了人类，使大地有了生命。

（6）他是一个穷苦的放牛娃，与自己的妻子在银河两边遥遥相望。

4. 看来大家都已经喜欢上了这本神话故事，那你们觉得怎样的故事才能称之为"神话"故事呢？

5. 学生交流，老师根据学生交流的情况总结出神话故事的特点：

（1）神话故事都是发生在很久很久以前，以神仙为主题。

（2）神话故事都有很多奇特的想象。

（3）故事中的神话人物本领都很大。

6. 小结：同学们说得真好，咱们的编辑叔叔就在这本书的开篇"写给小读者的话"中这样评价的。（出示：神话，就是充满幻想色彩的神奇故事。）

像女娲用小小的黄泥创造了人类，燧人氏勇敢地为人类带来了火种，盘古用自己的身躯幻化成了天地万物……在他们身上都有一种神奇的魔力，并用自己的神力战胜了自然，这就是神话故事。

三、展示书目，激发兴趣

1.（出示《中国神话故事》的封面）了解封面：读一本书，先不急着看内容，先来看看它的封面，你们了解到了些什么？（预设：书名、主编、出版社。）

2.你们知道封面上的图案是关于哪个神话故事的吗？（预设：《重明鸟》。）在这个故事中是这样描述这只重明鸟的：

出示以下文字：

重明鸟的叫声，可以驱除妖魔鬼怪和豺狼虎豹，给人们带来好运，所以它是一只神鸟。人们都盼望见到重明鸟飞来，给自己带来好运。

3.多么神奇的鸟啊，想详细了解有关它的故事吗？相信每一个走进神话故事的孩子，都会带着各种各样的遐想。那就让我们赶紧打开书，翻到目录，先来仔细看看这些故事的题目，说说你们对哪个故事最感兴趣。（学生交流）

4.题目这么吸引人，那里面的故事肯定更加引人入胜了。让我们利用课余时间好好读读书里的神话，相信你们一定会沉浸在那一个个神奇的神话世界中。

▶推进板块

一、交流人物，初谈感受

1.同学们，今天的读书之旅我们将再次走进神话的世界，近距离地了解那些让人神往的神话人物。

2.通过阅读图书，你们最喜欢或最欣赏其中的哪个神话人物？并请说说理由。（学生自由讨论）

3.有没有让你们讨厌甚至憎恶的人物呢？也请说说看。

4.这些人物的名字你们都认识吗？（出示：燧人氏 伏羲 喾 颛顼

逢蒙）

5.看来大家在深入阅读后，对书本内容有了更多的了解。在这部书中，塑造了许多个性鲜明的神话人物，他们或善或恶，或美或丑，串成了一个个动人的故事。让我们好好地感受一下书中的人物吧。（可重点指导学生阅读《盘古开天辟地》的故事，并分析盘古的形象）

二、品读神话，感悟想象

1.神话故事中吸引大家的不仅是一个个独具特色的人物，还有那一处处充满奇幻色彩的想象，你们在阅读的过程中觉得哪些地方特别神奇？（学生自由讨论、交流）

老师也找到了这么几处：

出示以下文字：

"他呼出的气成了风和云，他发出的声音成了隆隆的雷霆；他的左眼变成太阳，右眼变成月亮，头发和胡须变成星星；他的肢体变成大地四极，血液变成江河，牙齿和骨骼变成矿物、岩石，筋脉变成山川、道路……"

——《盘古开天辟地》

"他们变成了巨人，站在潭里像两座高山，大尖哥用力把太阳抛起来，水社姐就拔起潭边的棕榈树向上托起太阳，把太阳顶上天空。接着，水社姐使劲把月亮抛上了天空，大尖哥也用棕榈树把月亮顶上天空。"

——《日月潭》

"多亏苗族的祖先，用金银铸造了十二双太阳和月亮，并把它们抬到天上，嘱咐这十二对太阳和月亮轮流照耀人间。"

——《公鸡请日月》

2.请同学们阅读这三段文字，并讨论、归纳这些神话故事中想象的特点。

根据学生的回答进行小结：

（1）想象的内容多与大自然有关。

（2）想象中的人物都具有神力，能够征服困难。

（3）大多历经艰险，最终会有美好的结局。

3. 是呀，在神话故事中，天地万物都是有灵魂的，神话的主人公往往拥有非同一般的神力，战胜了困难，这就是神话故事的特点。读着这些文字，我们除了可以感受到天马行空的想象，还能感受到古代人民对美好生活的向往。

4. 让我们合作着来读读第一段文字，再次感受一下那奇特的想象。

（师）他呼出的气

（生）变成了风和云

（师）他发出的声音

（生）变成了隆隆的雷霆

（师）他的双眼

（生）变成了太阳和月亮

（师）他的四肢

（生）变成了大地上的东、西、南、北四极

（师）他的血液

（生）变成了江河

（师）他的牙齿、骨骼

（生）变成了矿物、岩石

（师）他的筋脉

（生）变成了山川、道路

5. 那盘古的身体还会变成什么呢？请大家展开大胆的想象，先说给自己的小组成员听一听。（集体交流）

6. 在这本神话故事中，还有许多处这样奇特的想象，我们在读的时候可以把它们画下来，摘录到自己的阅读卡上。

三、指导方法，深入阅读

1. 刚才我们谈了书中的人物，感受了书中的想象，老师想知道你们是怎么阅读这些神话故事的？有没有遇到什么困难呢？

交流小结：

（1）阅读中可以把一些好的词句画下来，精彩的情节可以反复读。

（2）可以根据故事中的描述展开想象。

（3）可以与你的小伙伴交流阅读感受。

2. 那就让我们一起来读读《精卫填海》的故事吧。请大家就用刚才的方法，读读这个故事，并思考这样几个问题：

（1）精卫为什么要填海？用上"因为……所以……"的句式说一说。

（2）精卫是怎样填海的？画出相关的句子。

（3）精卫最终填海成功了吗？

3. 学生交流。

（1）因为大海夺去了精卫的生命，所以她发誓要把大海填平。（出示：精卫痛恨无情的大海："大海啊，是你害得我父母失去了女儿，我发誓要把你填平！"）

（2）多么有志气的精卫啊！她立下坚定的誓言，就开始了自己填海的行动。（出示：从此，她一刻不停地从远处的山上衔起小石子、小树枝，展翅高飞，一直飞到东海，在波涛汹涌的海面上，把石子、树枝狠狠地投下去。）读着这段文字，你们仿佛看到了怎样的画面？（学生展开想象进行交流）

（3）小小的精卫，填海的决心是如此之大，你们还从故事中哪些地方读出了她坚定的决心，把句子找出来读读。

（4）读到这儿，你们觉得精卫身上有着怎样的精神？对自己有着怎样的启发？

4. 通过刚才的阅读，我们对《精卫填海》的故事有了更深刻的认识，希望同学们也能像刚才一样，在阅读时用上这样的方法，一定会有更多的收获。

5. 为了帮助大家更好地阅读，老师建议大家可以制作一个"神话故事阅读卡"，还可以把自己制作的阅读卡在小组里交流。

神 话 故 事 阅 读 卡				
神话故事名称			主人公	
人物精神				
喜欢的词语： 精彩的想象：				
阅读评价	自评 ☆☆☆		互评 ☆☆☆	

▲ **延伸板块**

一、猜猜成语

1.通过这段时间深入地阅读这本《中国神话故事》，相信大家对其中的一个个小故事一定有了很多的了解，很多同学都制作了"神话故事阅读卡"。（展示一些优秀的"阅读卡"）

2.你们知道吗，汉语中的很多成语就来自这些奇妙的神话故事，老师说几个，同学们来猜一猜。

（1）他开辟了天地，并用身躯化作世间万物。（开天辟地）

（2）带领子子孙孙搬走挡在家门口的两座大山。（愚公移山）

（3）跟着太阳奔跑，想留住太阳。（夸父逐日）

（4）为人类带来火种，教人们用钻磨的方法取火。（钻木取火）

（5）为了把大海填平，她永不停息地衔拾石子。（精卫填海）

（6）为了不让坏人抢到仙丹，她吞下仙丹飞身上天。（嫦娥奔月）

二、积累诗句

1. 其实，不光有些成语出自这些神话故事，有些诗人写诗时，也会联想起这些奇妙的神话故事。

出示古诗一：

秋 夕
杜牧

银烛秋光冷画屏，轻罗小扇扑流萤。

天阶夜色凉如水，坐看牵牛织女星。

（这首诗借用了《牛郎织女》中的故事）

出示古诗二：

嫦 娥
李商隐

云母屏风烛影深，长河渐落晓星沉。

嫦娥应悔偷灵药，碧海青天夜夜心。

（这首诗借用了《嫦娥奔月》中的故事）

2. 指名朗读诗歌。

3. 读着这些脍炙人口的名句，我们的脑海中就不时地出现神话故事中的情节与画面。

三、欣赏名胜

直到现在，有些地方还保留着与这些神话人物有关的历史文物。（出示一些名胜图片）老师简单介绍：

★黄帝陵：位于延安黄陵县城，是中华民族的始祖黄帝的陵园，为中华儿女祭祖的圣地。

★妈阁庙：澳门最著名的名胜古迹之一，是澳门最古老的禅院。

★神农架：由于千峰陡峭，珍贵药草生长在高峰绝壁之上，神农氏就伐木搭架而上，采得药草，救活百姓，神农架因此而得名。

★黄鹤楼：位于湖北武汉市长江南岸蛇山峰岭之上，享有"天下江山第一楼"的美誉，相传八仙之一的吕洞宾就与此处有着很深的渊源。

★泰山：泰山山体雄伟壮观，景色秀丽。中国古代神话传说中，盘古死后，头部化为泰山。因其气势磅礴为五岳之首，故又有"天下名山第一"的美誉。

★日月潭：是我们宝岛台湾省最大的一个天然淡水湖，那里群山环抱、树木葱茏，美丽的神话故事更让她增添了迷人的色彩。

四、人物颁奖

1. 在这本《中国神话故事》中，人物性格各异，他们的故事也带给了我们不同的收获。这儿设置了一些最佳奖项，如果请你们给书中人物颁奖，你们打算把哪个奖颁给他（她）呢？请说说理由。可以先在小组里交流一下。

2. 出示奖项名称：

最佳奉献奖

最佳勇气奖

最佳创新奖

最佳孝心奖

最佳执着奖

3. 集体交流，畅谈理由。

4. 总结：通过这段时间的阅读，相信大家一定喜欢上了这些神话故事。请挑选一个自己最喜欢的人物，写一写对他（她）想说的话吧！

出示以下题目：

_____（谁），我想对你说：_____。

（冯娟，南通市优秀班主任，海门市书香教师）

小学中段

(3~4年级)

《千家诗》阅读指导设计

■ 作品解读

  《千家诗》是一部家喻户晓的古诗启蒙本，本书选录的大多是唐宋名家的作品，集中绝句和律诗体裁。篇幅虽小，诗味浓郁，情趣盎然。阅读这些诗歌，不仅可以启发少年儿童的灵感，而且还可以陶冶他们的情操，启迪他们的智慧，更重要的是可以开阔眼界，增长知识，对提高文学修养有积极的意义。

■ 设计意图

  古诗词是我国传统文化的重要组成部分，也是古汉语运用的典范。让学生学习古诗词是传承传统文化、增进对语言文化了解和认识的重要方式。《千家诗》的语言精练、意境优美、节奏明快，读起来朗朗上口。"让学生能朗读古诗并产生阅读的兴趣"是课外阅读教学的首要要求，本设计采用多种形式的诵读，感受诗句的节奏美、音韵美，体现"诗即吟诵，吟诵即诗"的理念。同时，通过引导学生学古诗、读古诗、背古诗，丰富学生的人文素养，夯实学生的文化根基，弘扬民族文化，传承民族经典。

■ 指导目标

1. 培养读诗的兴趣，在诵读中扩大识字量，积累古诗词，在吟诵表演中感受祖国语言的博大精深。

2. 掌握诵读的技巧，在诵读中融入情感，读出诗词的节奏。

3. 通过诵读，了解中华传统文化经典，接受传统文化和人文精神熏陶。

■ 指导过程

▲ 导读板块

一、赛诗，走近经典

1. 同学们，你们喜欢背古诗吗？让我们来比赛，"南北阵营"对诗，这边一句那边一句，比比哪边厉害，好不好？

2. 真了不起，能背出这么多的古诗！让我们再来比一次，南北各请一列小火车，说说你们知道的诗人名字，不能重复。

3. 这些诗人、这些诗歌就像天上的繁星夺目璀璨、星光熠熠！今天，老师向大家推荐一本书——《千家诗》。（出示《千家诗》图书）一起读书名。这本书中有你们刚才背的一些诗歌，也有你们刚刚提到的一些诗人。

二、比较，认识样式

1.（出示《春晓》《绝句》两首古诗）这两首诗熟悉吧？谁来给我们读一读？

2. 仔细观察这两首诗的行数、每行的字数，比一比，你们发现有什么异同点吗？（预设：相同点：都是四行；不同点：《春晓》每行五字，《绝句》每行七字。）

3. 像这样一首诗有四句的，我们把它叫作"绝句"。每句诗五个字，那就叫"五言绝句"；如果每句诗七个字，那就叫"七言绝句"。

4. 字数不一样，读出来的韵律就不一样。听老师来读一读，感受一下。（范读）怎么样，读起来很有味道吧？我们一起来试一试。（配乐齐读）

5. 可是，书中还有的诗和它们都不一样呢！（出示古诗《春夜别友人》）看看这首诗，和刚才那两首诗有什么不一样？（提示：八行。）

6. 对，像这样一首诗有八句的，我们就称其为"律诗"。这首诗每行有几个字？你们猜猜，这种诗叫什么？（预设：五言律诗。）有的诗有八行，每行七个字，又叫什么呢？（预设：七言律诗。）

7. 这本书的目录就分为四个板块，读一读：五言绝句、五言律诗、七言绝句、七言律诗。

三、猜想，诗中世界

1. 同学们，你们读了那么多的诗，背了那么多的诗，我想问问你们，觉得古诗里都有些什么呢？

2. 老师觉得诗的世界里其实什么都有。不信，我们来玩一个"读诗句，猜一猜"的游戏，看看是不是这么回事。我们以小组为单位，进行比赛。老师读，你们猜，有想法就举手，猜对了小组就能加星。当然，猜也要有依据。

第一回合　猜季节

云淡风轻近午天，傍花随柳过前川。（春）

接天莲叶无穷碧，映日荷花别样红。（夏）

睡起秋声无觅处，满阶梧叶月明中。（秋）

荷尽已无擎雨盖，菊残犹有傲霜枝。（冬）

诗中藏着四季美景呢！我们一起来诵一诵，男女对，男生上句，女生下句。

第二回合　猜节日

爆竹声中一岁除，春风送暖入屠苏。（春节）

纸灰飞作白蝴蝶，泪血染成红杜鹃。（清明）

未会牵牛意若何，须邀织女弄金梭。（七夕）

此生此夜不长好，明月明年何处看。（中秋）

咦，诗中还藏着民俗节日呢！一起来诵一诵，南北对，南边上句，北边下句。

第三回合　猜情感

此地别燕丹，壮士发冲冠。（爱国情）

遥怜故园菊，应傍战场开。（对战火中的故乡的思念，对长安沦陷的沉痛）

海内存知己，天涯若比邻。（友情）

梅须逊雪三分白，雪却输梅一段香。（对梅的喜爱之情）

原来，诗中还有那么真挚丰富的情感呢！一起来诵一诵，老师上句，学生下句。

3.你们看，读诗能读到美景，能读到民俗风情，能读到真情，诗歌里包含了许多内容啊！

四、细读，方法指导

1.同学们，春天已悄悄来到我们身边。今天，老师就再送一首春天的诗给大家。（出示古诗《立春偶成》）瞧一瞧，这是一首绝句还是律诗？几言？（老师配乐读）

2.大家自己学着也来诵一诵，感受诗歌的韵律之美。

3.谁来展示？指导读出诗的韵律、诗的味道。（指名读，齐读）

4.读诗多吟诵，你们的眼前就会出现画面。老师给你们一些小小的帮助，（出示个别字的注释）再读读诗，想想诗句大概的意思，想象：你们的眼前仿佛看到了什么样的画面？能不能美美地描述？（自主练习、小组交流、全班展示）

5.说得真好！你们看到的是不是这样的画面？（播放音乐，欣赏图片）

6.同学们真会读诗！读诗时我们就可以像刚才那样借助书中的注解，边读边想象，这样就能读懂诗的意思，诗就变成一幅幅画了，诗也就活了。

来，我们看看刚刚这首诗的意思，是不是和你们想的一样啊？这是书中的译文，（出示译文）自己轻声读一读。

7. 现在，我们一起边想画面边来诵一诵。能把这首诗记在心里吗？试试看。

8. 诗不光可以读，还可以唱呢。你们听，（播放音频）这样的唱法对我们来说可能有些难度，但其实也能把古诗唱成这样，再听听。（播放音频）古诗原来还可以唱呢！想想如果你们把一首古诗唱成了独具特色的一首歌，那该多有成就感啊！

9. 除了唱，你们觉得还可以用什么样的方式来表现诗歌？（预设：画、演。）有人就和你们想到一块儿去了。瞧！（出示诗配画欣赏）

五、小结，引导读诗

通过这堂课，我们发现原来古诗不仅体裁多样，有五言绝句、七言绝句、五言律诗、七言律诗，而且诗歌里的内容很丰富，什么都有，读诗的方式更是有趣，自己可以尽情去创造。那好好读读这本《千家诗》，像我们今天课堂上这样去读，这样去想，你们一定会发现这本书的魅力所在。

▲ 推进板块

一、谈话导入，引入情境

古人云："腹有诗书气自华。"也许，当你们登上高峰沉醉于青山峻岭而浮想联翩时，耳边已有人在大声感慨"会当凌绝顶，一览众山小"；也许，当清幽的月光洒落窗前勾起你们无限的思家之情时，耳边也已传来"举头望明月，低头思故乡"的吟诵……羡慕他人的才华之余，你们或许会想——此时、此地、此景为什么千百年前的古人会与我们心心相通？为什么那些流传千古的字字句句至今依然震撼心扉？这也就是中国古诗词的最大魅力所在。今天，再让我们一起牵手《千家诗》，感受古诗的魅力！

二、活动串烧，精彩纷呈

古诗可诵可歌，可入画可言传，都是你们已经感悟诗人内心情绪的体现。

活动一：主题诵读

同学们，让我们一起走进《千家诗》的世界，去感受诗人们质朴、真切的情思。让我们徜徉在古诗文的长河中，去领略博大精深的中华古文化。

第一部　闲情逸趣

1. 小提琴伴奏《水调歌头》，将学生带入诗境。
2. 看图吟诵春夏秋冬的古诗。

春 日 偶 成

云淡风轻近午天，傍花随柳过前川。

时人不识余心乐，将谓偷闲学少年。

晓出净慈寺送林子方

毕竟西湖六月中，风光不与四时同。

接天莲叶无穷碧，映日荷花别样红。

秋 日 湖 上

落日五湖游，烟波处处愁。

沉浮千古事，谁与问东流？

赠 刘 景 文

荷尽已无擎雨盖，菊残犹有傲霜枝。

一年好景君须记，最是橙黄橘绿时。

3. 看图猜诗。（出示图片）

第二部　友情无价

1. 以小队为单位展开竞赛，比一比哪一队同学背诵的有关友情的古诗多。

2. 齐唱一首由古诗改编的歌——《送友人》。

3. 下面，请大家各自给曾经帮助过自己的好朋友送贺卡，说一句感谢的话。（放音乐《爱的奉献》）老师也准备了三张新年贺卡送给三位同学，因为从他们身上学到了很多东西。（当着他们的面说）

第三部　乡情悠悠
1. 李白的《静夜思》最为出名,一起来表演朗诵吧!
2. 男、女同学分别为大家背诵。

第四部　爱国情深
1. 背诵爱国诗歌《泊秦淮》《送毛伯温》。
2. 齐读爱国名句。(出示:人生自古谁无死?留取丹心照汗青。)

活 动 尾 声

闲情、友情、亲情、故乡情、爱国情,好一派迷人的情感风光。中华经典文化,继承民族优秀传统,站在五千年文化的历史巨人肩膀上,面向世界,开创未来。

活动一：名句荟萃

诗海浩瀚,知识无限,经典诗词,值得传诵——
夜来风雨声,花落知多少。(《春晓》)
欲穷千里目,更上一层楼。(《登鹳雀楼》)
白发三千丈,缘愁似个长。(《秋浦歌》)
相看两不厌,只有敬亭山。(《独坐敬亭山》)
问渠那得清如许,为有源头活水来。(《观书有感》)
等闲识得东风面,万紫千红总是春。(《春日》)
一水护田将绿绕,两山排闼送青来。(《书湖阴先生壁》)
梅须逊雪三分白,雪却输梅一段香。(《雪梅》)

活动三：诗画共赏

(出示图画)这幅画蕴含着下列哪句诗的意境,你们是根据画中哪些事物判断的?
五月榴花照眼明,枝间时见子初成。(《题榴花》)
一水护田将绿绕,两山排闼送青来。(《书湖阴先生壁》)
杨花榆荚无才思,惟解漫天作雪飞。(《晚春》)
两个黄鹂鸣翠柳,一行白鹭上青天。(《绝句》)
银烛秋光冷画屏,轻罗小扇扑流萤。(《秋夕》)
接天莲叶无穷碧,映日荷花别样红。(《晓出净慈寺送林子方》)

更无柳絮因风起,惟有葵花向日倾。(《客中初夏》)

活动四:言传诗意

1. 就一句诗说说意境。

(1)老师举例:出示现代文,学生猜诗句。

西湖就像西施一样美丽,不管是淡妆还是浓妆,总是那样艳丽妖娆。

——欲把西湖比西子,淡妆浓抹总相宜。

(2)学生游戏:两人一组,一个说意境,一个猜诗句。

(3)课堂展示。

2. 对整首诗进行感悟,并用现代文表述。

(1)全班齐诵《梅花》。

(2)老师朗诵译文《梅花》,学生边听边想象。

小结:"一个对书籍敬而远之的现代人,不管他怎样刻意包装,始终是难以潇洒得起来,唯有经过书卷的相当浸润,才有可能超越自我、丰富自我、辉煌自我。"让我们以这次活动为起步,在古诗的百花园中走得更远,让古诗陪伴我们一起成长!

延伸板块

一、激情导入,振奋精神

古代诗人,以诗言志,以诗寄情,给我们留下了许多名篇佳作。这些千古传颂的诗句情景交融、意境优美,不仅寄托着浓浓的亲情、淡淡的友情,更寄托着悠悠的思乡情、拳拳的爱国情……让我们一同鉴赏那至诚至爱的佳作,回味那感人至深的诗篇。

二、延伸活动,耐人寻味

活动一:情境表演,身临其境

清 明

清明时节雨纷纷,

路上行人欲断魂。

借问酒家何处有，

牧童遥指杏花村。

学生可以根据诗的意思表演：杜牧满脸忧愁地走上台，独白："又是一个清明节啊，春雨纷纷下，到处迷蒙蒙，孤独走天涯。春雨浇愁愁更愁，不知何处是酒家？"（牧童手持短笛，做赶羊姿势上）杜牧眼睛一亮，问道："请问小兄弟，这附近有酒家吗？"牧童："客官，你问的是饭馆吗？"杜牧："对，对，哪儿有啊？"牧童："不远，你翻过这道山，再下一个坡，那儿有个杏花村，生意可红火了！"杜牧一喜："有多远路？"牧童："不远，就几里地吧！"杜牧拱手："多谢！多谢！"牧童："不用谢，客官走好！"

策略：（1）选择一首可以表演的古诗；（2）根据古诗情境，编写好剧本；（3）分组排练（最好提前布置，让学生有充足时间准备）表演；（4）每个组派代表参加全班汇演；（5）评选优秀演员、编剧、导演，给予表彰。

活动二：续编故事，意味深长

把古诗改编成故事，既加深了学生对原诗的理解，又培养了学生的想象力。另外，续写能拓展学生的思维空间。

例：《送郑侍御谪闽中》（高适）。

可以让学生想象，高适和郑侍御分别之后还会见面吗？他们可能在哪里相见？是怎样见面的？都说了些什么，做了些什么？然后以"再见郑侍御"为题，进行说话训练。

策略：（1）选择一首可以续编故事的古诗；（2）自己练习讲故事；（3）每个小组派代表参加全班汇报；（4）评选优秀，给予表彰。

活动三：动手画画，其乐无穷

常言道"诗如画"，"明月松间照，清泉石上流"，这是一幅多么清幽静谧、令人遐想的美景！诗情画意，尽在其中。古诗短小精悍，简洁抒情，字里行间饱含着诗人的胸怀志向及对大自然、生活的热爱。它犹如一杯醇香的老酒，只有耐心品读、背诵，才能品出其中的甘醇。古诗把色彩美、画面美、意境美与语言美融为一体，"画中有诗，画中有情"，它闪耀着美的色彩。选择一首自己喜欢的诗，为它配一幅漂亮的画。

策略：（1）选择一首自己喜欢的古诗；（2）自己构思画画；（3）

挑出优秀的作品进行展示。

三、国学经典，名句欣赏

有一些诗句,脍炙人口、千古传诵。我们一起吟诵,一起体会其中的意思!
出示以下文字:

1. 勿以恶小而为之,勿以善小而不为。(《三国志》)

2. 己所不欲,勿施于人。(《论语·卫灵公》)

3. 玉不琢,不成器;人不学,不知道。(《礼记·学记》)

4. 知之为知之,不知为不知,是知也。(《论语·为政》)

5. 学而不思则罔,思而不学则殆。(《论语·为政》)

6. 言必信,行必果。(《论语·子路》)

7. 温故而知新,可以为师矣。(《论语·为政》)

8. 君子欲讷于言而敏于行。(《论语·里仁》)

9. 敏而好学,不耻下问。(《论语·公冶长》)

10. 君子耻其言而过其行。(《论语·宪问》)

11. 老吾老,以及人之老;幼吾幼,以及人之幼。(《孟子·梁惠王上》)

12. 富贵不能淫,贫贱不能移,威武不能屈,此之谓大丈夫。(《孟子·滕文公下》)

13. 天将降大任于是人也,必先苦其心志,劳其筋骨,饿其体肤,空乏其身,行拂乱其所为,所以动心忍性,曾益其所不能。(《孟子·告子下》)

14. 满招损,谦受益。(《尚书·大禹谟》)

15. 青,取之于蓝,而青于蓝;冰,水为之,而寒于水。(《荀子·劝学》)

总结:中华经典的铿锵音韵还在我们耳边回响,中华经典的千古风韵还在我们心头荡漾,诵读中华经典,让优秀的民族精神在我们血脉中流淌;诵读中华经典,让民族文化智慧支撑我们人格的脊梁。愿五千年文化瑰宝大放异彩,愿中华儿女豪情满怀,再谱新的乐章。同学们,最是书香能致远,腹有诗书气自华。让经典古诗滋润我们的人生,让悠悠书香伴随我们一路远行!

(陈海燕,海门市骨干教师;沈晓晓,海门市学科带头人,海门市书香教师)

《三毛流浪记》阅读指导设计

■ 作品解读

"三毛",一个身世凄凉,饥寒交迫,受尽欺辱,贫穷得只剩下三根头发的漫画儿童形象,于1935年诞生于中国杰出漫画家张乐平笔下。《三毛流浪记》无情地鞭挞了旧社会人间的冷酷、残忍、欺诈和不平,颂扬了在极度凄苦无依的困境中,依然坚强、乐观、善良、机敏、幽默的"三毛精神"。

漫画本身带有强烈的喜剧色彩。从这个意义上说,《三毛流浪记》并不是一个悲剧。将苦难的悲剧故事,用喜剧的形式上演,这本身具有更大的冲击力。因此,流浪儿童三毛的故事是一部震撼人心的杰作。三毛的故事会激起一切善良人们的共鸣,培养千千万万孩子们的同情心。

■ 设计意图

中年级学生的阅读范围正逐步扩大,喜欢尝试不同的课外读物,漫画书正是他们喜欢的读物之一，但大多数学生对漫画书的阅读方法一知半解。因此，适时地、有针对性地对中年级学生进行漫画书阅读的指导，能够有效地促进学生智能发展，对培养学生独立阅读能力和良好读书习惯有很大的好处。鉴于此，本设计从激发学生阅读兴趣开始，教给学生正确阅读漫画书的方法，并引导学生进行积极、有效的阅读和交流，让书中的人物形象在学生心中逐渐丰满起来。

■ 指导目标

1. 激发学生阅读漫画的兴趣，引导学生阅读故事。
2. 通过观察细节、展开想象等途径，感受漫画的特点，掌握阅读漫画的方法。
3. 通过故事讲述、关注标题等形式，感受人物形象，体会三毛的善良、乐观与坚强。

■ 指导过程

▲ 导读板块

一、认识漫画

1. （出示几组有趣的漫画）学生欣赏漫画。
2. 简单的线条、夸张的笔法、幽默诙谐的画面，这就是漫画。
3. 漫画是用图画来讲述故事的。有人曾对漫画做出了如下的评价。

出示评价性文字：

"它让我们会心微笑，它让我们开怀大笑；它诠释我们的生活，它触动我们心底最柔的角落；它让我们思考，它让我们领悟；它借我们翅膀，让我们在幻想的天空自在飞翔。它就是我们都爱的——漫画。"

二、初识三毛

1. 今天，老师要介绍一位漫画人物给大家认识，请看——（出示三毛的头像）瞧，大大的脑袋，圆圆的鼻子，再加上头顶的三根毛，他是谁呀？

2. 看来，大家都认识三毛。三毛是中国经典漫画《三毛流浪记》中的人物，深受人们的喜爱。《三毛流浪记》这本书是由中国杰出漫画家张乐平爷爷创作的。故事发生在新中国成立前的旧上海，那时的上海被黑暗笼罩着，整个社会充斥着丑恶、冷酷、残忍、欺骗与不公。（出示《三毛流浪记》中的几幅漫画）你们瞧，富人们身穿皮裘、大鱼大肉、耀武扬威，甚至可以随便欺侮人。而穷人们呢，却骨瘦如柴、衣不蔽体、吃不饱、穿不暖，甚至穷得要卖儿卖女。最让人同情的就是那些没有父母、无家可归的儿童，他们的生活更是悲惨。这本书的主人公就是其中的一位。

（出示《三毛流浪记》组图）三毛是一个可怜的孤儿，他从小就失去了父母，没人疼，没人爱，没有一个可以遮风避雨的家，孤苦伶仃，四处流浪。流浪的日子充满着酸甜苦辣，我们的小三毛在饥寒交迫中忍受着，在嘲讽欺侮中煎熬着。请同学们打开书本，翻到第一个故事，今天，我们就跟着三毛，一起踏上他的流浪之路。

三、走近书本

1. 读第一幅图。

我们的故事在一个深秋季节开始了。这一天，三毛流浪到一个小村庄，他看见一群可爱的小羊正在无忧无虑地嬉戏玩闹。羊妈妈伸出长长的舌头，温柔地舔着小羊。小羊舒服得眯起了眼睛，昂起了头，尽情地享受着妈妈的爱抚，满脸都是幸福。三毛摸了摸已经饿了一整天的肚子，羡慕地看着眼前温馨的一家，鼻子酸酸的，心想：小羊多幸福啊，有妈妈疼，有妈妈爱！可我却是孤零零的一个人！

三毛不忍心再看下去了，他勒紧了裤腰带，裹紧了单衣，继续漫无目的地向前走去。

2. 读第二幅图。

（1）三毛来到了一个农场，耳边传来"咕咕咕""叽叽叽"的叫声。

他抬头一看，原来是鸡妈妈正带着它的一群鸡宝宝出来散步呢！仔细观察画面，看看鸡妈妈和小鸡的动作，展开想象，说说它们在干什么呢。同桌之间讨论交流。

（2）一阵寒风吹来，小鸡们冷得"叽叽叽"直叫，这时鸡妈妈会怎么做？（说一说，演一演）

（3）多么温馨的画面啊！三毛正出神地看着鸡妈妈的一家，身后又传来"噜噜噜"的叫声。他转身一看，看见了什么？

（4）看着眼前这幸福的两个家，三毛又想起了自己悲惨的遭遇，你看，他难过地低下了头，垂下了眉，眼里满是羡慕的神情。此时，他肯定在想……（指名回答）

（5）同学们，你们的观察真细致，想象也很丰富！这样，静止的画面便会"活"起来，立体起来。

3. 读第三幅图。

（1）下面请同学们运用"观察细节，展开想象"的方法自己读读第三幅图。（板书：观察细节，展开想象）

（2）在学习小组内交流，补充。

（3）推荐同学上台讲述故事。

4. 通过同学们的细致观察和丰富想象，这三幅图好像会动了。你们看！（播放动画片中的相应片段）

5. 师生共读第4至6幅图。

（1）观察第4、5幅图，想一想，接下来发生了什么事？

（2）小结方法：我们在看连图时就要逐幅看图，前后联系，展开合理想象来看懂图意。（板书：逐幅看图，前后联系）

（3）请学生观看第4至6幅图的动画片。

6. 第一个故事读完了，请大家说说看，这个故事中的三毛给你们留下了什么印象？

7. 张乐平爷爷把这个故事取名为《孤苦伶仃》。瞧，简短的四个字就概括出了故事的内容。

8. （出示标题）请大家仔细看看这些标题，你们发现了什么？

9. 小结标题作用：漫画的标题就是漫画的眼睛，它往往告诉我们漫画的主题思想。我们看漫画时要关注到标题，然后再把标题同图画的内容结合起来，这样就更容易明白图意，读懂漫画了。（板书：关注标题，理解图意）

四、总结延伸

在这本书中，还有许许多多关于三毛在大上海流浪的故事，如果你们想知道，就请来读一读这本《三毛流浪记》吧！阅读时，如果你们能观察细节、展开想象，逐幅看图、前后联系、关注标题、理解图意，相信你们一定能把书读活、读透。

推进板块

一、检查读书情况

最近大家都在看《三毛流浪记》，你们看过几遍了？是怎么看的？（初步交流读书情况，适时表扬认真读书的学生）

二、阅读交流分享

答题游戏，以小组为单位。答对一题加10分，答错不扣分。

1. 抢答题：

（1）这本书的作者是谁？

（2）故事发生在哪里？

（3）当时三毛有多大年纪？

（4）三毛一直最想做的是什么？

2. 填空题：三毛都干过什么事？（提示：卖报、擦皮鞋、卖艺、做乞丐、推黄包车、印刷厂当学徒工……）

3. 合作题：书中还有哪些人物？（小组合作交流，共同寻找，看哪一小组找得多）

（善良）的老渔夫　　　　（　　　）的小瘌子

（　　）的（　　）　（　　）的（　　）

小结：三毛的故事是在跟很多人的接触中发生的，看书的时候不仅要了解主人公，目光还要投向他周围的人，那些或善良或可恶或可笑的人物。

4. 谈论题：（每组推荐成员轮流发言）

（1）真正会看书的那些人，看书时不仅仅停留在看人物的经历上，还会停下来思考人物所要体现的一种精神。这么可怜的三毛，他身上还有很多好品质呢。你发现他的好品质了吗？（出示：我觉得三毛是一个_____的人，因为_____。）（随机板书关键词语，如：乐观、善良、纯真、不屈……）

小结：三毛面对困境时的乐观态度，不屈的精神，身处乱世却始终善良纯真，对有困难的人无私关怀，对压迫者的无畏反抗，这些都是"三毛精神"。它时而令人捧腹大笑，时而又令人潸然泪下。

（2）内容上说得够多了，画面呢？我们来评评张乐平爷爷的漫画。（出示几幅书中具有代表性的漫画，让学生点评）

（3）小结：看来，阅读漫画，确实能使我们在轻松与幽默中得到人生与智慧的启迪。

三、评判小组得分

评判每组得分，奖励获奖小组的同学。

四、布置推进作业

1. 现在的我们衣食无忧，距离三毛的时代和社会环境都比较远，但三毛的遭遇唤起了我们的同情怜悯之心，三毛的善良、乐观也引起了我们的共鸣。从三毛的流浪故事中选择一个自己最喜欢的，练习讲述。

2. 很多故事题目其实就是一个成语，请摘录下来，并查查工具书，了解它们的意思。

3. 写一段读后感，感兴趣的同学也可以动手画出读后感中所描述的画面。

延伸板块

一、积累相关成语

1. 在本书的故事题目中,有很多是成语,你们了解它们的意思吗?将成语和相应的意思用线连起来。

不白之冤　　　形容已到无路可走的绝境,处境极其困窘。

饥不择食　　　得到的抵不上损失的。

穷途末路　　　本想要弄聪明,结果做了蠢事。

得不偿失　　　无法辩白或得不到洗雪的冤枉。

弄巧成拙　　　饥饿时顾不得选择食物。

2. 你们还积累了哪些成语?选择一两个告诉大家,并说说它们的意思。(学生交流积累的成语)

二、讲述三毛故事

1. 三毛的故事深深地打动了我们的心,请选择一个自己最喜欢的,讲给同桌听。(同桌之间边看漫画边互相讲述)

2. 推荐两三名学生上台讲,课件同时播放漫画画面。

三、交流读后感受

1. 喜欢故事,不能仅仅停留在故事情节,更要领会故事中丰富的深刻内涵,有了感受可随时写下来,有了疑问可以互相讨论,读后还应该交流一下阅读体会。

2. 读书收获"亮一亮"。出示自己的作品(图文并茂的读后感),先在小组内交流,再择优向全班展示。

四、延伸阅读活动

1. 由《三毛流浪记》改编的电视剧、电影、音乐剧,也值得同学们去看一看。(出示电视剧、电影、音乐剧的海报,老师简介)学生齐读音乐剧海报中的推荐语:

半个多世纪历久弥新的故事

六十余年前家喻户晓的经典

那些陪伴着我们长大的怀念、同情、小伤感……

这个老朋友，从来没有真正离开过大家身边

就在2012年的冬季

他又回到歌舞升平的舞台

带着他的笑，他的泪，他的辛酸

带着他的记忆，重新出现

2. 张乐平爷爷生前曾说过，三毛是他献给全国少年儿童的礼物。老师希望三毛能成为你们永远长不大的好伙伴。（欣赏动画片《三毛流浪记》片段）

3. 请你们把张乐平爷爷的《三毛流浪记》这部经典的传世儿童读物，放进自己的小书橱收藏起来。无论何时，当你们再捧起这本书的时候，一定都能记起这位老朋友——三毛，那个永远骨瘦如柴但是善良并富有正义感，叫人由衷喜爱的男孩子，依旧孤苦伶仃，依旧骄傲地顶着三根独一无二的头发，依旧让人觉得可笑可怜。他所经历的生活，让我们了解了过去，让我们学会了同情这个世界上的弱者，帮助需要帮助的人。

4. 齐声哼唱《三毛流浪记》的主题曲。

出示《三毛流浪记》主题曲歌词：

"三毛里格三毛／流浪里格流浪／赤脚走过马路里格弄堂／三毛里格三毛／流浪里格流浪／睡在那垃圾箱／饿得我心发慌／流浪／十里洋场霓虹灯光闪闪亮／大饼油条／馄饨豆浆喷喷香／火车汽车电车包车／吵得我头发胀呀／高楼大厦西装皮鞋／真呀么真漂亮啊／三毛三毛／流浪流浪／三毛三毛／流浪流浪／哪一天哪一天／我有吃有穿有住有钱／不再流浪流浪。"

（陆莉，海门市骨干教师，全国新教育实验优秀个人）

《宝葫芦的秘密》阅读指导设计

■ 作品解读

　　《宝葫芦的秘密》是张天翼于1958年创作的富有时代精神、影响深远的长篇童话杰作。故事主要讲了一个叫王葆的小朋友听奶奶讲宝葫芦的故事后着了迷，总想得到一个宝葫芦。一天他在梦中得到了一个"宝葫芦"，从此就能够想要什么就有什么。刚开始时，王葆很高兴，但最后他发现，宝葫芦给他带来了更多的烦恼，最后他毅然把宝葫芦的秘密说了出来，告别了宝葫芦，也告别了自己不劳而获的思想。作家巧妙地将社会主义新中国儿童的现实生活和奇异有趣的幻想熔于一炉，深刻地揭示了不劳而获就是占有他人的劳动成果这一哲理，从共产主义世界观和人生观的高度颂扬了集体主义精神和劳动神圣等新社会的道德准则。作品比较多地融入了小说的写实手法，幽默、风趣的语言风格使作品富有儿童情趣，所以一问世就受到了广大小读者的喜爱。

■ 设计意图

基于"故事本身，比发现意义更重要"这一理念，设计中抓住了《宝葫芦的秘密》这本书的特点——奇妙的想象，让学生通过各种形式的读，与主人公重合，感同身受，想他所想，见他所见；通过细细品悟，与作者对话，与主人公对话，与生活对话，感受作者奇特的想象力，学习作者编写故事的基本方法。学生在读、说、议、编的过程中，产生阅读兴趣，感受超越现实的文学作品的无穷魅力，得到心灵的成长，让孩子的心灵始终保持那份柔软，心存那么一份温暖、美好。

■ 指导目标

1. 激发学生的阅读兴趣，了解故事内容。
2. 抓住细节，体会作者奇特的想象力，感受故事超越现实的无穷魅力。
3. 通过创编故事，培养学生丰富的想象力，懂得"幸福要靠自己的双手来创造"的道理。

■ 指导过程

▲ 导读板块

一、导读封面，了解作品

1. 老师给大家带来了一本童话故事书，它能帮助我们插上想象的翅膀，让我们一起走进这本有趣的书。（出示《宝葫芦的秘密》封面）读一本书，首先要先从封面开始，看看在封面上，你们发现了什么？

2. 想认识写这个童话故事的爷爷吗？你们对作者张天翼了解吗，曾经读过他的什么作品？

出示张天翼的照片及相关介绍文字：

张天翼（1906～1985），现代小说家、儿童文学作家。他积极从事儿童文学创作，发表了童话《宝葫芦的秘密》《大林和小林》《秃秃大王》《不动脑筋的故事》等。作品的想象丰富，能寓教育意义于生动活泼的故事讲述之中，几十年来一直受到小读者的喜爱。

3.《宝葫芦的秘密》是张天翼先生的最后一部长篇童话作品，也是他儿童文学创作的高峰之作。作为一部带有浪漫梦幻色彩的作品，一问世就受到了广大青少年读者的喜爱，并因其积极、健康的教育意义，得到了家长、教育工作者的推崇，成为当时艺术性、思想性完美结合的文学读物。从1958年到1966年期间，《宝葫芦的秘密》一再重印、再版，各种改编本、图画本、注音读本、简写本层出不穷。

二、观察插图，认识人物

1. 猜一猜这本书讲述的是谁的故事。

2. 这本书讲述了小学生王葆和宝葫芦的故事，我们先来认识一下他们吧！

出示王葆和宝葫芦的简单介绍：

王葆：大家好！我姓王，叫王葆，现在上二年级了。从小，奶奶就给我讲宝葫芦的故事。谁要是有一个神奇的宝葫芦，那什么都能变出来：吃的、喝的、玩的，应有尽有，还不幸福死？所以我总让奶奶给我讲宝葫芦的故事，奶奶每逢要求我干什么，她就得给我讲个故事。这是我们的规矩。我常常想：我要是有了一个宝葫芦，那该怎么办？

宝葫芦：大家好！我是宝葫芦，别看我小，我呀，什么都能变出来。吃的、玩的、用的，五花八门，应有尽有。飞上天空、潜入海底，甚至可以帮你实现任何梦想，更不用说学习了。有了我，你一定会高枕无忧，可是你不能对任何人泄露一个字，嘘——保密！

3. 同学们，如果你有一个宝葫芦，你想要什么？现在，让我们一起去看看王葆和宝葫芦的故事吧！

三、感知内容，激发兴趣

1. 看看这些图片，猜猜会发生些什么事。（出示图片：河边钓鱼、借《科学画报》、做飞机模型、下棋、做试卷、买电影票、变出许多奖章和锦旗等。）

2. 你们对哪个故事最感兴趣？

3. 根据学生的选择，设疑、激趣。

《钓鱼的故事》：宝葫芦帮助王葆钓到了哪些鱼？这些鱼居然还会说话，它们对王葆说了些什么？

《借〈科学画报〉的故事》：宝葫芦帮助王葆借到了《科学画报》，王葆想尽各种办法想还掉，结果怎么样呢？

《下棋的故事》：姚俊的"马"到底到哪里去了？有没有到王葆的肚子中去，后来又怎么样了？

《买电影票的故事》：宝葫芦帮王葆买到的电影票和谁的是一样的？后来王葆看到了电影吗？

《考试的故事》：宝葫芦通过什么方法帮王葆答题？结果怎么样？

四、留下悬念，推荐阅读

1. 王葆依靠宝葫芦实现自己的愿望后真的高枕无忧了吗？又会带来哪些麻烦呢？

2. 你们还想知道什么呢？（同桌交流）只要翻开《宝葫芦的秘密》，宝葫芦一定没有秘密了。

◢ 推进板块

一、整体把握，回顾故事情节

1. 最近同学们都在读张天翼的童话故事《宝葫芦的秘密》。宝葫芦给你们留下了什么印象？

2. 它神奇在哪儿？神奇的宝葫芦为王葆实现了许多愿望，还记得吗？

二、精读片段，体会奇妙想象

1. 有些愿望实现的背后还有一个有趣的故事，这些故事充满想象，童话作家郑渊洁曾高度评价了这本童话故事。（出示：张天翼的伟大之处，就在于他能够通过他的童话将想象力传染给读者。——童话作家郑渊洁）

2. 让我们再去读一读，感受作者那奇妙的想象。

出示阅读活动单：

（1）各小组选择一个最感兴趣的故事在组长的带领下先读一读。

（2）用自己喜欢的方式展示出来。(演一演、讲一讲、画一画、读一读)

3. 各小组交流展示。

（1）选择钓鱼故事的小组通过朗读展示。

出示以下文字：

啊哈，真的来了！桶里的半桶水也涨到了大半桶。各色各样的鱼在那里游着。有的我认得，有的我认不得。有几条小鲫鱼活泼极了，穿梭似的往这里一钻，往那里一钻。鲤鱼可一本正经，好像在那里散步，对谁也不大理会。

最叫我高兴的是，还有一批很名贵的金鱼。有两条身上铺满了一点点白的，好像镶上了珍珠。还有两条——眼睛上长两个大红绣球，一面游一面飘动。我仔细一瞧，才发现还有几条金鱼黑里透着金光，尾巴特别大，一举一动都像舞蹈似的，很有节奏。

那个葫芦——那真是个地道的宝葫芦！——也舞蹈似的晃动了两下。

听了你们读的故事，老师不仅被你们有声有色的朗读吸引了，也被作者奇妙的想象力所折服。你们从哪里感受到了作者想象的奇妙？平时我们钓鱼只能钓到一些普通的鱼，鲫鱼、草鱼啊，可王葆钓到的却是金鱼，而且后面的故事中还让金鱼说话了。我们再读一读，仔细体会一下。

（2）选择下棋的故事讲一讲。

出示主要片段：

姚俊的棋不如我，这是大家公认的，连他自己也是这么说的。不过他有一个极其奇怪的毛病——我可实在想不透他脑筋里到底有个什么东西在作怪：他净爱走"马"。他把"马"这么一跳，那么一拐，不但害得我的"炮"

不能按计划办事,而且还闹得我的"车"都不自在了,好像一个"车"还该怕一个"马"似的!

"我非得吃掉他那个'马'!"我打定了主意,"我该想一个巧招儿,叫他意想不到。"

这可并不容易。唔,我来这么一着,行不行? 然后又这么一来。

"要是他那么一下——嗯,他准会来那么一下,那我……"

我正这么想着,正想得差不多了,忽然我嘴里有了一个东西——我虽然没瞧见,可感觉得到它是打外面飞进来的,几乎把我的门牙都打掉。它还想趁势往我食道里冲哩,要不是我气力大,拿舌头和牙齿拼命这么合力一挡,它早就给咽下去了。

同时姚俊嚷了起来:"咦,我的'马'呢? 我这儿的'马'呢?"

我刚这么"阿"了一下,"嚏"字还没迸出来呢,就觉得我的嘴里忽然空荡荡的——那棋子没有了! 我吓了一大跳,把下半个喷嚏都给吓了回去。

那么老大的棋子! 也许它就卡在什么地方,哪儿也不肯去。那可更不好对付了。这玩意儿挺不好消化,我知道。要是它顺顺溜溜跑下去……那,它就得老实不客气地钻进我的胃里,待会儿还得跨进小肠里一步一步往下走,像个小"卒"儿过河似的——那也不是什么可喜的事。这个"马"——你想不到它的味道多么古怪——吃下去一定不大卫生。我越想越不是味儿。

让学生评价:听了这个故事,你们觉得作者编的故事想象神奇吗? 神奇在哪儿?

小结:作者编写的故事想象神奇,总是出人意料,让人啼笑皆非,忍俊不禁。

(3)有小组选择通过画画的形式展示考试的故事内容并解说:

我画的是王葆考试的场景。王葆开始时一点儿也不会做试题,他心里很着急,以为宝葫芦失灵了。原来宝葫芦要等别人答完题后才能从别人那儿挪来答案,等到别人快交卷时终于从苏鸣凤那儿挪来了答案,王葆欣喜若狂,可是却受到了老师的批评,因为苏鸣凤的试卷上一片空白,老师发现王葆试卷上全部是苏鸣凤的字迹。王葆又气又怒,来到小河边怒劈葫芦,火烧葫芦。

小结：读书中，欣赏精美的插图也是一种快乐的享受。考试在我们学习生活中司空见惯，而作者描写得特别好玩，让我们一起走进考场体验一下考试的感受。

（4）（播放王葆考试、怒劈火烧葫芦的视频片段）学生欣赏。

（5）你们又从哪里感受到了故事的奇妙？

三、对比故事，寻找发展规律

1. 张天翼把《宝葫芦的秘密》中的每一个故事都写得这么精彩，你们有没有发现每个故事的情节里都隐藏着一个共同的秘密：每次王葆心中有了……（板书：有了愿望 起因），宝葫芦都会……（板书：帮助实现 经过），愿望实现后王葆却又感到……（板书：带来喜忧 结果）。

2. 这就是故事的起因、经过、结果。

四、创编故事，开启神奇之旅

1. 假如你就是王葆，你想让宝葫芦帮自己实现什么愿望呢？宝葫芦又是怎样帮助你实现愿望的？愿望实现后你又会怎么样呢？

2. "行多远，就看你思多远。"发挥你神奇的想象力，开始我们的奇思妙想，创编故事吧！说不定我们的想象比张天翼的更精彩呢！

出示：

友情提醒：

（1）按照顺序将你和宝葫芦之间发生的故事讲清楚、讲完整。

（2）用你神奇的想象，把故事讲得生动、有趣。

先自己试着讲一讲，再和同桌交流一下。

五、交流展示，感受故事内涵

1. 请学生上台讲述自编的故事。老师指导时可从故事的完整性及想象的丰富性提出小建议。这个故事中的"我"有了一个什么愿望，宝葫芦通过什么方法帮助自己实现了愿望？可是结果"我"又怎样？

2. 总结：其实我们自己就是宝葫芦，只要我们用勤劳的双手和充满智慧的大脑去创造，宝葫芦就会发光，产生神奇的作用！

延伸板块

一、谈话导入

《宝葫芦的秘密》这本书我们读完了，课前老师还让大家观看了数字特效影片，你们对其中哪一个故事印象最深刻呢，为什么？

二、故事展演

1. 选择其中最感兴趣的故事，小组内排练。
2. 分组展示，师生评价。

三、编写故事

1. 扔掉了宝葫芦的王葆生活发生了怎样的变化，请发挥想象续编一个故事。
2. 交流《离开宝葫芦的日子》并写下来。

四、课后延伸

张天翼还创作了《大林和小林》《秃秃大王》《不动脑筋的故事》等，感兴趣的同学课后可以去读一读。

◎ 附

学生自编的故事

星期天，我在家看电视，一个儿童节目里有一个小女孩在参加古筝比赛。这时我被她演奏的古筝音乐深深地吸引了。我想学古筝好几年了，要是也有一架古筝该多好呀！

突然，我的书房里发出"咕噜、咕噜"的声音，我连忙跑到书房想看看到底是怎么回事。这时,我的书房凳子上出现了一个"8"字形的宝葫芦,它还在那里叫着我的名字:"安琦、安琦,你有什么愿望吗?"我揉了揉眼睛,说:"你是传说中的宝葫芦吗?""是的,你需要我的帮助吗?"宝葫芦问。我连忙对宝葫芦说:"宝葫芦,你能不能送给我一架古筝呀?"宝葫芦说:"可以,你去书房看看。"

我急忙来到书房,里面果然有一架古筝,我便坐下弹了起来。宝葫芦在旁边蹦蹦跳跳的,我弹得如痴如醉。

第二天,我去古筝老师那里上课,发现老师正在找古筝,她急得像热锅上的蚂蚁团团转,我便知道了自己的古筝来自哪里了。回到家,我对宝葫芦说:"你这架古筝是怎么来的?"宝葫芦说:"我从你的老师那里弄来的,她那里有好多呢!"我气呼呼地对宝葫芦说:"你赶紧给我变回去。"宝葫芦说:"我只能变出来却变不回去的,你自己想办法吧!"我哭笑不得,只好晚上把古筝偷偷地还回去。

从此,我不再喜欢宝葫芦了,它虽然能帮助我实现很多愿望,但是这些东西都是从别人那里拿来的。我不能做一个自私的、不劳而获的人。

(季爱华,南通市骨干教师,江苏省优秀少先队辅导员)

《安徒生童话》阅读指导设计

■ 作品解读

《安徒生童话》是一部适合6至60岁的人阅读的世界文学名著。它以活泼诗意的语言,浓郁浑厚的人文关怀,温暖了无数人的心灵。

揭示贫富悬殊的社会现实,为穷人鸣不平,始终是安徒生童话的一大主题。他的童话中,有的真实地描绘了穷苦人的悲惨生活,同时又渗透着浪漫主义的情调和幻想;有的带有明显的讽刺特色,嘲笑了贵族的无知和脆弱;有的则讴歌了善良人们的美好愿望,表现出"真善美终将取得胜利"的乐观主义信念……安徒生童话继承和发扬了民间文学朴素清新的格调,语言生动、自然、流畅、优美,充满浓郁的乡土气息。他创造的许多艺术形象,如坚定的锡兵、拇指姑娘、丑小鸭等已成为欧洲文学中的经典。

■ 设计意图

童话要用童话的方式来阅读。所以,本设计针对童话独有的特点展开。

导读部分，以童话视频打开儿童的童话憧憬，激起阅读兴趣；又以《卖火柴的小女孩》为例，指导读故事借助流程图，学习简要概括故事大意；以圈画朗读指导学生关注童话语言；以角色体验感知故事情节；以学法回顾使典型故事学习走向每个故事学习。推进部分，把话语权还给学生，以交流分享的形式展开，给他们表达观点、与故事角色碰撞、与同伴碰撞的机会。延伸部分，则以童话视频欣赏、课本剧表演、故事创编的方式，让学生依托经典又超越经典，真正把阅读化为自己的成长收获。

■ 指导目标

1. 了解、感受童话故事的特点，增强阅读童话的兴趣。
2. 感悟安徒生及其作品中呈现的对真、善、美不懈追求的精神。
3. 通过阅读方法的指导，帮助学生养成良好的阅读习惯。

■ 指导过程

▲ 导读板块

一、视频激趣，揭示课题

1. 组织学生观看《拇指姑娘》的视频。

2. 喜欢这个童话故事吗？说说理由。（板书：人物鲜活生动、情节离奇有趣、语言通俗生动。）

3. 怪不得有人说，儿童是天生的童话大师。你们所说的这些是所有童话故事共有的特点，一起读一读。

4. 刚才我们看的《拇指姑娘》改编自经典童话名著《安徒生童话》。书中还有很多这样有趣的故事，每一个都引人入胜。今天，就让我们一起走近——《安徒生童话》。

二、牵手作家，对话作品

1. 知道这本童话为什么叫《安徒生童话》吗？对于这位创造经典的童话大师，你们有哪些了解？

2. 交流：安徒生于1805年出生在丹麦奥登塞小城，父亲是一个鞋匠，母亲是一个洗衣妇。他想做一个舞蹈演员，但舞姿笨拙；他想做戏剧演员，但形体瘦弱；他想做歌唱演员，但风寒坏掉了他的嗓子……

老师相机评价：

★生活的贫苦不是绝望的理由，反而使他有了不竭的创作灵感。

★这么多的作品都源于一颗想给孩子们的童年带去快乐的心。

★《安徒生童话》一书中的很多故事都是以他的生活为原型的。

★请记住，生活的坎坷往往是人生最宝贵的财富。

3. 少年生活的贫困使安徒生创作的童话常常以揭示贫富悬殊的社会现实，为穷人鸣不平为基本主题。有人这样评价安徒生童话——（出示小诗，师生配合读）

安徒生的童话，

是一部交响曲；

安徒生的童话，

是一部走访世界的游记；

安徒生的童话，

是一部跨越年龄的"经典"。

三、聚焦经典，共享体悟

1. 歌德说："读一本好书，就是和许多高尚的人谈话。"接下来，让我们一起阅读经典故事——《卖火柴的小女孩》，读读故事，对话人物，去寻访流淌其中的真善美。

2. 请快速浏览，试着用自己的话理清故事的脉络。先独立思考，再和小组内的同学交流。

3. 交流，指导：读经典，最重要的就是了解故事情节，把故事的基本情节记住。我们一起来梳理下这个故事的主要情节。

学生交流，相机出示：

雪夜卖火柴，没有卖出，不敢回家→人们庆祝圣诞，女孩划火柴幻想（火炉、美食、圣诞树、老祖母）→女孩冻死了

① 抓关键词语画流程图，我们就可以把故事的起因、经过、结果清清楚楚地记在脑海里了。

② 看着这流程图，试着和同桌一起回忆故事情节，讲讲这个故事。

评价：经典的故事就是这样，不光要读，更要记在脑海里。

4. 短短几句话，你们就把《卖火柴的小女孩》这个故事讲清楚了。可是，安徒生却写了整整好几页。究竟安徒生在介绍故事情节之余还写了些什么呢？请再读读这个故事，留心故事的语言，遇到自己喜欢的句子就圈圈画画，反复读读。

5. 大声读读你觉得安徒生写得特别妙的句子。（学生交流）你为什么特别喜欢？你觉得安徒生为什么要这样写？（预设：环境的烘托、极致的夸张、奇特的幻想。）

6. 让我们一起穿越时空，随着安徒生的文字去遥远的丹麦，回到那个飘雪的圣诞节的前夜。

老师引领讲述：天冷极了，飘着鹅毛大雪，卖火柴的小女孩赤着双脚，又冷又饿，在墙角蜷缩着坐了下来。她的手……太冷了，擦根火柴取取暖吧！咻，火柴亮了，她的眼前……孩子，你看见了吗？（指名读）看到喷香的烤鹅走来了，卖火柴的小女孩，你咂咂嘴，在想什么？你咽口水了，为什么？你会做些什么？可是一会儿火柴的火光灭了，烤鹅不见了。咻，这回你在火柴的火光中看到了什么？那是一棵怎样的圣诞树？你为什么笑了？心里在想什么？可惜火光又灭了，礼物……你为什么又急着划亮了火柴？你看到那棵圣诞树了吗？你看到谁了？她在跟你说什么？你想对她说什么？火光又灭了，不过卖火柴的小女孩已经不需要火柴了，因为……

7. 我们没有卖火柴的小女孩这么悲惨的经历，但故事却让我们身临其境这样心酸忧伤的一刻，唤醒了我们对小女孩的同情与怜爱，这就是文字的魅力。

四、回忆方法，激情唤醒

1. 回忆一下，刚刚我们是怎么读这个故事的？

2. 全班交流。（预设：感知故事——梳理情节——赏读文字——角色体验。）

3. 会读童话了吗？其实我们不光可以这么读，还可以怎么读？（预设：浏览泛读、咀嚼回读、批注圈画、摘录诵读、创造想象。）

4. 课后，请继续认真阅读《安徒生童话》，享受那些经典的故事。

推进板块

一、阅读交流，分享

1. 作者生平知多少？小组抢答，答出一点加一分。

（1）上节课，老师向大家推荐了《安徒生童话》这本书，你们对作者的生平了解多少？是通过什么途径了解的？

（2）根据学生的交流情况小结：阅读一个故事或一本书，首先一定要了解作者，可以通过导读了解，也可以通过查找课外资料了解。

2. 读单篇故事收获有多少？

（1）小组交流。

这本书中写了许多故事，描写了许多人物，你们最喜欢哪个故事？故事的主要内容、人物，在读了之后有什么感悟？小组交流。

（2）指名交流，老师相机指导，让学生分享自己的阅读感悟。

（3）小结：同学们从"丑小鸭"的遭遇中知道了什么叫"成长"；从美丽的人鱼公主身上体会到了什么是真、善、美；从艾丽莎身上体会到了什么是坚韧不拔；从《皇帝的新装》中认识到了什么是愚蠢可笑，什么是虚伪、阿谀奉承，什么是诚实勇敢……

3. 书中故事知多少？此为抢答题，学生抢答对得10分。

你们读书时是不是很仔细，很用心呢？现在，老师想用一些题目来考考大家，你们敢接受挑战吗？

（1）填空题。

2006年4月2日是安徒生诞辰（　　）周年的日子。

《海的女儿》中的小公主最后化作了什么？

《卖火柴的小女孩》最后在亮光中看到了什么？

（2）判断下列各题与原文内容是否相符。

《皇帝的新装》中两骗子纺织的衣料非常美丽，但不称职的官员或愚蠢的人是看不见它的。　　　　　　　　　　　　　　　　　（　　）

小克劳斯愚弄大克劳斯，第一次让他杀了四匹马，第二次让他杀死了他的祖母。　　　　　　　　　　　　　　　　　　　　　　（　　）

《野天鹅》中11位哥哥白天要不停地飞，飞过大海，太阳落山了，他们才能变回人形。　　　　　　　　　　　　　　　　　　　（　　）

《打火匣》中士兵和公主结了婚，士兵做了国王，三只狗做了宰相。
　　　　　　　　　　　　　　　　　　　　　　　　　　　（　　）

（3）请说出下列经典语录分别出自《安徒生童话》中的哪个故事？请有感情地朗读。

①"当我还是一只丑小鸭的时候，我做梦也没有想到会有这么的幸福！"

②"请把我带走吧！带到那没有寒冷，没有饥饿的地方。我知道，火柴一灭，您就会不见的，就像那暖和的火炉、喷香的烤鹅、美丽的圣诞树一样，不见的！"

③她知道这是她看到他的最后一晚——为了他，她离开了她的族人和家庭，她交出了她美丽的声音，她每天忍受着没有止境的苦痛，然而他却一点儿也不知道。这是她能和他在一起呼吸同样空气的最后一晚，这是她能看到深沉的海和布满了星星的天空的最后一晚。

（4）猜一猜：有人说用三篇童话可以概括安徒生的一生，哪三篇？（预设：《丑小鸭》《小锡兵》《海的女儿》。）

4.阅读感悟有多少？小组派代表轮答。回答问题时，意思正确、表达清晰，加10分。

（1）读了安徒生的这么多故事，你从中得到哪些启示？

（2）你觉得安徒生童话有什么特点？

5. 总结：安徒生的童话想象丰富、思想深刻，充满了诗意和幻想。它对同学们来说是生动的故事、美丽的形象，对成人来说则是精神家园、终极关怀。善良和爱、感动和美，是安徒生童话的主题，也应该是人类心灵永恒的主题，这就是伟大作家和不朽作品超越时代的永恒力量。

二、阅读交流，方法指导

1. 除了上次我们所讲的阅读方法，厚厚的一本书，你们是如何与它对话的？阅读这样的童话书，你们关注了什么？

2. 同桌交流。

3. 小结：阅读这样的童话书，我们应关注情节、关注人物、关注价值、关注语言。即我们在阅读过程应使用浏览泛读、咀嚼回读、批注圈画、摘录诵读等方法。

▲ 延伸板块

一、导入

知道吗？童话故事不仅可以用来读，还可以用来讲、演的，甚至可以用来编。

二、视频欣赏

1. 如今，《安徒生童话》已经成为畅销的经典书目，不仅如此，很多作品还被搬上了荧屏。老师带来了一个最经典的视频——《海的女儿》，我们一起来欣赏。

2. 交流观看《海的女儿》后的感受。

3. 小结：小美人鱼的勇敢、坚强、善良，对爱情的不懈追求都成了美的象征。

三、课本剧排练

1. 排练要求：选择一个自己最喜欢的故事，与小组内的成员合作，进行课本剧排练。

2. 老师巡视指导。

3. 分组展示，评价改进。

四、童话故事创编

1. 看过了，演过了，要是我们自己也来编一个童话故事，那一定很有趣。想不想试试？

2. 方法指导：那你们觉得怎么样才能让自己编的故事吸引人呢？（预设：角色独一无二、情节离奇意外、语言活泼俏皮。）

3. 学生创编童话故事。

4. 组织分享、评比、颁奖。

（何裕琴，海门市骨干教师，海门市书香教师，江苏省实施素质教育先进个人）

《长袜子皮皮》阅读指导设计

■ 作品解读

《长袜子皮皮》是瑞典儿童文学作家阿斯特丽德·林格伦的童话代表作之一。主人公皮皮是个奇怪而有趣的小姑娘。童话通过皮皮的形象、语言、行动，表现了儿童内心渴望自由，想要尽情玩耍的强烈愿望，体现了他们最本质的生命活力，真实地反映了儿童这个年龄段的特点。

林格伦用她的神来之笔描绘出种种画卷，以"玩"的形式表现出一种自由、狂野的幻想和实践带来的身心愉悦，让阅读者穿梭于现实与幻想之中，随着林格伦的幻想不断游戏，感受着游戏的乐趣，享受着爱的温馨。

■ 设计意图

"兴趣是最好的老师。"三年级孩子刚进入长篇的整本书阅读，所以阅读交流中应着力开展丰富多彩的活动，让他们在轻松愉快的氛围中，边"玩"边品味书的乐趣，从而激发他们爱读书、读好书的浓厚兴趣。

本书语言生动活泼，人物诙谐有趣，情节精彩纷呈。教学中可通过系列活动，从丰满的人物形象入手，组织学生聊聊皮皮的性格特点；从样子、语言、行动三个方面引领学生感知林格伦塑造人物形象的手法；再通过辨析，从人物身上获得积极的精神力量。让学生在猜猜、聊聊、读读、演演中，汲取名著的丰富营养，感受名著的无穷魅力。

指导目标

1.通过系列活动，激发阅读兴趣，培养良好的阅读习惯。

2.感知故事内容，了解人物形象，感受人物的与众不同。学习皮皮的优秀品质，获得积极向上的精神养分。

3.通过对人物外貌、语言、行为举止的品读，了解本书塑造人物形象的方法。培养学生善于思维、想象的能力。

指导过程

导读板块

一、谈话导入

1.大家最近都在读哪些书？（学生互相交流读书情况）

2.这节课，老师要和大家一起阅读一本非常有意思的书，认识一个很有意思的姑娘。

二、初识皮皮

1.这位姑娘的名字叫皮皮露达·维多利亚·鲁尔加迪娅·克鲁斯蒙达·埃弗拉伊姆·长袜子。谁来读一读？

2.名字很长，平时就简称为长袜子皮皮，一起叫叫她的名字。

3. 猜猜看，这是一个怎样的姑娘？

4. 看，这位可爱的姑娘来了——（出示长袜子皮皮的图片）仔细看看，和你们刚才想的是不是一样？她什么地方吸引了你们？

5. 书中是这样描写皮皮的外貌的。

出示以下文字：

她头发的颜色像胡萝卜一样，两条梳得硬邦邦的小辫子直挺挺地竖着。她的鼻子长得就像是一个小土豆，上边布满了雀斑。鼻子下边长着一张大嘴巴，牙齿整齐洁白。她的连衣裙也相当怪，那是皮皮自己缝的。原来想做成蓝色的，可是蓝布不够，皮皮不得不这儿缝一块红布，那儿缝一块红布。她的又细又长的脚上穿着一双袜子，一只是棕色的，另一只是黑色的。她穿一双黑色的鞋，正好比她的脚大一倍。

6. 放声读读，一边读一边想象皮皮的样子。

7. 这个皮皮好玩吧！老师引读：头发像——胡萝卜一样；小辫子呢——硬邦邦、直挺挺地竖着；鼻子呢——像小土豆，而且还——布满了雀斑；连衣裙也很怪——蓝布不够，这儿缝一块红布，那儿缝一块红布；袜子呢——一只是棕色的，另一只是黑色的。再看看鞋子——比她的脚整整大一倍！

8. 老师看到有些同学笑起来了，你们笑什么呀？

9. 如果你就是一个这样长相、这种打扮的孩子，走在大街上，会有什么感觉？

10. 可是，我们故事的主人公——皮皮，她是怎么想的呢？（出示：我并不为雀斑苦恼。我很喜欢雀斑！要是有一种药膏，越抹脸上雀斑越多的话，你们可以给我寄个七瓶八瓶的。）（指名读）这样的皮皮给你们留下了什么印象？

11. 猜猜，皮皮又会怎么评价自己的袜子、自己的鞋子？

12. 就是这样一个皮皮，自信潇洒地走入了我们的视线，真好玩！谁愿意再来读读这段话，把皮皮的好玩之处读出来？

三、走近皮皮

1. 你们对这个皮皮感兴趣吗？让我们打开书，一起来读读第一个故事，走近皮皮，了解皮皮。第一个故事的题目叫"皮皮搬进维拉·维洛古拉"。维拉·维洛古拉是皮皮居住的房子的名称。皮皮在这里度过了很多快乐的日子，赶快读读吧！（学生自由默读第一个故事）

2. 说说看，读完了第一个故事，皮皮哪些地方给你们留下了深刻印象？（预设：一个人生活；有满满一袋子钱；力气超人，可以举起一匹马；去过许多地方；把马养在前廊里；有时会撒谎；蛋黄留在头发上说是有营养；珍藏着许多宝贝……）

3. 这样一个姑娘，你们觉得怎么样？（预设：独立、力气大……）

四、猜测故事

1. 同学们，我们在爸爸妈妈、爷爷奶奶的关爱下成长，大事小事他们都已经帮我们安排得妥妥帖帖。可是，刚才我们已经了解到，长袜子皮皮却是一个人生活。你们说说，一个人生活，会有哪些麻烦？

2. 书中是怎么写皮皮一个人生活的呢？同学们，如果想快点知道书的内容，其实可以先去看看目录。（出示目录，学生默读）

3. 书中还有24个很有意思的故事。读读目录，你们对哪个故事最感兴趣？猜猜她一个人是怎样解决各种难题的？先小组讨论交流一下。

4. 全班交流，学生大胆猜测书中故事。

5. 小结：这节课，我们初步了解了皮皮这位姑娘，课后请大家继续阅读这本书，了解书中更多的精彩。

▲ 推进板块

一、谈话导入

让我们再次走进好朋友——长袜子皮皮的世界，交流读书感受吧！

二、了解故事内容

（一）了解故事

1. 当我们合上这本书时，书中哪些情节给自己留下了深刻的印象？

2. 老师要考考大家是不是熟悉书中的故事情节，我们来进行知识抢答。

* 皮皮和谁住在一起？（一个人住，但有一只小猴子和一匹马陪她。）

* 皮皮为什么要去上学？是为了学知识？（想要得到圣诞节假。）

* 皮皮去航海了两次？（只去了一次，第一次没去成，是因为皮皮舍不得离开好朋友。）

* 皮皮做烙饼时一共把三个鸡蛋扔到空中，有两个掉在了锅里，还有一个掉在什么地方？（掉到头发上。）

* 皮皮和警察玩拍人游戏，警察为什么到了屋顶上下不来了？（皮皮搬走了梯子。）

* 说出至少4个皮皮举过的人或动物。（马、大力士阿道尔夫、小偷丹德尔·卡尔松、警察。）

（二）修改标题

1. 看来，书中的情节给大家留下了深刻的印象。回过头来再来看目录，老师觉得，这两个小标题最吸引人。（出示：《皮皮捡破烂儿并和别人打架》《皮皮和警察玩拍人游戏》）你们猜为什么？

2. 是的，一看小标题，我们就清楚地知道故事的主要内容。能为文中一些标题换一个更醒目的标题吗？同桌讨论、全班交流。

* 《皮皮上学了》（预设：《"乘法表"与"惩罚表"》《皮皮做算术》《皮皮学语文》《纸上画不下马》《阿根廷的奇怪学校》……）

* 《皮皮看马戏》（预设：《"马戏"和"蚂犀"》《皮皮骑马》《皮皮走绳索》《皮皮斗大力士》……）

* 《皮皮过生日》（预设：《皮皮写请帖》《寿星送礼物》《玩"别跌到地板上"的游戏》《楼顶看"鬼"》……）

* 《皮皮赴咖啡宴》（预设：《皮皮雨天浇花》《皮皮"精心"打扮自己》《皮皮猛吃东西》《皮皮老是插嘴》……）

★《皮皮组织一次野游》（预设：《奇怪的大扫除》《皮皮举牛》《皮皮吃伞菌》《皮皮学飞翔》《皮皮斗牛》……）

3. 谁能用一两句话简单地说说这本书的主要内容？（指导学生用抓住事情起因、经过、结果的方法，选择目录内容串联，根据地点变化串联等方法归纳主要内容）

4. 小结：刚才通过抢答、修改小标题和概括的方法，我们更进一步了解了书中的情节。

三、感知人物形象

（一）剖析人物

1. 看一本书，除了了解故事情节，还要了解书中的人物形象。主人公皮皮的样子相信大家印象深刻。（出示《长袜子皮皮》的封面）

2. 透过皮皮的外貌描写以及发生在她身上的一系列事情，你们觉得皮皮是个怎样的孩子，为什么？请边读边思考，完成下列表格，然后小组交流。

	特点	具体事例	页码
我眼中的皮皮			

3. 交流，概括，总结。（预设：独立、力大无穷、勇敢、善良、乐于助人、乐观、大方、热情、爱开玩笑、喜欢冒险、淘气、有许多鬼主意、有时会撒点小谎、会信口开河、不爱上学……）

4. 书中还有两个人物——杜米和阿妮卡，这兄妹俩又给你们留下了什么印象？

5. 是的，他们都很守规矩，从来不咬指甲，裙子从来不会弄脏，和皮皮形成了鲜明的对比。

（二）分享语言

1. 你们知道是谁塑造了皮皮这个人物形象吗？（出示《长袜子皮皮》的作者照片）就是她——阿斯特丽德·林格伦，再来一起念念她的名字。

2. 这位被称为"童话外婆"的奶奶，到底是怎么创造出皮皮这个人物形象的呢？除了奇特的外貌，皮皮还有什么特点？

3. 其实，皮皮不仅样子奇特，说起话来也很有意思，常常惹得我们哈哈大笑。大家也从书中摘录了关于皮皮的妙言锦句，是吗？老师从中选了两句，请两位同学模仿皮皮说话。

出示以下文字：

★有一次我在上海看见一个中国人，他的耳朵长得非常大，大到可以当披风。下雨的时候，他就钻到耳朵底下去，又暖和，又舒服。不过那耳朵可倒霉了。

★"我一直听说，蛋黄对头发特别好。"皮皮一边说一边擦眼睛，"你们会看到头发马上会'嘎巴嘎巴'地长起来。在巴西所有的人头发上都有鸡蛋，所以那里没有秃子。"

4. 交流：他们表现得怎么样？

5. 你们想不想也来试一试？好，我们就来当配音大师！拿出课前发给大家的练习，四人一小组，一人当老师，一人当皮皮，还有两人可以当参谋。大家根据情境自己去设计语调、节奏，还可以加上动作。（小组练习，老师巡视）

6. 展示、评价。

7. 总结：同学们，林格伦奶奶就是这样，把主人公的语言写得有趣生动，这样，主人公皮皮的形象也变得饱满起来。

（三）评选"世界之最"

1. 此外，皮皮处理一些事情的做法也很独特，有些简直可以创世界吉尼斯之最了。有一次最轻松的打扫，还记得吗？

出示以下文字：

皮皮温了一大锅水，然后直接倒在厨房的地板上，随后她脱下自己的两只大鞋,整整齐齐地放在面包盘里。然后,她把两把刷东西用的刷子绑在自己的光脚上,在整个地板上滑起冰来。她在水中冲来冲去,水发出"啪啪"的响声。

(1) 指名读。

(2) 如果让你们这样打扫卫生,你们愿意吗?为什么?(出示:你仿佛看见皮皮一边打扫,一边____;你仿佛听到皮皮一边打扫,一边____。)

2. 你们在书中还找到了哪些之最?

3. 林格伦奶奶就是这样用大胆的想象,构思出那么多我们意想不到的细节,让皮皮这个人物形象鲜活、饱满起来,皮皮也因为她独特的个性而深受人们的喜爱。

四、获取精神力量

1. 可是,当年《长袜子皮皮》这本书发表之后,反响却和现在并不一样。虽然孩子们都很喜爱,可是很多成人却强烈反对这本书的大量印发,还引起了一场著名的"皮皮论战"。你们知道为什么吗?

2. 是的,在大人们的眼里,在坚持传统教育的人们眼中,皮皮身上有很多所谓的坏习惯。你们觉得大人们的担忧有必要吗?

3. 皮皮的古怪精灵让我们在阅读过程中轻松快乐地笑了一回。但是,皮皮的魅力绝不仅仅在于这些搞怪。从1945年作品问世流传至今近七十年了,皮皮身上到底藏着什么值得我们去学习的精神力量呢?让我们再来静静地回味皮皮的点点滴滴。

4. 把自己想说的写下来,同学之间互相交流。

5. 总结:同学们,今天我们又到书中走了一回,和皮皮快乐地玩了一回,得到了许多新的收获。希望大家把皮皮的力量永远记在心里!

◆ 延伸板块

一、我给皮皮画张像

1. 我们一起读了《长袜子皮皮》这本书,皮皮这个人物形象给我们留下了深刻的印象,大家都很喜欢。你们想用什么方法表达自己的喜欢之情呢?

2. 我们一起来给皮皮画张像。先来看这张图片(出示皮皮抱着小猴子纳尔逊先生的画面),画的是什么?你们喜欢这张画吗,为什么?

3. 这张画让一个活泼可爱、调皮滑稽的皮皮活灵活现地出现在我们眼前。你们想为皮皮画哪张像呢?请相互交流。(预设:长袜子皮皮与好朋友杜米、阿妮卡去郊游;长袜子皮皮走钢丝;长袜子皮皮第一次与杜米、阿妮卡见面;长袜子皮皮为自己庆祝生日……)

4. 学生作画。

5. 展示作品,交流。

二、走近作者林格伦

1. "皮皮",这个响亮的名字,从她诞生之日起,就震撼了全世界,感动了全世界。不计其数的"皮皮迷"跟随着她,度过了多姿多彩的童年。

出示瑞典前首相约兰·佩尔松的评价:

长袜子皮皮这个人物形象在某种程度上把儿童和儿童文学从传统、迷信权威和道德主义中解放出来……皮皮变成了自由人类的象征。

2. "皮皮"的缔造者就是瑞典伟大的儿童文学作家、国际安徒生"金质奖章"获得者——林格伦。(出示林格伦的照片)这位作家给你留下了什么印象?你们对她有什么了解?(交流)

3. 请读读图书的封二和封四(或补充相关资料),你们对她是不是有了新的了解?(交流补充:作品数量多,翻译成多种文字,为我们留下长不大的童年伙伴,有"童话外婆"的美称。)

4. 这个故事是在林格伦女儿的病榻前诞生的。"今天讲什么呢?"身为母亲的林格伦困惑地对着病床上的女儿卡琳说。"今天就讲长袜子皮皮的故事吧!"卡琳不知从哪里蹦出了这么一个奇怪的名字,于是林格伦和女儿开始玩起了这个编故事游戏,《长袜子皮皮》这个60多年来最受欢迎的儿童故事也在1945年诞生了。

5. 出示林格伦的其他作品:《小飞人尼尔斯·卡尔松》《米欧,我的米欧》《狮心兄弟》《绿林女儿》《淘气包埃米尔》《大侦探小卡莱》《疯丫头马迪根》《吵闹村的孩子》《比莱尔比村的孩子》《小小流浪汉》《铁哥们儿擒贼记》《姐妹花》《海滨乌鸦岛》。（指名读）

6. 无论是《小飞人》还是《长袜子皮皮》，其中的主人公都是调皮捣蛋、喜欢恶作剧、不太听话的小孩子，而事实上这种品质并没有简单的好坏之分，更多的是反映了小孩子心中真实的自我。大家课后可以找来读读。

三、我来当一回作家

1. 林格伦是懂孩子的，是爱孩子的。所以，她笔下的人物这么活灵活现。如果有一天林格伦准备写《长袜子皮皮》的续集，你们希望在续集中，看到关于皮皮的什么故事？能不能也用列小标题的形式写一写？

2. 学生创作，小组交流，全班交流。

3. 选择一个自己最感兴趣的，也来当回作家，编个有意思的故事。（学生创作续写）

4. 全班赏读。

四、小组合作演一演

课后，大家可以互相合作，选择一个故事演一演，把你们心中对皮皮的感受用表演的形式演绎出来，相信会更精彩的！

（陈惠惠，海门市书香教师）

《亲爱的汉修先生》阅读指导设计

■ 作品解读

　　《亲爱的汉修先生》荣获纽伯瑞儿童文学奖金奖，是一本胜过所有作文书的作品。全书都以书信的方式安排故事，通过鲍雷伊的日记和给作家汉修先生写的信，将所有的人、事、物贯穿其间。鲍雷伊是一个父母离异的小学生，在小学二年级时读了一本课外读物，他很喜欢那本书的作者汉修先生，便写信与其联系。到了六年级，为了完成老师布置的作业，他跟汉修先生联系得更加密切了。在信中，鲍雷伊说出了父母离异的实情、自己转学后的不适应以及他内心的孤独。通过和汉修先生的书信往来，鲍雷伊不但学会了如何面对生活，理解了父母无法共处的原因，体会到了父母对他的关爱，而且还练就了一手好文笔——一篇描写他和爸爸坐卡车出游的文章，使他获得了小作家征文的荣誉入围奖，同时也更加坚定了他要成为名作家的决心。这本书能让学生领悟到一些观察事物的方法、阅读方法、写作技巧，并从鲍雷伊所经历的"情感波折"中感受成长的力量。

■ 设计意图

经典童书富有故事性、文学性、趣味性等特点，而作者着力刻画的人物形象更是承载着作者的思想与情感。《亲爱的汉修先生》通过书信和日记着力刻画了主人公鲍雷伊的成长。因此，这本书的阅读指导主要抓住了鲍雷伊书信和日记的前后变化，在变化、比较中让学生感悟鲍雷伊在写作和心灵两个方面的成长。导读课主要引导学生掌握初读一本书的一般方法，从阅读封面、插图、内容简介，盘点人物等方面来梳理一本书的梗概，并初步感知本书以书信方式推进故事发展的特殊形式；推进课主要抓住鲍雷伊所写的第一封信和六年级写的一封信的变化来感受广泛的阅读和坚持不懈的写作使鲍雷伊练就了一手好文笔，同时通过"偷午餐事件"和"土匪事件"感悟鲍雷伊心灵的成长——学会理解、懂得宽容；延伸课主要感悟汉修先生对鲍雷伊成长的帮助，激发学生向鲍雷伊学习，懂得"我手写我心"。

■ 指导目标

1. 通过阅读，了解本书以书信和日记的方式安排故事的独特创作手法。通过阅读方法的指导，帮助学生养成良好的课外阅读习惯。

2. 能简要说说主要的故事情节，清楚这本书涉及的"人"，并能简单认识这些人物形象。

3. 通过具体的故事情节，感悟鲍雷伊在写作和心灵两个方面的成长，明白多读多写是提高习作水平的重要途径，体会学会宽容、理解别人也能使自己收获快乐。

■ 指导过程

导读板块

一、激发兴趣，导入话题

今天，我们阅读的这部作品在它一问世时就受到了少年儿童的欢迎，于1984年获得纽伯瑞儿童文学奖金奖，它就是——《亲爱的汉修先生》。

二、阅读封面，了解梗概

1.（出示《亲爱的汉修先生》的封面）仔细观察封面，你们从封面上了解到哪些信息？

2.交流，重点关注。

（1）国际大奖小说。

世界上有两大儿童文学奖项，一个是国际安徒生儿童文学奖，一个是纽伯瑞儿童文学奖。国际安徒生儿童文学奖是颁给作家的，有时作家的作品不见得本本精彩；纽伯瑞儿童文学奖则是颁给作品的，这些作品的品质都是上乘的。《亲爱的汉修先生》就是这样一本品质上乘的书！

（2）作者。

①你们知道这本书的作者是谁吗？（出示贝芙莉·克莱瑞的照片）

②你们对她有哪些了解？读读书中的作者简介。

③交流。

（3）译者。

柯倩华是我国著名的翻译家，她已翻译了几十本儿童文学名著。（出示柯倩华的照片）

（4）主角。

封面上的小男孩是谁？鲍雷伊正在灯下给汉修先生写信呢！鲍雷伊和汉修先生都是这本书的主角。读书的时候，我们要重点关注书中的主人公。

3.小结：一个封面就让我们了解了这么多重要的信息。看来，我们在阅读一本书的时候，首先要学会仔细阅读封面。

三、看图说文，交流梗概

1.翻开目录，你们觉得这本书与我们平常读的书有什么不同呢？（预设：全书都以书信和日记的方式安排故事。）以书信和日记的方式安排故事，这是本书独特的创作手法。

2.猜一猜，这本书会写小学生鲍雷伊和大作家汉修先生之间发生的什么故事？

（1）指名交流。

（2）这本书究竟写了些什么呢？自己轻声读读书前的内容简介。

（3）在每本书的正文之前一般都有内容简介，它可以帮助我们快速地了解书的主要内容。

3.我们读书，不仅要读文字，书中的插图也吸引着我们的眼球。现在，截取几个镜头，你们能看图大胆地猜测故事的内容吗？

出示以下三幅插图及相关文字：

插图一：第二章"鲍雷伊一家三口过圣诞节的快乐情景"。

插图二：第四章"妈妈与鲍雷伊交谈关于和爸爸离婚的原因"。

插图三：第六章"大家都盯着鲍雷伊的午餐盒报警器，校长还表扬了他"。

（1）请各小组选择自己最喜欢的一幅插图，先在小组内说说。

（2）指名交流、汇报。

四、选读故事，激发兴趣

1.鲍雷伊的午餐盒里究竟装了什么引起了这么多人的好奇，连校长也要表扬他呢？请把书翻到第六章，我们一起来读读鲍雷伊在三月五日这一天写的日记。

2.交流：鲍雷伊的午餐盒里装了什么呢？装报警器，这真是个让人兴奋又有点紧张的举动。他为什么这么做？

3.交流：你们觉得这个小故事的哪些地方特别有趣？

4.鲍雷伊为什么要在午餐盒里装一个报警器呢？在装报警器之前，他还想了哪些办法来保护自己的午餐呢？请好好读读这本书，到书中去寻找答案。

推进板块

一、人物盘点，梳理关系

1. 一个个生动的故事塑造了一个个栩栩如生的人物形象，也正是因为有了生动的故事，才使人物形象更加饱满。下面，来考考大家。

出示以下题目：

你能根据下面的描述猜出他（她）是谁吗？

（1）他说自己的名字叫"艾岛旦"，写了很多小朋友爱看的书，虽然工作很忙，却给一个写信给他的小男孩回信。

（汉修先生）

（2）学校的校工，为人公正、有趣，还负责学校的升旗。

（法兰德林先生）

（3）一位单身母亲，在"凯蒂餐饮服务中心"打工，坚强乐观，想成为一名有执照的专业护士。

（妈妈邦尼）

（4）一位卡车司机，整天奔波在外。虽然有时候他会忘了给鲍雷伊打电话，但是他特别爱鲍雷伊。在把"土匪"弄丢后，为了不让鲍雷伊伤心，他千方百计终于找了回来。

（爸爸比尔）

（5）一只小狗，喜欢坐车，一直陪着跑长途的爸爸。

（小狗"土匪"）

（6）妈妈的朋友，她的心像足球场那么宽广。

（凯蒂阿姨）

2. 小结：如果在平时读整本书的过程中能及时梳理书中的主要人物，提炼与他们相关的信息，就能快速地进入到故事中去。

3. 聊到现在，我们该请出这本书的主人公了，让我们一起呼唤他的名字——鲍雷伊。这是一个怎样的男孩？先来读读鲍雷伊在信中是怎样向汉修先生介绍自己的。（出示：我只是个很普通的男生。学校老师并不认为我是超常生或有特殊才艺，我也不像学校里其他人那么喜欢踢足球。我不算笨就是了。）

（1）指名读。

（2）你们觉得刚开始的鲍雷伊是一个怎样的男孩？（预设：内向、不善于交朋友、安静、不太自信等。）

二、走近主角，探讨成长

1.刚开始时鲍雷伊普通、内向，甚至有点自卑，但后来的他发生了巨大的变化。在这本书的封底有这样一句来自儿童文学杂志的评价。

出示以下评价性文字：

这是一个男孩子经历了父母离异、生活发生变化的故事，读者可以从他的书信中接触到他的内心世界。

——《儿童文学杂志》

指名读。

2.感受鲍雷伊在写作上的变化。

※ 第一封信

出示第一封信的内容：

亲爱的汉修先生：

我们老师给我们读了您写的狗的故事，很有趣。我们都很喜欢这本书。

您的朋友鲍雷伊（男孩）敬上

五月十二日

（1）这是鲍雷伊在二年级时给汉修先生写的第一封信。（指名读）

（2）你们觉得鲍雷伊写的第一封信怎么样？

※ 六年级的日记

出示日记的内容：

过了一会儿，太阳从云间露出脸来。……这让我想起妈妈讲的一个故事：灰姑娘在舞会结束后又变回了原样。

（1）这是鲍雷伊在六年级写的一篇日记，用心读，对比鲍雷伊写的第一封信，你们看到了哪些变化？

（2）指名读片段，交流好在哪儿。

（3）鲍雷伊的信和日记刚开始只是短短两句话，到后来是洋洋洒洒这么长，而且内容生动吸引人，他的写作水平进步真大呀！读了故事，你们觉得是什么让鲍雷伊的写作水平进步这么大？（预设：①养成了坚持写日记的习惯。汉修先生给了他很多写作的建议：养成写日记的习惯；写日记的时候可以假装给某个人写信；多听；写出自己的东西，不要模仿别人等。②鲍雷伊爱读书、很勤奋。）

（4）鲍雷伊家境不好，房子还是租的，可他很喜欢读书。这本书中介绍他读过了哪些书？

（5）小结：我们不敢肯定是否有人与生俱来就是个写作天才，但我敢肯定，广泛的阅读和坚持不懈的写作是可以提高写作水平的。鲍雷伊的写作水平之所以提高得那么快，后来他的文章还获得了小作家征文的荣誉入围奖，这与他的坚持写日记、爱读书是分不开的。在书的封面上还有这样一句话——（出示，齐读：一本《亲爱的汉修先生》，胜过所有的作文书！）

3. 感受鲍雷伊心灵上的成长。

在和汉修先生的书信来往中，鲍雷伊不仅在写作上有了巨大的进步，他的心灵也发生了很大的变化。

※ 偷午餐事件

（1）书中反复提到了午餐被偷这件事，让我们一起回顾一下午餐事件，为了防止午餐被偷，鲍雷伊想了哪些办法？（预设：在午餐袋上写假名字、用胶带缠住、装防盗警报器……）

（2）可这些方法都没有发挥作用，这让他十分愤怒。

出示以下文字：

不管小偷是谁，我一定要抓住他，我要让他后悔，我要狠狠教训他一顿。反正，我一定要讨回公道……

今天上拼音课的时候，我想到午餐窃贼，越想越气。假借上厕所离开教室。就在快走出教室时，我顺手抓起一个最靠近门口的午餐袋。我要把它丢在地上踢两脚……

任选其中一段文字，读出鲍雷伊的愤怒。

（3）事情是不是像鲍雷伊自己所说的，他找到那个小偷并狠狠地揍了一顿呢？老师已经把这个有趣的故事改编成一个剧本，请大家在小组内合作表演。（指名小组展示）

（4）法兰德林先生说的那一句"从正面去想"，你们想明白了吗？让我们也从正面去想一想：

同桌把你的新文具盒弄坏了，你会想……

运动会上你竭尽全力都没能跑到第一名……

是呀，只考虑自己的感受还不够，还要从对方的角度去想想，从积极的方面去想想。你们看鲍雷伊也做到了。

（5）（出示："我一直没查出来那个小偷是谁，现在我仔细想想，觉得很庆幸……因为我还得跟他在同一所学校上课。"）这段文字中，鲍雷伊又是怎样从正面想的呢？这里有一个省略号，你们能接着"正面想"下去吗？

（6）鲍雷伊一直对偷他午餐的人非常气愤，但最后他却谅解了别人、宽容了别人。正是在这样的宽容与体谅中，我们看到了他的心灵在成长。

※"土匪"事件

鲍雷伊是一个父母离异的孩子，他的变化、成长还体现在他对父亲的态度上。

（1）爸爸在给鲍雷伊打电话是总会带上一句——（出示："鼻子要擦干净哦，小子。"）

创设情境，指名读：也许，爸爸在说这句话的时候，会耸耸肩；也许，爸爸还会满不在乎地说；也许他说的时候粗声粗气……

（2）想象一下，鲍雷伊听到这样的话心里是怎么想的？

（3）是呀，爸爸说的许多话、做的许多事都让鲍雷伊特别伤心，你们还能举例说说吗？（预设：爸爸把鲍雷伊心爱的"土匪"弄丢了；爸爸带另一个小男孩去吃比萨……）

（4）此时在鲍雷伊看来，他觉得爸爸根本不爱自己。爸爸到底爱不爱鲍雷伊呢？

出示以下文字：

阅读单：爸爸爱鲍雷伊吗？快速浏览一下以下章节：第二章第35页、第三章第47页、第四章第68~69页、第八章第99~102页，画出让你感动的句子，这就是批；把你的感受浓缩成一两个关键词写在旁边，这就是注。

学生读后交流。

（5）是呀，爸爸是爱鲍雷伊的，也许是因为他来去匆匆，也许是因为他不善于表达感情，也许他爱人的方式总是令人无法接受，但不管怎么说，爸爸还是爱鲍雷伊的。鲍雷伊最后也认识到了这一点，妈妈的话说出了他的心声——

出示以下文字：

"我跟你说，"妈妈开口道，<u>"我每次望着海浪，就会觉得不管事情看起来有多糟，人生还是可以走下去的。"</u> 那正是我的感受，只是我不知道该怎么表达，于是我说："对呀。"然后我们就开车回家了。

指名读，说说你们对画线句子的理解。

（6）所以到最后，鲍雷伊没有留下"土匪"。（师生合作配乐读）

出示以下文字：

可是一想到爸爸要独自开车跑那么长的路，我就很难过。他整个白天都会很孤独，除了在驾驶室里的卧铺上睡几个小时和想念着妈妈的时候以外，大半个夜晚也会很寂寞。

"爸，等一下！"我大叫着冲向他，"爸，你带上'土匪'，你比我更需要它。"爸爸犹豫了一下。我说："求求你带它走。我没有使它快乐的秘诀。"

（7）鲍雷伊真的没有使"土匪"快乐的秘诀吗？他为什么这么说？（可继续追问：他为什么不把"土匪"留下？）

（8）尽管鲍雷伊非常喜欢"土匪"，但是为了爸爸，他宁愿忍痛割爱。虽然爸爸因为种种原因忘记了给自己打电话，虽然在鲍雷伊最需要爸爸的时候爸爸不在身边……但是在一天天的成长中，鲍雷伊已经学会了理解这一切，宽容这一切。

三、阅读小结

这节课,我们探讨了鲍雷伊在写作上的变化,知道了关于写作的一些秘诀。同时,我们通过联系事件的前后发展,感受到了鲍雷伊在面对一些事情的时候学会了宽容、谅解。那么,是谁让鲍雷伊发生这样大的改变?下节阅读课,我们继续讨论。

▲延伸板块

一、讨论成长

1.这是一本关于成长的书。纵观鲍雷伊的成长历程,我们可以看到,鲍雷伊真的长大了!在鲍雷伊的成长过程中,哪些人给了他爱?(预设:亲爱的汉修先生、给鲍雷伊充足慈爱与尊重的妈妈、时刻关注并提醒他的法兰德林先生、把汉修先生的新作第一个给鲍雷伊看的图书管理员、理解学生的睿智校长、负责任的爸爸、欣赏和鼓励鲍雷伊的女作家。)

2.汉修先生是书中屡次提及却从未正面介绍的一个人物,但是在鲍雷伊的成长中却起到了非常重要的作用。他对鲍雷伊的成长有哪些帮助呢?

(1)鲍雷伊在汉修先生的引导下,学会了用书信和日记的方式抒发自己的愤怒和忧愁。

(2)鲍雷伊通过和汉修先生进行书信往来,喜欢上了写作,练就了一手好文笔。这可以从第一章的20封信的署名看出来。

(3)鲍雷伊通过和汉修先生进行书信往来,不但学会了应该如何面对生活,还理解了父母无法共处的原因,体会到了父母对他的关爱。

二、书信驿站

1.作家的专访。

你们读过哪些作家的作品呢?请列出自己喜欢的作者与书名。

作家姓名	喜欢的书名

2.有没有想过向自己喜欢的作家写信？如果想写，《亲爱的汉修先生》这本书会告诉你们，那将是一段让自己终生难忘的成长历程。（出示鲍雷伊回答汉修先生的十个问题）请选择其中的一个问题给自己喜爱的作家写一封信。

3.小组内交流所写的信，并推荐一封准备进行班级交流。

4.班级内交流，师生评议。

三、推荐阅读

贝芙莉·克莱瑞还写了《雷梦拉八岁》，相信也会给你们带来很多启迪！

（黄海燕，海门市骨干教师，全国新教育实验优秀个人）

《奇妙的数王国》阅读指导设计

■ 作品解读

　　这是一本如酸梅汤一样的数学童话书，基本上涉及了小学甚至初高中所有的"数"及它们的性质和运算。如：奇数、偶数、整数、小数、分数、正数、负数、有理数、无理数，还有黄金数、亲和数、完全数、埃及分数……知识全化在故事里，智慧无穷，就像营养全浸在酸梅汤中。

　　这是一场童话里的数字舞蹈，无理数与有理数之战、小毅梦游零王国、爱克斯探长探案……各式各样的数学符号就这么被复活了，成为有血有肉的"男孩"，他们荒岛探险、推理探案、斗智斗勇，尽显英雄本色。

　　数学之于学生并不止于欢乐，数学的面貌既是严谨的，同时也是奇幻美丽的，它的黄金分割造就了无数美丽的建筑，它的无限不循环小数造就了奇幻的金字塔……数学之美，无处不在，数学的钥匙，也可以打开艺术的大门。这就是李毓佩数学童话背后潜藏的深意。

■ 设计意图

新课标提出，要重视培养学生广泛的阅读兴趣，利用阅读期待，拓展思维空间，提高阅读质量。在导读伊始，从目录出发，激起学生的阅读兴趣。童话故事的最大特点是情节跌宕起伏，所以在导读中，以《7和8的故事》为典型，利用阅读期待，关注主要情节，以讲故事的方式感知情节的生动曲折，用圈画的方法指导学生关注童话语言，又以学法回顾使他们走向每一个故事。

《语文课程标准》在阅读方面做了具体要求："具有独立阅读的能力，学会运用多种阅读方法。有较为丰富的积累和良好的语感，注重情感体验，发展感受和理解的能力。"在阅读推进过程中，尝试运用多种阅读童话的方法，首先引导学生把握主要内容，接着通过细读，让学生在读一读、演一演、讲一讲、画一画的不同阅读过程中感受故事的奇妙，感知作者神奇的想象，学习语言特色。通过创编故事，发展学生的想象力，关注学生的数学素养，拓展其思维空间，从而品尝阅读乐趣。

延伸环节，通过数学成语擂台赛、数字形象大设计、"十佳数学童话"的评选，积累知识，发展想象力和创造力，让学生体会阅读的成功感。

■ 指导目标

1. 带领学生走进奇妙的数王国，感受童话魅力，感悟数学童话中数学知识、数学思想的渗透，激发阅读兴趣。

2. 抓住富有特色的语言、巧妙的构思，感受数学童话的奇妙、数学文化的魅力。

3. 通过创编故事，培养学生的想象力、创造力和表达力。

■ 指导过程

导读板块

一、谈话激趣，初识作品

1.喜欢看童话故事吗？童话，是伴随我们成长的最忠诚的朋友了。老师也想和大家分享一本童话书。（出示《奇妙的数王国》的封面）这是一本数学童话故事书，书名就叫——《奇妙的数王国》。

2.（出示《奇妙的数王国》的目录）看看目录，你们最喜欢这里的哪个故事？为什么？喜欢《7和8的故事》吗？读一读。

3.这个故事的后半部分有一些知识我们暂时还不明白。没关系，咱们一起先读一读它的前半部分，接着创编一个有趣的《7和8的故事》。

二、了解故事，续写作品

1.自主阅读提示：

（1）默读《7和8的故事》中数字7和数字8智斗小沟鼠的片段。

（2）想一想：小沟鼠想要数字0时，它们是怎么做的？想要数字1时呢？

2.交流，小结：7和8通过数学运算得到了数字1。除了8-7=1，还有其他办法吗？（提示：$7 \times \square - 8 \times \square = 1$）

3.创设情境：接下来，小沟鼠、数字7和数字8之间又发生了怎样的故事呢？

（1）请三位同学分别扮演小沟鼠、数字7和数字8。

（2）小沟鼠说："你们俩在一起变出数字1没什么了不起，就你数字7能变成数字1吗？"

（3）演示数字7通过运算变成数字1的过程。

（4）在数字7的变化过程中找到它的好朋友数字8了吗？数字8要想变成数字1，需要运算几步呢？

（5）小沟鼠问："那其他数字也能用这样的方法变成数字1吗？"

（6）学生尝试举例验证。

（7）小结：任意一个非0的自然数，如果它是偶数，就除以2；如果它是奇数，就用它乘 3 再加 1。将所得到的结果不断地重复上述运算，最后的结果总是 1。这就是数字黑洞——1。

（8）什么是数字黑洞呢？数字黑洞是指自然数经过某种数学运算之后陷入了一种循环的境况，就仿佛掉进了黑洞，永远出不来。

（9）介绍数字黑洞——6174。

任意选四个不同的数字，组成一个最大的数和一个最小的数（最高位上可以为 0），用最大数减去最小数。所得结果的四位数重复上述过程，最多十步，必得 6174。同桌两人举例验证。

（10）介绍数字黑洞——123。

任取一个数，将组成这个数的偶数的数字个数、奇数的数字个数和这个数的数字位数依次写下来，组成一个新的数，重复上述步骤，你会发现，最后的结果始终是 123。

4. 像这样的数字黑洞还有很多，例如 153、1634、8208、9474、54748、92727、93084……

三、延续故事，拓展阅读

1. 在神奇的数王国里，还藏着更多的惊喜呢！瞧！

2. 欣赏《神奇的缺 8 数》《神奇的 142857》《和 8 有关的算式》《9 和 1 的神奇组合》《1 与对称数》。

3. 正如伟大的数学家、哲学家毕达哥拉斯所说："数统治着宇宙。"

四、回忆故事，创编童话

1. 回忆一下，刚才我们根据书中《7 和 8 的故事》续写了一个有趣的新故事，带给了我们很多惊喜。

2. 就让我们带着这份惊喜与神奇，读一读《奇妙的数王国》中其他故事，可以挑选其中某个故事接着创编一个充满数学魅力的童话故事，期待下次我们的作品交流会。

▲ 推进板块

一、整体把握，回顾故事情节

1. 最近，同学们都在读李毓佩爷爷写的《奇妙的数王国》。这本书中，哪些故事给你们留下了深刻的印象？

2. 这本书中，故事最长的就要数《奇妙的数王国》了，它由好多个小故事组成。这一节课，我们一起来读读这个最长的故事。

二、细读故事，体会语言特色

1. 有人说过这样一句话：说数学枯燥，相当于站在花园外，说花儿都不好看。李毓佩爷爷就是利用了我们儿童喜欢幻想和好玩儿的天性，把我们领到数学王国这个大花园里去。

2. 再去读一读，感受作者奇妙的想象、奇特的表达。

出示活动单具体内容：

活 动 单

（1）各小组选择一个最感兴趣的故事在组长的带领下先读一读。

（2）用自己喜欢的方式展示出来。（演一演、讲一讲、读一读、画一画）

（3）涉及的数学知识有不太理解的，可以直接说出结论。

3. 各小组交流展示，体会作者神奇的幻想，感受数学知识的魅力。

4. 在刚才的交流展示中，老师有一些不明白的地方，你们能帮帮我吗？比如"男人数""女人数""老年数"，到底是指什么呀？

5. 李毓佩爷爷为何不直接说，而要用这样的称呼呢？（预设：语言的生动，引起读者的阅读兴趣。）

6. 请找一找，文中像这样的语言还有吗？

7. 小结：李毓佩爷爷的语言就是那样生动活泼，把原本枯燥的数学写得富有生命和感情了，怪不得会有那么多人喜欢他的作品！

三、对比故事，体会故事构思

1. 这一个个有意思的故事，除了语言生动以外，还有其他什么特点呢？

每个故事的情节构思有什么共同点呢？

2. 小结：李毓佩爷爷把有关数学的基本知识、基本原理巧妙地融入生活场景中，让我们觉得通俗易懂，充满童趣。

四、创编故事，开启奇妙之旅

1. 我们已经学了不少的数学知识，是否可以来编一个有意思的数学童话呢？（友情提醒：①按照故事发展的顺序把故事讲清楚，讲完整。②结合数学原理，寻找矛盾点，这样故事情节更有波折。）

2. 小组合作编故事，再在组内好好练讲。

3. 请小组代表讲故事，师生共同评价。

延伸板块

一、数学成语擂台

小组擂台赛：哪组说得多，哪组就获胜。

出示题目：

（1）说出几个带有奇数的成语。

（2）说出几个带有偶数的成语。

（3）说出几个既带奇数又带偶数的成语。

二、数字形象大设计

1. 指名读下面的文字，并说说其精彩之处。

出示佐罗数的介绍：

只见他头上戴着宽檐黑色的佐罗帽，眼睛上蒙着佐罗式的黑色眼罩，嘴上留着两撇小胡子，黑衣黑裤，腰间系着宽皮带，身后有黑色斗篷，右手拿着乘法钩子，活像一个法国义侠佐罗！美中不足的是，这个怪数长得又矮又胖，大失佐罗的风采。

2. 数字形象舞台：每组派两名代表介绍自己笔下的数字成员的外形，投票选出最受大家欢迎的数字造型。

3. 根据评选结果，为大家喜欢的数字形象设计造型并画下来，进行展示。

三、数学童话征文比赛

把同学们创编的童话故事交换评分，评出"十佳数学童话"。

四、颁发证书

为在"数学成语擂台""数学形象大设计""数学童话征文"活动中获胜的同学颁发证书。

五、阅读延伸

李毓佩爷爷的"数学故事专辑"不仅包括数学童话故事《奇妙的数王国》，还有数学侦探故事《爱克斯探长》、数学历险故事《荒岛历险》，感兴趣的同学可以继续去读。

（潘樱，海门市教坛新秀；范佳稀玲，海门市骨干教师）

《让孩子着迷的 77×2 个经典科学游戏》阅读指导设计

■ 作品解读

　　《让孩子着迷的 77×2 个经典科学游戏》是日本最受欢迎的科学实验书，它由日本后藤道夫所著。后藤道夫为小朋友写了很多科普书，是深受日本儿童喜爱的"实验伯伯"。为什么叫 77×2？因为整本书分为上下两篇，各有 77 种游戏。从上篇 77 个简易好玩的科学游戏入手，循序渐进，进阶到下篇 77 个不可思议的科学游戏。书中许多科学游戏的名字妙趣横生，夺人眼球，如"硬币金鸡独立""筷子圆圈舞""'气'功断筷""宣传单的呐喊"……其操作步骤简单明了，图文并茂，学生可以亲自动手，体验科学的神奇力量；教师可以通过操作示范，帮助学生理解和运用各种科学原理；也可邀请父母与孩子互动起来，教会他们独立思考，发掘出潜藏的创造力！

　　这本书让我们从另一个全新的角度认识了科学，深深地领略到科学的神秘魅力，能让儿童不由自主地亲近科学，爱上科学，迷上科学。

设计意图

科普书籍对一个人的成长起着很大的作用。大凡在科学史上有过突出贡献的科学家和发明家，在少年儿童时代都曾有过阅读科普读物的经历；许多诺贝尔奖获得者在自己的传记或回忆录里也曾提到，小时候受过某本科普书、某次科普展览或某部科普电影的影响。因此首先通过玩有趣的科学游戏，读闻名世界的科学家故事，激起孩子阅读科普书的兴趣。

每个科学游戏都有简单的操作步骤、形象的示意图、点到为止的科学原理，该如何阅读呢？举例示范引导，进行自主、合作、探究的学习方法的指导，知道"五部曲"阅读法，明白观察善思的重要性，再进行自主尝试阅读实践，这样将收到事半功倍的效果。阅读中多搭建平台让学生展示拿手的科学游戏，交流经验，从而慢慢打开学生心中的那扇科学之窗。

指导目标

1. 知道阅读科学游戏的方法，在阅读、实践中，了解各种来自科学的知识，享受科学带来的乐趣，激发学生阅读科普书籍的兴趣。

2. 学会观察、体验，能具体、完整地记录一次实验或游戏的经过。

3. 在一次次实验中培养独立思考、自主探究、勇于创造的能力和坚持不懈的良好学习品质。激发并培养学生爱科学、学科学的意识。

指导过程

导读板块

一、快乐游戏，引出书目

1. 我们来做个科学小游戏，请注意"静静听，好好看，认真做"。

2. 师生一起做。像老师这样双臂水平前伸，两条手臂一样长吗？

右手臂继续伸平保持不动，左手臂做屈伸运动，大概30次，动作快一点、激烈些，手臂要保持平衡。双臂恢复水平前伸，你们发现了什么？（提示：运动的左手臂变短了，足足短了几厘米。）

3. 手臂变短了！这是怎么回事？

4. 小结：人体的关节部位或多或少都有一些空隙。手臂是由肌肉和韧带连接的，进行了激烈的屈伸运动后，肌肉和韧带会产生暂时性的收缩，关节处的空隙也会暂时缩小，手臂就变短了。

5. 手臂变短了，怎么办？别担心，过一会儿，就恢复原样了。不信，伸伸看。

6. 是不是非常神奇？像变魔术似的。有一本书里介绍了许多这样有趣的科学游戏，想读吗？

二、细读封面，了解书目

1. 出示图书，认书名：《让孩子着迷的77×2个经典科学游戏》。

2. 解题。

（1）读完书名，有什么疑问？

（2）77×2，什么意思？通过翻看目录，学生自主发现。

（3）小结：因为整本书分为上、下两篇，各有77种游戏。上篇是77个简易好玩的科学游戏，下篇是77个不可思议的科学游戏，书中共介绍了154个科学游戏，它是日本最受欢迎的科学实验书。

（4）齐读书名。

3. 看封面，走近游戏，明确读书方法。

（1）封面上就有8个有趣的科学游戏，依次介绍：户外风景映在银幕上、纸杯不着火、大可乐瓶里有喷泉、模拟富兰克林的电动机实验、喷雾彩虹、蜡烛熄灭了、滴水不漏的漏斗、掉不下来的硬币。

（2）听完后，有什么疑问？

看来大家已被这些科学游戏深深吸引了，像极了爱问"为什么"的小小爱迪生！只要打开书本读一读，做一做，一切疑难问题就水落石出了！

（3）我们挑最后一个"掉不下来的硬币"来玩一玩。

① （出示操作步骤）自由读一读，注意一些关键词。

② 交流、圈画：手指张开、中指以外、夹紧手指、向内侧弯曲两手的中指、中指的第2关节并拢、依次放开。

③ 这些关键词是科学游戏成功的关键，大家阅读时一定得注意。再读一读，想一想。

④ 拿出课前准备的4个硬币，照着操作步骤试着做一做。

⑤ 哪些硬币掉下来了？哪个掉不下来？有什么感觉？（预设：两个无名指好像被胶水粘住了一样，动弹不得，那枚硬币就是掉不下来。）

⑥ 这是为什么？学生先凭已有知识经验猜一猜，再读一读"为什么"板块，知道其中的科学原理。

⑦ 小结"五部曲"阅读法：我们自己读这本书时，也可以这样做：一读游戏名；二读操作步骤，圈画关键词；三试着做一做；四想想为什么；五读读"为什么"和"应用"，肯定会事半功倍的！

4. 读科学游戏名，再次激发兴趣。

（1）指名有选择地读一读目录。

（2）你们发现了什么？（预设：科学游戏名称很有趣，拟人手法随处可见。）

（3）你们现在有什么冲动？（预设：光看名字就那么有趣、神奇，现在恨不得马上去读一读这本书，并动手做一做这些科学游戏。）

5. 了解作者，明确注意事项。

（1）看来大家都已经喜欢上了这本书，那你们知道这本书是谁写的？

（2）读一读。

出示后藤道夫的简介：

后藤道夫，1927年生于日本长野，毕业于东京理科大学物理系。曾任教于东京都立大学、上智大学和明治大学。1998年起，他作为日本科学技术振兴事业团的"科学推广人"，在日本各地举办"科学教室"，开展科学教育。他为小朋友写了很多科普书，是深受日本儿童喜爱的"实验伯伯"。

6. 作家后藤道夫对我们做科学游戏，还提了些要求呢？（出示《让孩子着迷的77×2个经典科学游戏》图书第3页）指名读，你们知道了什么？应注意哪些安全？（在学生交流的基础上，老师要再次强调安全）

三、选读故事，亲近书目

1. 说到科学家，大家都会不约而同地想到爱迪生、爱因斯坦，这本书里也穿插讲述了六位科学家的故事。

2. 老师选读"专栏2《爸爸给爱因斯坦的指南针》、专栏3《妈妈送给小爱迪生的科学实验书》"。

3.（出示《让孩子着迷的77×2个经典科学游戏》图书封面上的一段话）老师深情讲述：爱因斯坦的科学，从爸爸给他的指南针开始；爱迪生的科学，从妈妈送他的科学实验书开始。你的科学呢？就从这里开始吧！

4. 老师相信大家读完《让孩子着迷的77×2个经典科学游戏》后，会从另一个全新的角度认识科学，深深地领略到科学的神秘魅力，会不由自主地亲近科学，爱上科学，迷上科学。

推进板块

一、大接龙

1. 已把《让孩子着迷的77×2个经典科学游戏》这本书看了一遍的同学，请举手！两遍的？两遍以上的？

2.154个科学游戏的名字还记得吗？我们来个"科学游戏名字大接龙"，做到不翻书、不重复，谁接到最后，谁就是今天的"记忆超强星"。

3. 玩"科学游戏名字大接龙"游戏。

4. 大家一下子能说出那么多科学游戏的名字，真了不起！

二、说一说

1. 不过光会说名字不是真正的厉害，里面的科学游戏做了吗？做了哪几个？几次才成功的？

学生拿出记录单，在小组内汇报交流。

一次性成功的（　　　）　两次才成功的（　　　　）

三次才成功的（　　　）　三次以上才成功的（　　　）

2. 老师也看了、做了不少的游戏和实验。其中有些一次性成功了，有些经历了许多次失败才成功，想听听吗？

我记得那次做"把硬币吹进碗里"的科学游戏，首先费了好大的劲儿才找到一枚一分硬币，接着按照书上说的把硬币放在离碗20厘米处，弯着腰使劲吹，可是硬币一动也不动。难道不够用力？我鼓起腮帮子又吹了几次，还是一动不动。后来发现，桌上有水迹，硬币与桌子粘在了一起。我连忙把硬币擦干，换了个干燥的地方试了试，用劲吹，要么硬币只动了一小段，要么走曲线运动，就是进不了碗里。这又是怎么回事呢？再仔细一看操作步骤，才知道得向碗、桌面、硬币平行方向用力吹。我就跪在地上，让嘴与硬币处在平行线上，用力一吹，硬币飞得远点了。就这样，把握方向，注意力度，经过十几次的尝试，终于硬币在桌子上空划出一道美丽的弧线，不偏不倚地飞入了碗里，当时我都高兴得跳起来了！

① 你们知道老师当时失败的原因是什么吗？（预设：没有认真阅读操作步骤，特别是忽视了一些决定成功与否的关键词句。）

② 可老师最终成功了，又是因为什么呢？（预设：不怕失败，寻找原因，不断尝试。）

③ 老师表演"把硬币吹进碗里"。

④ 谁知道是什么原因让硬币飞入碗里的吗？

3. 让自己印象最深的科学游戏是哪一个？失败的、成功的、有趣的，还是虚惊一场的，都可以，选择一个与大家分享一下。

4 小组交流，代表发言，学生说到哪个科学游戏，随机出示操作步骤及图片。学生相互补充介绍。

三、做一做

1. 课前，布置大家展示一个最得意的科学游戏或实验。

要求：说清科学游戏的名称、所需的材料、具体步骤，最好有一种魔

术家变魔术的感觉。（在小组里展示）

2. 挑出优胜者上台展示，评出"巧手智多星"。

要求：台下的同学认真看，说说哪个环节、哪一幕最吸引自己。

3. 交流：哪个环节、哪一幕最吸引自己？

如果上来展示的同学失败了，随机引导指出是什么原因导致了失败，再次进行实验，直到成功为止，让学生明白：往往一个发明创造就是在不断的失败中诞生的，培养良好的探究品质。

四、讨论解疑

1. 其中哪个游戏你做了无数次还是没有成功的？俗话说"三个臭皮匠赛过诸葛亮"，不妨把你怎么做的、卡壳在哪里告诉大家，让我们一起寻找金点子。

2. 先小组交流，不能解决的再进行大组讨论。

3. 回去再试试，看看同学们的金点子灵不灵。如果还不行，不要泄气，要坚信"失败乃成功之母"！

4. 继续阅读，继续游戏与实验，相信有更多的精彩正等着你们！

▲延伸板块

准备：一个烧杯、一杯清水、一张与杯口差不多大的纸片、一个生鸡蛋、一包盐、一把汤匙。

一、启迪思维，引出实验

1.（出示："浮蛋"）第一次看到这个科学游戏的名字，你们有什么感想？

2. 既然有那么多为什么，还不快动手做一做！

二、仔细观察，展开想象

1. 做这个实验需要哪些器材？请用上数量词说一说。

2. 实验马上要开始了，请注意老师是怎么做的。做实验的过程中，你们看到了什么，想到了什么？

3. 实验步骤1：在装有半杯清水的杯中加盐，不停搅拌。

（1）盐、水有什么变化？

（2）展开丰富的想象，你们觉得水像不像一个大胃王，把盐全吞进肚里？可是慢慢地它吃饱喝足了，你们又觉得它像什么呢？

4. 实验步骤2：现在这是饱和的食盐水，为了不让它与清水混合起来，可以放入一张圆纸片，最后等纸片浮上水面就把它拿掉。倒清水了，仔细看，你们看到了什么？

5. 实验步骤3：老师把鸡蛋轻轻放入杯中。

（1）仔细看，鸡蛋有什么变化？

（2）展开丰富的想象，你们觉得不同时候的鸡蛋分别像什么？

（3）随机出示关键语句，读一读。

① 描写观众的词语：目不转睛、欢呼雀跃、议论纷纷、争先恐后、一眨不眨、伸长脖子、疑惑不解、手舞足蹈……

② 描写鸡蛋变化的词语：晃晃悠悠、摇摇摆摆、慢吞吞、稳稳当当、稳坐泰山……

③ 描写鸡蛋变化的句子：

鸡蛋像个潜水员慢慢下沉。

鸡蛋像喝醉了酒似的，晃晃悠悠地往下坠，沉到杯中央后一动不动了，好像在"睡大觉"。

鸡蛋仿佛轻了许多，不再下沉，就像个调皮的孩子来了个"金鸡独立"。

鸡蛋像一位跳水运动员一样跳入水中，在清凉的池水里游动几下，眨眼间摆了个仰泳定格造型。

6. 为什么鸡蛋像个杂技演员似的能浮在水中央呢？

7. 按照要求每个人做一做"浮蛋"实验，一定要仔细观察，用心体会。

三、巧妙构思，细致描写

1. 要求：把老师或自己做"浮蛋"实验的经过写清楚，写具体。如：实验过程中怎么做、看到了什么、想到了什么？同学们有什么表现？最后又明白了什么？别忘了动作、神态、心理等细节描写。题目自拟，不少于450字。

2. 学生写作，老师巡视指导。

3. 老师点评后，再次修改。

四、拓展延伸，好书推荐

1. 请继续阅读这本书，好好实验，记些日记，合订起来就是一本科普书籍。

2. 与《让孩子着迷的 77×2 个经典科学游戏》同一系列的还有《让孩子爱上科学的动物书》《让孩子爱上科学的动物书 2》《小朋友最爱问的经典科学谜题》，一定会领着你们走进一个更神奇的科学天地。

（陆佳艳，海门市教坛新秀，海门市书香教师）

《林汉达中国历史故事集》阅读指导设计

■ 作品解读

《林汉达中国历史故事集》是一部连续的历史故事集,从周朝东迁一直讲到晋朝统一全国为止,前后1050年。目录以成语形式呈现,因此,从某种程度上讲,这也是本成语故事集。作者写历史故事着重说明历史发展进程,又比较尊重历史事实,主要取材于《左传》《史记》《汉书》《后汉书》《三国志》等"正史"。本书表述注重口语化,生动、具体,"不但是一部优秀的历史读物,还是一部优秀的语文读物"。

■ 设计意图

导读板块,通过指导,传授给学生阅读历史书的方法,激发学生的阅读激情,为后面自读自悟故事作良好的铺垫。推进板块,引导学生整体把握故事内容,理清故事情节,激活学生头脑中对故事内容的理解。通过细细品读,和人物对话,与历史交谈,得到心灵的成长。延伸板块,引导学生在书本的思想内涵、作家的写作特色方面有所收获。

■ 指导目标

1. 初步了解从周朝到晋朝前后共 1050 年的中国历史，激发对中华民族的热爱。

2. 初步掌握阅读历史书的方法，阅读中学会思考。

3. 了解作者及其语言表达风格。

■ 指导过程

▲ 导读板块

一、谈话导入，激发兴趣

1. 同学们，老师想考一考大家，谁能说一说你知道的来自历史故事的成语？（交流，并上台板书）

2. 满黑板都是大家写的历史故事成语，你们知道得真多！今天，老师要给大家介绍一本书，如果你们读完这本书，我想这块黑板肯定不够写了，这本书就是《林汉达中国历史故事集》。（出示图书的封面，齐读书名）

二、初看序言，认识作家

1. 看看书的封面，作者是谁？

2. 请大家把书本翻到序言部分，这里有关于作者林汉达的介绍，快速读读，说说你们对他的了解。

3. 小结：关注书的序言，往往能够帮助我们了解作者，这有助于我们进一步的阅读。（板书：序言识作者）

三、翻看目录，了解内容

除了前言部分是我们不能错过的精彩以外，我们也不要错过目录。（板书：目录）翻开本书目录，仔细观察，说说你们的发现！

预设：

（1）目录都是四字词语或成语。

老师小结：是啊，所以上课一开始就跟同学们说过了，读了这本书你们就能成为成语大王。难怪著名作家、学者叶至善先生（叶圣陶之子）对这本书给予了极高的评价。（出示：它不但是一部优秀的历史读物，还是一部优秀的语文读物。）

（2）故事是从周朝一直讲到三国。

（如果学生有困难）老师引导：大家看，第一个故事《千金一笑》是讲什么朝代的故事？最后一个呢？对了，看书的目录还能让我们大致了解书的结构。（板书：晓结构）

四、聚焦故事，掌握方法

1. 现在，同学们一定想先睹为快了！老师向大家推荐其中的一个故事——《一鼓作气》。麦考莱说，把一页书好好地消化，胜过匆匆地阅读一本书。在读之前，你们准备怎样来精读这个故事？（预设：做批注、画出好词好句等。）

2. 看来，大家深知"不动笔墨不读书"的道理。不过，我们今天读的是历史故事，因此和以前的阅读有一点不同。

3. 老师为大家准备了一张读书积累卡。现在，我们结合这张读书积累卡，运用刚才同学们说的阅读方法来读这个故事。

出示读书积累卡：

书　名		篇　名	
主要内容讲一讲			
历史人物评一评			

4.学生阅读,交流。

(1)主要内容:齐、鲁两国交战,齐国连续击了两次鼓,鲁国的曹刿下令不能迎战,直到齐国第三次击鼓,士兵士气不振,这时曹刿才下令迎战,大胜齐国。

(2)评价曹刿:精通兵事、善于应变、机智灵活、通晓敌人心理、心细如发、料事如神。(指导学生围绕故事充分挖掘)

5.通过上述阅读的步骤,我们基本上了解了这个历史故事。经典的故事往往是能口耳相传,一直流传下去,那我们该怎么讲呢?

指导:

(1)让我们摇身一变,从讲故事的人变成听故事的人。先像曹刿一样,来揣摩一下听众的心理,你们最想听这个故事的哪一部分?对这个故事的哪一个情节最感兴趣?(预设:第一、三次击鼓。)为什么呢?(预设:因为第一次击鼓后,曹刿下令不要迎战,这与常理不合,让我们好奇!第三次击鼓后,曹刿才下令应战。我们想知道到底有没有胜利。)

(2)小结:是的,从听众的角度,我们发现要讲听众最好奇、最感兴趣的话题,其他的细枝末节可以简单一些或者干脆省略。

(3)这里有一段著名评书表演艺术家连丽如老师的讲述,讲的是《火烧赤壁》片段,让我们一起来欣赏一下!(播放评书)觉得讲得怎么样?想想看,连老师是怎么把这个故事讲生动的?(预设:有人物的对话、有态势语、有人物的心理活动。)

(4)小结:看来同学们已经胸有成竹了,老师把大家的讨论结果总结成四句话。(出示:主要人物要烘托,换个角度成听众。对话动作和心理,凸显人物好处多。)

(5)现在,让我们也来试着讲讲故事。可以讲《一鼓作气》,也可以讲其他故事,只需讲述其中自己觉得最精彩的一段即可。(学生练习)

(6)指名讲故事。

(7)小结:通过这样的讲述,我们对这个故事的内容印象就更深刻了。(板书:故事明内容)

(8)所以,读历史故事集,除了主要内容说一说,历史人物评一评,

还要动人故事讲一讲。（板书：说 评 讲）

五、比较阅读，感知特点

1. 特点一：与"演义"比较，真实、严肃。

（1）同学们都非常喜欢三国故事，如"三顾茅庐""鞠躬尽瘁"，大家也读过罗贯中的《三国演义》。让我们回到目录上，找找这本书是怎么描述诸葛亮"草船借箭"这个故事的。

（2）在书中找不到"草船借箭"这个故事吗？是林汉达爷爷漏写了吗？"桃园结义"呢？也没有。为什么在《三国演义》里这么有名的故事，在这本书中却找不到呢？请大家阅读以下资料。

出示资料内容：

演义：中国古代小说体裁之一。由宋代的讲史话本发展而来，其篇幅较长，或取材正史而作不同程度的虚构，或取材野史传说。

正史：指史官修的纪传体史书。主要指《左传》《史记》《汉书》《后汉书》《三国志》等，这些史书基本上都是非常尊重客观事实的。

（3）现在你们明白了吗？《林汉达中国历史故事集》使用的素材正是取自以上正史，因此没有"草船借箭""借东风"这一类虚构的故事。虽然这些故事绘声绘色，但因为只是传说，所以尊重史实的林汉达就毫不犹豫地把它们舍弃了。难怪叶至善老先生说："它是一部优秀的历史读物。"

2. 特点二：与正史中提到的相同题材相比，具有文学性，生动、有趣。

（1）刚才请大家读了《一鼓作气》这个故事，在刚才说的正史《左传》中也记载了这段历史。（出示："十年春，王正月，公败齐师于长勺。"）

（2）数数几个字？在《左传》中稍微好一些，500多字，看看我们这个故事写了多少字？老师数过，2000多字。11字和2000多字，你们喜欢哪一种记载？

（3）这短短的11个字是怎样变成2000多字的呢？让我们一起再来读读《孙膑下山》节选部分，也许就会找到答案。

（4）交流：作者增加了许多对话、心理描写，还有许多战斗场面的描写。这些都增强了本书的可读性，难怪叶至善老先生说，它"还是一部优秀的语文读物"。我们另一本必读书《上下五千年》中就有很多故事内容是参考《林汉达中国历史故事集》的。

六、阅读小结，畅谈收获

1. 这样一本优秀的历史读物、语文读物，希望大家能好好去读。读到这儿，你们有什么收获呢？

2. 希望同学们能够运用今天学到的读书方法，吸收本书营养，持之以恒，读完整本书，做一个博古通今的历史小达人，做一个文采斐然的文学小达人。

▲ 推进板块

一、整体把握，回顾故事

最近大家都在读《林汉达中国历史故事集》，哪些故事给你们留下了深刻的印象？简单地说说。

二、精读故事，感悟形象

1.《暗箭伤人》。

（1）谁来讲一讲这个故事？

（2）被嫉妒迷了心窍的子都，连背后向自己人放冷箭这样的恶事都干出来了，为什么被郑庄公随口问了一句，就脸色都变了，结结巴巴露了馅呢？

（3）"好胜"是种值得肯定的意志品质，它是激励人刻苦努力、争先创优的重要动力。有趣的是，"嫉妒"也能刺激人产生超越他人的念头，那"嫉妒"与"好胜"之间到底有什么差别呢？说来听听吧！

（4）在你和同学相处的过程中，你一定也有和伙伴闹过别扭，以后再碰到这样的情况，应该如何正确处理？

2.《起死回生》。

（1）用自己的话介绍一下你们所了解的扁鹊。

（2）讨论：扁鹊的医术高明在哪儿？

补充介绍：扁鹊，创造了"望、闻、问、切"等诊断方法，精于内、外、妇、儿、五官等科，使用针灸、按摩、汤液、热熨等方法治疗疾病，是中医学的开山鼻祖，世人敬他为神医。

（3）谦虚的人，以前课文中还学到过谁？

（4）现在"讳疾忌医"这个词的意思已经从指人身体上的病扩展到人的缺点和错误。同学们，你们平时有没有怕爸爸、妈妈批评而掩饰自己的问题呢？你们觉得，这样做会有什么好处和坏处呢？

3.《四面楚歌》。

（1）公元前202年楚汉两军在垓下（今安徽省灵璧县东南）大战，这是我国历史上一次著名的战役。你们知道吗？

（2）看画面讲故事，了解古战的震撼场面。

（3）据《史记》记载，在垓下大战中，刘邦率领30万的大军包围了只剩下10万人马的楚军，并设下"十面埋伏"的阵法，将地处四面绝壁的垓下大营团团包围，使项羽陷入重围。深夜，箫声起处，汉军利用四面的楚歌来瓦解对方的斗志。楚营的官兵听到熟悉的乡音，思念父母妻儿之情油然而生，又见内无粮草，外无援兵，于是纷纷逃走。夜半时分，自知败局已定的项羽与虞姬诀别，仓皇突围。刘邦命数千铁骑穷追不舍，最后，在乌江边展开了生死决斗，项羽终因寡不敌众，拔剑自刎。

（4）欣赏琵琶曲《十面埋伏》。

（5）讨论：项羽在垓下突围后，明明有机会暂时渡过乌江，尝试东山再起。为何他宁愿战死，也不肯渡江逃走呢？

4.《天知地知》。

（1）谁知道我国古代的四大发明？

（2）同桌之间互相说说蔡伦是怎样造纸的。

补充介绍：在造纸术尚处于初期阶段的时候，工艺简陋，所造出的纸张质地粗糙，夹带着较多粗纤维束，表面不平滑，还不适宜于书写，一般只用于包装。东汉时期，经过蔡伦的改进，形成了一套分为四步的、定型化的造纸工艺流程。

从古到今，虽然造纸术的工艺经过了上千年的不断完善，但蔡伦发明的"造纸术"的四个步骤基本上没有变化。即使在现代，在湿法造纸生产中，纸张的生产工艺与中国古代造纸法仍没有根本区别。

（3）假如今天我们的生活中没有纸，那将会怎样呢？

5.《火烧赤壁》。

（1）在一千七八百多年前，魏国的曹操打败了蜀国的刘备，企图一鼓作气消灭东吴、一统天下。面对强兵压境，孙权和刘备联合起来，于是在赤壁爆发了一场有名的"赤壁之战"。

（2）历史为什么要记录下那一个遥远的故事，人们又为什么直到现在仍津津乐道？带着这个问题走进故事。

（3）厘清"火攻"的步骤，尝试用简短的语言概括。

写信诈降 → 乘风行船 → 火烧曹船 → 曹军大败

（4）你们认为最精彩的是哪一个情节，为什么？

（5）林汉达一步步将这著名的"赤壁之战"全过程描述下来，使得文章条理清楚、扣人心弦。学到这儿，你们从这场战役中收获到了什么？

三、总结延伸，丰富体验

1. 正是像无数赤壁之战这样的战争、事件，串起了中华民族辉煌的历史，游历其中，又有哪一个炎黄子孙不为之感到自豪与骄傲呢？

2. 推荐阅读：《史记》《资治通鉴》。

▶ 延伸板块

一、什么是历史

1. 历史是皇帝为守住江山的不择手段，还是大臣们的钩心斗角？历史是将士们的南征北战，还是书生们的野心勃勃？或许每个人都会有自己的答案。读完了《林汉达中国历史故事集》，你们心中的历史是什么样的？

2. 指名交流。

3. 小结：阅读历史，学会思考，借鉴前人的经验看待周围的事物。喜欢读历史，就是因为它的精彩，就是因为它会使我们成长。

二、了解林汉达先生的语言表达风格

1. 很多人都认为林汉达先生的著作是最有趣的历史读物，这种趣味从何而来呢？

★ 来自历史本身，历史很精彩，充满了无穷的魅力。

★ 林汉达先生生动的讲述，用自己的眼光、功夫、学识作精心的剪裁。

★ 林汉达先生的语言工整而且精妙，有着漂亮的节奏、美妙的韵律，朗朗上口，不知不觉就吸引住了人。

2. 林汉达先生的语言、语气、语调让他的讲述有一种现场感，拉近了我们与历史的距离。

三、推荐阅读古诗

读 史

[宋] 王安石

自古功名亦苦辛，行藏终欲付何人。
当时黯暗犹承误，末俗纷纭更乱真。
糟粕所传非粹美，丹青难写是精神。
区区岂尽高贤意，独守千秋纸上尘。

1. 自由读诗，大致理解诗意。

2. 如果还想知道三国以后的故事，赶快去阅读《上下五千年》吧！

（朱慧，海门市骨干教师，南通市优秀班主任；张苏瑜，海门市教坛新秀）

□《书的故事》阅读指导设计

■ 作品解读

  拉丁古谚说:"连一本书都是有命运的。"我们几乎每天都和书打交道,却很少去想:书是如何演化的?不同时代,书的模样有什么不同?从人类结绳记事到今天的文字,从最初利用石头、兽骨为纸到如今真正的纸,从最早的手抄本到今天的印刷书籍,文字是如何演变的?纸张是如何发展的?书籍是如何变迁的……苏联著名科普作家伊林撰写的《书的故事》以艺术的形式、散文的笔法、生动有趣的故事、简练质朴的语言、具体形象的描写,向读者娓娓道来。

  《书的故事》讲述的就是书的命运和历史,讲述的是人类信息传播的历史,讲述的是信息革命以前信息传播的故事。作家运用科学与文学、科学与理想巧妙结合的表达方式,向我们讲述了几千年来人类如何靠文字、图画、印刷来积累、传播、普及知识的历史——由活的书、石头上的书、芦叶上的书、蜡的书、皮的书,到今天我们随处可见的纸的书……

  如今进入电子时代,纸质书籍的命运受到前所未有的威胁。它们会不会像竹简、芦叶纸、羊皮纸那样消亡呢?这本自述历史的书也许也在为自己和同伴们的将来忧心忡忡呢！

■ 设计意图

  这是一部科普人文读物。阅读科普人文读物，教师要在"授人以知"的基础上做到"授人以渔"：让学生在略读和浏览、精读和研读中学会信息筛选和要点归纳；学会抓准科普人文类文章的言语特点，在"感言知义"上下功夫，感受语言的高度精确性；学会在信息推断中引发价值联想。

■ 指导目标

  1.掌握阅读科普人文类作品的一般阅读方法。
  2.通过略读和浏览，了解文字和书籍材料的演变过程，掌握书籍的变迁，并能讲述各类书籍的优缺点，激发阅读兴趣。
  3.通过精读和研读，品味文本简练质朴的语言、生动有趣的故事，能根据书中插图讲故事。

■ 指导过程

▲ 导读板块

一、故事猜测，激发兴趣
这儿有几个蕴藏谜团的故事，我们来读一读、猜一猜，好吗？
1.出示故事一：
世界上开头第一本书，是什么样子的呢？
据说从前有一个好事的人，他想在全世界每家图书馆里，去找寻这第一本书。他整年整月钻在上了年纪的、发烂的、虫蚀的旧书堆里过日子。他的衣服和鞋子上面，堆满了厚厚的一层灰，不知道的人，还当他是刚从沙漠里长途旅行回来。最后，他从一家图书馆书架子前面的一条长梯子上跌下来，死了。但是就算他能再活上一百岁，也休想达到他的目的。因为世界上开头第一本书，在他出世以前几千年，早就变成泥土，埋没在地底下了。

这世界上第一本书，一点不像现在我们所见到的书。这第一本书是有手有脚的，它并不放在书架子上面。它能说话，也能唱歌。

★猜一猜，这第一本书是什么书？

2. 出示故事二：

从前，俄罗斯南部有一个民族叫斯西德。有一天，斯西德人送一封信给波斯人，这封信不是用文字写的，而只是几件东西：一只小鸟，一只老鼠，一只青蛙和五支箭。

一封递给古代波斯的信

★猜一猜，这封古怪的信说了些什么？

3. 出示故事三：

上面就是一幅画成图的历史，它刻在美洲塞贝里阿湖旁的石壁上面。

★谁来解释一下这段历史？

二、阅读书目，了解梗概

1.刚刚大家议论纷纷，到底谁的猜测最准呢？谜底就藏在这本神秘的书中。（出示《书的故事》封面）

2.仔细观察封面，你从封面上了解到哪些信息？

交流，重点关注：

（1）作者。

①你们知道这本书的作者是谁吗？（出示伊林的图片）

②你们对她有哪些了解？自己读读图书的封底勒口部分的作者简介。

③交流。

（2）译者。

你们知道这本书是由谁翻译的吗？（出示胡愈之的图片）

3.学法小结：一张封面就让我们了解了这么多重要的信息。看来，我们阅读一本书，首先要学会仔细阅读封面。

4.如果让你们找找刚才的秘密藏在哪些故事中，你们有快捷的办法吗？（预设：看目录。）

5.是啊，读书先读目录。若把阅读比作游览，目录就是阅读的"导游图"。初次读一本书，如预先未经指点，就要通观目录罗列的标题，以便迅速获得书中内容的初步印象。现在，就让我们赶紧打开书，翻到目录，仔细看看这些故事的标题，说说《书的故事》主要会讲述和什么相关的故事，猜猜哪些故事中最有可能藏着刚才的秘密。（学生交流）

6.学法小结：读书要先看目录，进行浏览性的泛读。通过看目录中的标题，你一定会在有限的时间内获取更多有价值的信息。

三、揭示秘密，一睹为快

1.通过浏览目录，你们找到秘密的隐藏之处了吧？你们的猜测到底是否准确呢？请快速找到那些故事读一读，并画出揭示秘密的语句。（学生

自由阅读）

2. 揭示谜底的时刻到了，谁来说？（再次出示故事，学生交流在书中找到的答案）

四、读法介绍，推动阅读

1.《书的故事》是一部科普人文读物，讲述的就是书的命运和历史。阅读这种科普人文读物，我们不妨引进近年在英、美等国学生中流行的"SQ3R 阅读法"（又称"五步法"）。

出示"SQ3R 阅读法"的五个步骤：

SQ3R 阅读法

①纵览（Survey）：先了解全书概况，通观书内的目录、提要、序言、附记等。

②提问 (Question)：作者在书里要说明什么问题，自己需要了解什么，多方面思考，提各种问题。

③阅读 (Read)：这是读书的主要步骤，特别注意细读重要篇目和章节，尽可能理解透彻，同时可以做各种笔记用以加深印象。

④记诵 (Recite)：合上书本，回忆、复述主要内容，需要记熟的最好背下来，同时自我解答阅读中产生的问题，然后再与书上讲述的内容相对照，自己检测阅读效果。

⑤复习 (Review)：书读过之后要及时温习，对重要内容多下些功夫，并且联系、参考类似的书籍，结合起来阅读。

2. 课后，让我们选择适合自己的阅读方法，一起读书吧！

▶ 推进板块

一、探"书之演变"

1. 同学们，老师将带领大家进行一次奇妙的旅行，带我们去旅行的是这本书——《书的故事》，它将带领我们游览世界各地，去发现许多神奇的故事。

2.通过前段时间的阅读,你们知道这本书主要讲的是什么故事吗?(学生概述主要内容)

3.是的,文字是如何演变的?纸张是如何发展的?书籍是如何变迁的……你们能选择一个话题到书中进行深入探究吗?请将自己的探究成果填写在探究单上,先独立完成探究单,再在学习小组内交流。

出示探究单:

探 究 单

_____的演变

探究者:_____

名　称	起源地	特　点

_____的演变过程:_____

_____

_____

_____

你最喜欢哪种文字(或喜欢哪种材料的书)呢?说说理由。

_____

_____

_____

(1)学生先独立完成探究单,再在学习小组内交流。

(2)集体汇报交流,老师总结文字和书籍材料的变化过程。

4.学法小结：刚才这种探究性的速读，是一种以获取知识为目的的阅读方式。它让我们通过略读和浏览，捕捉信息，并进行筛选和归纳，这是我们阅读科普人文类文章常用的方法。

二、品"书之趣事"

1.《书的故事》一书除了让我们获取知识，作者穿插在其中的生动有趣的故事也让我们回味无穷。

出示活动单：

（1）书中哪个故事给你留下了深刻的印象？请选择一个进行精读：将书中优美的语言画出来，并有声有色地读一读；反复读精彩的情节，还可以演一演、画一画；感受深的地方可以展开想象，写写批注……

（2）先独立默读思考，再在学习小组内交流。

2.学生汇报交流。

3.学法小结：刚才运用品味性精读的阅读方法，细细品读，领略了本书语言的魅力。如果你们在平时阅读中，也能用这种方法去读书，一定会有很大的收获。

三、辩"书之命运"

1.书的命运，往往跟人的命运、民族的命运、国家的命运息息相关。书不仅记录了过去的历史、各种知识，书本身也参加了战争与革命。如今进入了电子时代，纸质书籍的命运受到前所未有的威胁，它们会像竹简、芦叶纸、羊皮纸那样消亡吗？让我们进入唇枪舌剑环节，认为会的同学请坐到左边两组，认为不会的同学请坐到右边两组。每方各给5分钟讨论。（学生自由讨论）

2.紧张刺激的时刻到了，下面进入自由辩论环节。（正、反两方辩论，陈述观点）

3.纸质书籍的命运到底如何呢？我们暂无定论，一切交给未来吧！

4.学法小结：刚才我们用的是思辨性品读的阅读方法，这种读法能让我们在不断的信息推断、联想中获得更多的知识。

延伸板块

一、阅读大通关

（一）下面请打开作业纸，进入闯关游戏，看你能否顺利大通关。

第一关——判断关

1.《书的故事》是一本科普读物，讲述了人类信息传播的历史。（ ）

2. 读结头信时，不管结打在什么地方，意义都是一样的。（ ）

3. 不染色的结头是指数目，单结指十位，双结指百位，三个结头指千位。（ ）

4. 可以说世界上没有一种字母不是从希腊字母变来的。（ ）

5. 楔形文字是波斯人发明的。（ ）

6. 发明真正的字母的，不是埃及人，而是埃及的敌人——闪族人，即希克斯人。（ ）

7. 古埃及人在芦叶纸上写字用的墨水能像我们所用的墨水一样耐久。（ ）

8. 羊皮纸上两面都可以写字，芦叶纸却只能写一面。（ ）

9. 我们惯常书写的那些数目字，是从象形文字或图画文字变来的。（ ）

10. 为了能在羊皮上写字，当时发明了一种墨水，是用五倍子汁，加上硫化铁、树脂或阿拉伯树胶调成的。这方法现在还在用。（ ）

第二关——选择关

1. 关于活的图书馆的故事中，有钱的商人伊台里厄斯拥有的一个活的图书馆是（ ）。

A. 树木　B. 鸟　C. 虫子　D. 奴隶

2. 在人类开始懂得文字以前，已用（ ）代替文字了。

A. 石头　B. 贝壳　C. 结头　D. 树叶

3. 印第安人用贝壳做通信记号时，红色代表（ ）。

A. 死亡、不幸或一种威胁　B. 和平　C. 金子或纳贡　D. 战争或危险

4. 在很长的时间里，人们都是靠东西来传达情意的，一根烟筒代表的

是（　　）。

A. 和平　B. 战争　C. 进攻　D. 财富

5. 在古代尼尼微城的废墟，一个名叫黎华德那胥的英国考古学家，曾经发现了阿苏尔巴尼泊尔王的图书馆，这座图书馆里找不到一片纸头，这些书是用（　　）做成的。

A. 石头　B. 砖头　C. 骨头　D. 铜

6. 埃及人发明的"带子书"是用（　　）做的。

A. 树叶　B. 树皮　C. 芦草　D. 羊皮

7. 埃及的文字，到最后分成三种字体，下列不包含在其中的一种字体是（　　）。

A. 象形体　B. 僧侣体　C. 通行体　D. 图画体

8. 鲁滨孙漂流在荒岛上时，用（　　）记日子的。

A. 木棒上刻线纹　B. 树叶　C. 石头　D. 贝壳

9. 以前，修士写字时，会用图画装点每一章的第一个字母，这个做装饰用的字母，不一定用黑色，因此到了现在，俄国人称每节的第一行为（　　）。

A. 绿行　B. 红行　C. 黄行　D. 蓝行

10. 下列制纸步骤排列顺序正确的一项是（　　）。

① 把纸浆倒在一面竹或丝做的筛上，用手抖动。

② 用竹或一种草，和破布头，放在臼内，和水捣成浆。

③ 轻轻揭起来，粘在木板上。

④ 等留下的一层稀薄平滑的浆干。

⑤ 在太阳下面晒干。

A. ②①③④⑤　B. ③①④②⑤　C. ②④①③⑤　D. ②①④③⑤

第三关——填空关

1. 《书的故事》是＿＿＿＿（国家）的＿＿＿＿写的。

2. 书中"世界上第一本书"即"活的书"指的是＿＿＿＿。

3. 在很久以前，希腊人有一个习惯，爱唱＿＿＿＿＿＿＿＿和＿＿＿＿＿＿＿＿。

4. 希腊人把唱诗歌的人称作＿＿＿＿。

5. 在中国，没有文字以前，是用_____代替文字的。

6. 没有文字以前，印第安人是用_____当作文字的。

7. 我们一般称古代波斯文为_____。

8. 从左到右的写法是_____人首创的。

9. 在蜡版上写字要用一种钢制的笔，_____的一头在蜡上刻字，_____的一头用来磨去写错的字。

10. 写出书中提到的用不同材料做成的书。（写出三种）

_____

（二）学生独立完成闯关题。

（三）公布答案，评选出"优秀通关者"，颁发奖品和证书。

二、项目大挑战

仔细阅读了《书的故事》一书，我们了解到，作家伊林从人们打手势开始介绍，从图画时代到文字时代一直写到电子时代……深入浅出。在作家的夹叙夹议中，我们不禁开始思考纸质书籍的命运，思考它们是否会像竹简、芦叶纸、羊皮纸那样消亡。

这本书读完了，但新一轮的阅读又开始了，你们可以通过各种渠道去搜集身边某一事物发展的来龙去脉的资料（如笔、电话、火车、计算器、镜子等），模仿《书的故事》一书的语言形式写出它发展的过程，最后别忘了装订成册。

（朱敏慧，海门市教坛新秀）

小学高段
（5~6年级）

《西游记》阅读指导设计

■ 作品解读

《西游记》是中国古典四大名著之一，相传是明代作家吴承恩所写。这是一部神话小说，全文以丰富瑰奇的想象，描写了唐僧、孙悟空、猪八戒、沙悟净师徒四人去西天取经的故事。小说将唐僧师徒所经历的千难万险形象地化为各种妖魔鬼怪所设置的九九八十一难，生动地表现了取经路上无情的艰难险阻，讴歌了取经人不畏艰险、横扫妖魔的战斗精神，表现了人定胜天、惩恶扬善的鲜明主题。

《西游记》具有很高的艺术成就，丰富奇特的艺术想象，生动曲折的故事情节，栩栩如生的人物形象，幽默诙谐的语言风格，均显示了其独特的艺术魅力。

■ 设计意图

《西游记》作为家喻户晓的名著，学生从小在影视作品中有了不少了解。阅读名著如同和大师携手共游，引导学生欣赏小说优美的语言，感悟丰富的人物形象，体会生动的表达技巧，可以增长见识，启迪智慧，提高语文能力和人文素养。同时，阅读名著还要让学生掌握一些基本的阅读方法。教学中旨在通过自读、分析、交流、辩论、赏析等方法引导学生把握作品整体内容，感受主要人物的个性特点，品读名著生动的语言，回顾精彩的故事情节，从而激发学生阅读名著的热情，体验名著的艺术魅力，逐步提高他们的艺术欣赏能力，达到熏陶情感、鼓舞精神的教学目标。

■ 指导目标

1. 了解本书的主要内容及作品的现实意义，激发学生阅读经典的兴趣。

2. 结合精彩片段了解人物形象，渗透阅读方法。

3. 采用多种形式，引领学生交流读后的感悟，敢于提出自己的看法，发表自己的见解，从而发展学生的个性，提高他们的口头表达能力和思辨能力。

■ 指导过程

▲ 导读板块

一、导入，以情境激发兴趣

1. 老师诵读。

出示以下文字：

海外有一国土，名曰傲来国。国近大海，海中有一座名山，唤为花果山。那座山正当顶上，有一块仙石……内育仙胞，一日迸裂，产一石卵，似圆球样大。因见风，化作一个石猴。

2. 同学们，片段中的石猴就是我们熟悉的——孙悟空。机智、勇敢、天不怕地不怕的孙悟空深受大家的喜爱。这节阅读课，就让我们一起走进四大名著之一——《西游记》。

3. 关于这部著作，专家给予了极高的评价。（出示：《西游记》是一本家喻户晓的奇书。如果没有《西游记》，古代神魔小说将黯然失色。）

二、略读，以妙趣感知整体

1. 请学生展示手中的《西游记》，并说出这本书由几个部分组成。

2. 指导略读前言或简介，想想作者吴承恩在什么情况下写了《西游记》，书的主要内容是什么，《西游记》主要写了哪些人物。

3. 快速略读书的目录，说说自己最想读其中的哪个故事或曾读过哪个故事情节。

4. 看来大家非常喜欢《西游记》。老师也和你们一样喜欢《西游记》，羡慕那些长生不老、上天入地、神通广大的神仙；惊叹那些曲折离奇、妙趣横生的故事。有些情节至今想来还觉得趣味盎然。

5. 平时大家在影视作品中对西游故事了解了不少，有的同学甚至连书也读过了，相信大家也和老师一样迫不及待地想说说其中的趣人妙事了。四人小组先交流一下。（请注意，并不是每个同学都要说一次，而是要发挥集体的力量，把这段故事说得生动有趣。可以选一个代表发言，其他同学补充内容，也可从表情、动作等方面提供一些意见。）

6. 学生代表发言。

三、交流，以借鉴明确方法

1. 故事有趣，同学们讲得也很精彩。《西游记》一书几十万字，要把一本这么厚的小说读完确属不易。你们是怎样了解这些故事的？在阅读过程中积累了哪些好方法？一起交流关于阅读的感受和体会。

2. 学生发言，老师总结、板书。

（1）阅读前言或简介，了解写作背景、作者简介、主要内容和主要人物。

（2）浏览目录，了解有哪些故事情节。

（3）采用跳读法，选出自己喜欢的故事章节读，对喜欢的故事情节采用精读法，仔细分析，全面了解。

（4）遇到不懂的问题打个问号，先接着往下读，等有时间可对问题细细揣摩，对于一些无法厘清的问题，可请教老师、同学和父母。

四、精读，以片段贯穿全书

1.指导精读《孙悟空三打白骨精》精彩片段，抓主要情节和关键句体会人物特点。

（1）白骨精三变。

①出示以下文字：

一变　好妖精，停下阴风，在那山凹里，摇身一变，变作个月貌花容的女儿，说不尽那眉清目秀，齿白唇红，左手提着一个青砂罐儿，右手提着一个绿瓷瓶儿，从西向东，径奔唐僧。

二变　好妖精，按落阴云，在那前山坡下，摇身一变，变作老妇人，年满八旬，手拄着一根弯头竹杖，一步一声地哭着走来。

三变　好妖精，按耸阴风，在山坡下摇身一变，变作一个老公公。

②体会：白骨精阴险狡诈，诡计多端。

（2）孙悟空三打。

①出示以下文字：

一打　只见那行者自南山顶上，摘了几个桃子，托着钵盂，一筋斗，点将回来；睁火眼金睛观看，认得那女子是个妖精，放下钵盂，掣铁棒，当头就打。

二打　行者认得她是妖精，更不理论，举棒照头就打。

三打　行者掣出棒来，自忖思道："若要不打他，显得他倒弄个风儿；若要打他，又怕师父念那话儿咒语。"又思量道："不打杀他，他一时间抄空儿把师父掳了去，却不又费心劳力去救他……还打的是！"就一棍子打杀了他。

②体会：孙悟空智慧勇敢，坚决除妖。

2.引导：可用精读的方法读《西游记》中其他精彩故事。

五、总结，以鼓励延伸要求

《西游记》是我国四大古典名著之一，是我国文学的瑰宝。几百年来，孙悟空、猪八戒等鲜明的人物形象几乎家喻户晓，许多经典故事口耳相传，流传至今。大家好好读读《西游记》，读过的同学不妨再多读几遍，或许每一次你们都会有新的发现、新的收获，正所谓"好书不厌百回读"。老师还希望同学们运用今天学到的有关通读整本原著、细读经典片段的方法阅读名著。

推进板块

一、听歌，以激情导入主题

1.课前播放《西游记》主题歌。

2.《西游记》，大家都非常熟悉，用一个词来形容它的知名度。

3.在四大古典名著中，《西游记》是最受我们喜爱的。前段时间，同学们又认真地阅读了这部名著，今天，我们一起走进《西游记》的水帘洞天，走进那奇妙的神魔世界。

二、竞赛，以考场激发热情

1.举行小型的知识竞赛，考考大家的西游知识。

2.明确比赛规则。

（1）学生分成6个书友队进行抢答。

（2）竞赛题型分客观题和主观题两类。每题10分，其中主观题可以有多种理解，只要理由充分即可得分。

附题：

①《西游记》的作者是（吴承恩），他是（明）朝人。

②《西游记》是（神话）小说，全书共（100）回。

③花果山水帘洞洞口的对联是（花果山福地，水帘洞洞天）。

④孙悟空的兵器原是大禹治水的（定海神针），又唤（如意金箍棒）。

⑤孙悟空大闹天宫后被如来佛祖压在（五行山）下，后皈依佛门，唐僧为他取名（孙行者），为西天取经立下汗马功劳，后被封为（斗战圣佛）。

⑥《西游记》中最能体现孙悟空反抗精神的故事是（《大闹天宫》）。

⑦常说文学是表达作者对某种生活的认识，吴承恩写《西游记》跟他所处的明朝社会有什么联系呢？为何不直接写现实生活？说说自己的认识。（答案言之有理即可）

3. 了解《西游记》的思想意义。

介绍：《西游记》通过神话的形式，表现了丰富的社会内容，曲折地反映了现实的社会矛盾，表达了人民的愿望和要求。小说揭露了天宫神权统治的专制、腐朽，这是人间封建统治阶级的缩影。取经路上妖魔鬼怪的凶狠、阴险、淫恶，反映了现实社会中黑暗势力的共同特征。在悟空身上，折射出广大人民群众反抗专制压迫、战胜邪恶和征服自然力的强烈愿望。

4. 总结各队得分，宣布获前三名的书友队并颁奖。

三、赏析，以感悟品味语言

名著，是"具有推崇价值的有名的作品"。经典名著的价值之一就在于典范的语言，请将青少年版本的《西游记》中第一回《美猴王出世》与原著《西游记》相比较，看看有什么不同之处。

1. 石猴是天地灵化之物，孕育石猴的花果山是个什么样的地方呢？青少年版本中只有一句话：满山苍松翠柏。读原著找出相关语句。

2. 出示原著中的句子：

势镇江洋，威灵瑶海。势镇汪洋，潮涌银山鱼入穴；威灵瑶海，波翻雪浪蜃离渊。水火方隅高积土，东海之处耸崇巅。丹崖怪石，削壁奇峰。丹崖上，彩凤双鸣；削壁前，麒麟独卧。峰头时听锦鸡鸣，石窟每观龙出入。林中有寿鹿仙狐，树上有灵禽玄鹤。瑶草奇花不谢，青松翠柏长春。仙桃常结果，修竹每留云。一条涧壑藤萝密，四面原堤草色新。正是百川会处擎天柱，万劫无移大地根。

（1）这么美的地方，作者是用怎样的语言把它写出来的呢？认真读几遍。

（2）把目光聚焦在语言文字上，从"怎么写"的角度发现了什么秘密？

（3）交流：这段话句式整齐，讲究对仗，浓墨重彩地为我们描绘出花果山的美丽。

（4）指名读，感受花果山的灵秀。

3. 那石猴在山中的生活怎样呢？

出示原著中的句子：

那猴在山中，却会行走跳跃，食草木，饮涧泉，采山花，觅树果；与狼虫为伴，虎豹为群，獐鹿为友，猕猿为亲；夜宿石崖之下，朝游峰洞之中。真是"山中无甲子，寒尽不知年"。

（1）通过读进一步发现语言的奥秘。

（2）指导学生读出节奏感，读出石猴的逍遥自在。

4. 石猴与群猴为伍，觅得了一处极佳的安身之地——水帘洞，好不欢喜！原著是怎样描写的呢？

出示原著中的句子：

那些猴有胆大的，都跳进去了；胆小的，一个个伸头缩颈，抓耳挠腮，大声叫喊，缠一会，也都进去了。跳过桥头，一个个抢盆夺碗，占灶争床，搬过来，移过去，正是猴性顽劣，再无一个宁时，只搬得力倦神疲方止。

（1）大声、自由地读。

（2）说说喜欢这段文字的理由。

（3）朗读、品味。

5. 小结：内容与语言高度融合，这就叫经典。

四、激励，以赏读感受写法

（出示："写什么"人人看得见，"怎么写"对于大多数人却是个秘密。）希望同学们再读读原著，进一步感受名著的魅力，你们一定会有更多的收获。

延伸板块

一、辩论，以思想赋予形象

1. 在这部神魔小说中，塑造了一系列生动的形象。就唐僧师徒四人的形象，请大家交流一下他们各自的性格特点。

唐僧师徒四人中除唐僧之外，都是神性、人性、动物性的和谐统一。你最喜欢或最不喜欢谁？小组辩论，别人赞成的你也可以反对。不过你必须拿出理由来证明自己的看法。

提供以下几个辩题作为参考：

（1）孙悟空。

正方：孙悟空向往自由、勇于反抗、敢作敢为；忠于唐僧，一路斩妖降魔，保护唐僧取经，遇到艰险从不退缩，勇往直前。

（2）唐僧。

正方：唐僧能历尽千辛万苦去西天取经，意志坚定，不管遇到什么困难，从来没有动摇取经的决心；心地善良，有仁爱之心，即使是妖魔，也不愿伤及无辜。

（3）猪八戒。

反方：猪八戒好吃懒做，见识短浅，在取经路上，意志不坚定，遇到困难就嚷嚷着散伙，而且还经常搬弄是非，耍小聪明，爱贪小便宜，贪恋女色，是个贪生怕死、自私自利的人。

2. 总结：《西游记》的人物形象栩栩如生，充分体现了个性美。俗话说：人无完人，金无足赤。这四个人物形象各具特点，有优点也有不足。我们学会了"要全面、公正，要学会欣赏别人，不能以偏概全"。

二、表演，以形象展示精彩

《西游记》中有许多精彩的情节，我们可以通过课本剧表演的形式展示。（剧本附后）

◎ 附

孙悟空三借芭蕉扇

背景：话说唐僧师徒来到火焰山，却因火势太大而无从翻山。经过问询，才知道只有翠云山铁扇公主的芭蕉扇才能把这大火熄灭。孙悟空思来想去，还是去找铁扇公主，借来芭蕉扇一用，方为上策。

第一回合：扇出五万里

人物：孙悟空、樵夫、铁扇公主。

地点：翠云山。

旁白：且说孙悟空腾云驾雾来到了翠云山，却不知哪里去寻找铁扇公主的芭蕉洞，此时他恰好看见了一个砍柴的樵夫，于是走上前去。

孙悟空（作揖）：老哥，敢问铁扇公主的芭蕉洞在什么地方啊？听说她有一件宝贝，能灭得火焰山的大火，我正要借来一用。

樵夫：哦，你要找的人是罗刹女啊！

孙悟空：正是，正是。

樵夫：她是大力牛魔王的妻子。

旁白：樵夫边说边对孙悟空指了指芭蕉洞的大致方位。孙悟空谢过樵夫，径直来到芭蕉洞口，只见两扇大门紧闭。此地虽然景色秀美，但是没有人迹。

孙悟空（边喊边拍门）：牛大哥，开门！牛大哥，开门！俺是老孙，特来借你家的宝扇一用！

旁白：铁扇公主听了，恨得牙齿格格响：好你个孙悟空，当初你把我家红孩儿收了去，却没有想到牛魔王是你大哥，也没想到红孩儿是我唯一的孩子。如今，你也落到我手里了，看我怎么收拾你！铁扇公主打开洞门，全身披挂整齐地走了出来。

铁扇公主（一边讪笑，一边绕着孙悟空转了几圈）：哦，是大圣啊！想借扇子？没问题，只要你把我的孩儿还给我，芭蕉扇送给你也没问题！

孙悟空（挠挠脑袋）：这，这……嫂子，这样吧，你觉得怎样才能让你解气，俺老孙都依你！

旁白：铁扇公主听了孙悟空的话，心里冷笑不已：哼，等着瞧，看我不拿你的性命赔我家孩儿。我那可怜的孩儿啊！母亲今天给你报仇了！

铁扇公主（眼睛边转边做出咬牙切齿状）：行，这可是你说的！把你的猴头伸过来，让我砍它个十刀八刀！

孙悟空（微笑地看着铁扇公主，边伸出头边指着自己的脖子）：嫂子，好说好说。你来，走近些，用力砍就是！

铁扇公主（走近孙悟空，青锋宝剑对着悟空脖子用尽全身的力气）：儿啊，母亲给你报仇了！啊！你……

旁白：令铁扇公主没想到的是，孙悟空的头竟然像变戏法似的，砍了还能长出来，再砍还是能长出来。铁扇公主没办法，从口中取出宝扇，一念口诀，放大了扇子，一下子朝孙悟空扇去，把孙悟空扇得无影无踪。

铁扇公主（关门自语）：哼，想让老娘借扇子给你？门都没有！

孙悟空（边在空中翻滚边大叫）：你这个泼妇！竟敢耍弄俺老孙……

第二回合：巧借芭蕉扇

人物：孙悟空、铁扇公主、下人。

地点：翠云山。

旁白：孙悟空驾着祥云，不一会又来到了翠云山。因为身上有灵吉菩萨送的定风丹，也不惧怕，于是径直用铁棒打门。

孙悟空（铁棒打门，大声叫）：开门，开门，俺老孙借扇子使使哩！

铁扇公主（双手提剑，柳眉怒睁）：你这泼猴，又来寻死！吃我几剑！

旁白：铁扇公主和孙悟空打了五七个回合，便自觉打不过悟空。于是拿出扇子，咒语一串，又朝孙悟空扇了过去。

孙悟空（口含定风丹，笑眯眯地站在原地）：哈哈，任你怎么扇来，老孙如果动一动，扇子我也不借了！

铁扇公主（又扇了两下）：你？！

旁白：铁扇公主看见孙悟空一动不动，心中也害怕起来，匆匆忙忙命令手下关紧大门。孙悟空慌忙摇身一变，变作一只小虫，跟着铁扇公主飞了进去。

铁扇公主（边走边说）：快快，渴了，渴了，快拿茶来！

旁白：孙悟空听得这话，满心欢喜，飞到茶末底下。铁扇公主渴极了，接过茶，两三口喝完了。

孙悟空（在肚子里发出声音）：嫂嫂，借扇子我使使！

铁扇公主（惊慌）：小的们，大门关好了吗？

下人：都关了！

铁扇公主（更加惊慌）：那，那……声音从哪里来的？

下人（看着铁扇公主，惊慌）：在你身上叫呢！

铁扇公主（张大眼睛，低头打量自己身上）：啊？泼猴！你又在耍什么计谋？

孙悟空（戏弄并舒展身体）：呵呵，老孙已在嫂嫂的肚子里啦，哦，这儿是肝，这儿是肺……你也饿了吧，先送你个坐碗解解饥！

旁白：孙悟空把脚往下一蹬，又往上把头一顶，在她的肚子里挥拳踢腿。

铁扇公主（一手捂着肚子，一手扶着椅子，哀求着）：孙爷爷，饶命，饶命啊！

孙悟空（哈哈大笑）：怎么，疼？只要你把宝扇借来一用，我就出来。

铁扇公主（虚弱地把扇子拿在手上）：好……好……

孙悟空：把嘴张开，我出来了！

旁白：铁扇公主抹了一把头上的冷汗，看着悟空拿着扇子远去的身影，眼神变得阴冷起来，脸上漾起了笑容。孙悟空拿着扇子兴冲冲地来到了火焰山，火焰山的火究竟扇灭了没有？唐僧师徒能不能翻过火焰山？请听下回分解。

（叶兰花，海门市学科带头人，海门市书香教师）

《城南旧事》阅读指导设计

■ 作品解读

《城南旧事》是著名女作家林海音的代表作,是以其七岁到十三岁的生活为背景的一部自传体短篇小说集。全书透过主角英子充满童真的视角,描绘了20世纪20年代北京城南的往事:疯妈妈和她离散的、受人虐待的孩子妞儿;藏在草丛里,被她无心出卖,长着忠厚模样其实心地也忠厚的小偷叔叔……它满含着怀旧的基调,借助一个小女孩童稚的眼睛看世界,看大人世界的喜怒哀乐、悲欢离合。淡淡的哀愁与沉沉的相思,感染了一代又一代读者,不得不让心沉浸在她心灵的童年里,也一直沉浸在自己心灵的童年中……

■ 设计意图

《语文课程标准》对高年级的阅读要求是:阅读叙事性作品,了解事件梗概,能简单描述自己印象最深的场景、人物、细节,说出自己的喜爱、憎恶、崇敬、向往、同情等感受。本次阅读活动旨在拓展学生的阅读视野，丰富学生的阅读体验，培养学生的阅读习惯，训练学生的阅读方法。

中国阅读学研究会会长曾祥芹教授认为：阅读是读者个性化和社会化行为统一的过程。通过学生群体间的互补的阅读心得交流这样一个过程，真正落实"缘文会友"的理念。但是，《城南旧事》所写的内容和反映的社会离现在较为久远，所表达的主题思想也与现在有较大差异，虽然语言十分动人，但理解起来仍有较大难度。要求学生对20世纪20年代的社会时事、风俗民情有一定的了解，才能准确、流畅地领会文章；要用一颗纯洁的童心看待问题，要有一腔悲悯的情怀，才可能与英子的所思所想产生共鸣，也才能真正把握这部作品的思想内涵。

指导目标

1.能坚持读完整本书，了解每个小故事的大意。

2.能联系故事内容了解主要人物的个性，体会作者童年的快乐与忧伤，感悟作品的主题。

3.通过摘抄、朗读、批注、交流、仿写等方式感受文字的魅力，丰富自己的语言积累，学习写作方法，激发阅读文学作品的兴趣；能主动和同学分享读书的快乐。

指导过程

导读板块

1.时光悄悄流逝，留下许多美好的回忆，藏在我们每个人的记忆深处。你们还记得小时候哪些有意思的事呢？（《童年》的音乐轻轻响起，板书：童年）

2.学生畅谈童年往事。

3. 看来，幸福的童年真是各有各的幸福。

出示以下文字：

夏天过去，秋天过去，冬天又来了，骆驼队又来了，童年却一去不还了。冬阳底下学骆驼咀嚼的傻事，我也不会再做了。可是，我是多么想念童年住在北京城南的那些景色和人物啊！我对自己说，把它们写下来吧。就这样，我写了一本《城南旧事》。

我默默地想，慢慢地写，又看见冬阳下的骆驼队走过来，又听见缓缓悦耳的驼铃声。童年重临于我的心头。

4. 这里提到的《城南旧事》是一本能给我们带来持久的阅读快乐的一本书。知道它的作者是谁吗？关于林海音，你们有多少了解，能介绍一下吗？

5. 老师介绍：

林海音，原名林含英，是中国现代著名女作家。她出生于日本大阪，原籍中国台湾。三岁随父母返台。当时台湾已被日本帝国主义侵占，因林海音的父亲不甘在日寇的铁蹄下生活，所以举家迁居北京。林海音在北京度过了童年与青年时期，曾先后就读于北京城南厂甸小学、北京新闻专科学校，毕业后任《世界日报》记者。在北京，她完成了从学生到新闻记者、从少女到为人妻母的转变，北京是她文学之路的起点。因此她的作品中具有浓厚的老北京味儿。

1948年，林海音带着家人回到故乡台湾，仍以办报、办刊、写作、出版为主，联络了大批文化界人士，提携了大量台湾的文学青年，出版了众多文学名作，被称为台湾文学"祖母级的人物"。

林海音以她的成就、为人和号召力，成为连接大陆与台湾文学，以及中国与世界文坛的桥梁。她的作品被译为多种文字，一生荣获众多文学奖项，并在1998年"第三届世界华文作家大会"上荣获"终身成就奖"。

6. 看到书名《城南旧事》，谁来大胆猜测一下本书将会讲述什么故事？

7. 著名作家叶圣陶曾说过："今天看完这本《城南旧事》，有种相见恨晚的感觉，为何早先我不知道这是部如此精良的作品？"叶圣陶给予这部作品如此高的评价，可见这本书的确是精品，现在就让我们来一睹为快吧!

▲ 推进板块
教学设计一

一、配乐诵读,深情导入

1. 同学们,最近我们在读一本满含怀旧深情的书——《城南旧事》(出示《城南旧事》封面)。书的作者是林海音(出示林海音照片),一个生于日本,长于北京,成就于台湾,享有盛名的女作家。林海音有两个故乡,却只有一个童年,那就是她的——《城南旧事》。(再次出示以下文字,播放李叔同的音乐《送别》,配乐读)

出示以下文字:

夏天过去,秋天过去,冬天又来了,骆驼队又来了,童年却一去不还了……看见冬阳下的骆驼队走过来,又听见缓缓悦耳的驼铃声。童年重临于我的心头。

2. 那么多年过去了,童年就这样一幕又一幕地浮现,思念刻骨铭心、挥之不去。让我们一起随着英子再一次走进她的城南,走进她的旧事吧!

二、梳理线索,揭示方法

1. 回忆一下,在这本书里,写了英子童年生活中的哪些故事呢?你能看着目录,挑一个印象最深的给大家简单地介绍一下吗?(出示《城南旧事》的目录)学生介绍。

预设:

《驴打滚儿》:英子九岁那年,她的奶妈宋妈的丈夫冯大明来到林家。英子得知宋妈的儿子两年前掉进河里淹死,女儿也被丈夫卖给别人,心里十分伤心。

《惠安馆传奇》:惠安馆里的秀贞因为思念自己的女儿小桂子而变成了疯子,小英子觉得小伙伴妞儿的身世很像小桂子,又发现她脖颈后的青记,便带她去找秀贞。秀贞与女儿相认后,立刻带她去找寻爸爸,结果惨死在火车轮下……

《兰姨娘》：兰姨娘被施家逼出家门后投奔在英子家。一开始英子很喜欢她，但后来英子发现爸爸也喜欢兰姨娘，为了保护自己的家庭，英子便设计撮合了兰姨娘和德先叔。最后，兰姨娘和德先叔一起离开了北京，爸爸心里很失落。

《我们看海去》：英子在荒园中认识了一个小偷，还和他约定等他弟弟去外国念书的时候一起去看海……不料，最后小偷被抓走了。英子目睹他被捕的情景，心里十分难过。

《爸爸的花儿落了》：英子参加了小学毕业典礼，她希望爸爸能一起去，但此时爸爸已经重病在身不能起床了。开完毕业典礼回来，英子知道爸爸去世的消息后，意识到自己已经长大了。

2.不知同学们有没有发现，这部作品的写作方法和我们以往所读的书不同，以往书中的内容都是下一个故事紧接着上一个故事展开，情节环环相扣，联系非常紧密。而这里的五个故事呢？在写法上有什么不一样？（预设：都相对独立完整。）

3.这五个相对独立的故事有没有共同点呢？（预设：这些故事在时空、人物、叙述风格上都是连贯的；每一个故事都是作者的童年经历中难忘的故事；贯穿这些故事的中心人物就是英子。）

4.的确，这五个故事都是围绕英子的童年写的。像这样，为了表达中心的需要，将与中心有关的，乍一看似乎连接不够紧密的材料，用一条内在的线索串联起来的写作方法，我们称之为"一线串珠法"。用这样的方法写作，能让文章整齐有序、中心突出、结构严谨，这正是林海音写作的高明、奇巧之处。

三、一线串珠，形散神聚

1.当品读这样一类用"一线串珠法"写作的作品时，你们认为最重要的是要把握什么？

2.就让我们循着这根线走进书中的一个个故事，品读那一颗颗珍珠吧！当你们怀着一颗沉静、思念的心读完这部作品时，老师想问一问，英子的童年带给你们最大的感受是什么？（预设：有着淡淡的哀愁。好朋友秀贞和妞儿都离她而去，最终惨死于火车轮下。）关于这一点，谁还有补充？（讲其他人的离去）

3.的确，那份离别的哀愁、那份浓浓的相思弥漫在英子的整个童年，流淌在书的字里行间。（出示："淡淡的哀愁，浓浓的相思"；板书：哀愁 相思）林海音在本书的前言中也曾这样写过。（出示："每一段故事的结尾，里面的主角都是离我而去，一直到最后的一篇《爸爸的花儿落了》，亲爱的爸爸也去了，我的童年结束了。"）（指名读）

4.书中的哪一段故事，哪一个人物的离去（板书：离别）最能让你们感受到英子童年的这份哀愁与相思呢？请你们快速浏览相关章节，静静地思考，细细地品味。

5.交流。

★秀贞和妞儿的离去（方法——咀嚼细节）

（1）出示片段一：

远远的有一辆洋车过来了，车旁暗黄的小灯照着秀贞和妞儿的影子……声音越细越小越远了，洋车过去，那一大一小的影儿又蒙在黑夜里。我趴着墙，支持着不让自己倒下去，雨水从人家的房檐直落到我头上、脸上、身上，我还哑着嗓子喊：

"妞儿！妞儿！"

我又冷，又怕，又舍不得，我哭了。

（2）（出示画面）这就是秀贞和妞儿离开时的画面，书中是怎么描写她们的离别的呢？谁来读一读书中的相关段落？

（3）（出示相关文字）孩子们，在这样一个漆黑的雨夜，目送着妞儿和秀贞远去的一大一小的影子，英子哭了，她的眼泪中饱含着什么？

预设：

①舍不得、伤心。师引导：也许她会想起……她会想起……她会想起……而现在曾经带给自己快乐的她们就要走了，英子怎能不伤心呢？

②她为妞儿和秀贞而高兴，因为她们俩终于团聚。

③她也很害怕，她害怕她们一去不回。

④祝福与期待。期待她们找到思康叔再回来,希望她们以后生活得很幸福!

(4)是呀,有悲伤,有祝福,有不舍,也有期待。童年的这份淡淡的哀愁与相思就融在了这离别的眼泪里。循着整本书的线索,抓住细节,反复地咀嚼品味,能让我们走进人物复杂的内心世界。(板书:抓住线索 咀嚼细节)这样的文字是值得我们好好品味的。谁再来读一读?

★厚嘴唇年轻人的离去

那个厚嘴唇的年轻人是英子在新家附近的荒草地上认识的,在英子的心里,他是一个可以谈心的朋友,可是,有一天巡警抓走了他。

(1)出示片段二:

妈妈说:"小英子,看见这个坏人了没有?你不是喜欢做文章吗?将来你长大了,就把今天的事儿写一本书,说一说一个坏人怎么做了贼,又怎么落得这么个下场。"

"不!"我反抗妈妈这么教我!

我将来长大了是要写一本书的,但决不是像妈妈说的这么写。我要写的是:"我们看海去。"

(2)这是年轻人被抓后妈妈和英子的一处对话细节,英子的想法和妈妈一样吗?细细咀嚼一下人物的对话,你们赞同谁的想法呢?说说理由。

预设:

①赞同妈妈。理由:因为他偷了别人的东西,犯了错就应该承担责任。

②赞同英子。理由:a.因为年轻人是没有办法的,他为了弟弟能上学,照顾母亲,承担家庭的责任,才无奈去偷东西的。b.他对英子很好,即使英子发现了他的赃物藏身处,也从来没有伤害过英子,还送了礼物给英子。

(3)的确,人是很复杂的,就像海与天交织在一起的时候,我们会分不清哪里是天,哪里是海。纯真的小英子看到的是年轻人"善"的一面,但年轻人终究还是该为自己的错误行为付出代价,英子担心的事终究还是发生了。

出示以下文字:

一群人过来了,我很害怕,怕看见他,但是到底看见了,他的头低着,眼睛望着地下,手被白绳子捆上了,一个巡警牵着。我的手满是汗。

指名读。

年轻人低着头，被白绳子捆着手，他的身影变得越来越小，最终消失在夕阳的余晖里。童年的又一个朋友离去了，可是那个美丽的约定却一直那么清晰地印在小英子幼小的心里。

（4）出示以下文字，配乐，男女生配合读。

女：我们看海去！

齐：我们看海去！

男：蓝色的大海上，扬着白色的帆。

女：金红的太阳，从海上升起来，照到海面照到船头。

齐：我们看海去！我们看海去！

（5）小结：童年那份淡淡的哀愁与相思就融在了这美丽的约定中。

★ 兰姨娘的离去

（1）学生交流。

（2）抓住看似矛盾的细节来咀嚼，真不错！的确，保全家庭是小英子所能设想的最美好的结局，但是当离别真正到来的时候，最先涌上心头的还是不舍和哀愁。

★ 宋妈的离去

（1）学生交流。

（2）是呀，照顾了自己多年的宋妈说走就走，英子怎么能不伤心不思念呢？

★ 爸爸的离去

（1）是呀，秀贞、妞儿走了，草丛里认识的朋友走了，兰姨娘走了，爱她的宋妈也走了，英子是多么不舍！而现在，生她养她的父亲也离去了。年幼的英子该如何承受这巨大的打击呀！书中是怎么写的？谁来读一读这让人酸涩落泪的场景？

出示以下文字：

是的，这里就数我大了，我是小小的大人。我对老高说：

"老高，我知道是什么事了，我就去医院。"我从来没有过这样的镇定，这样的安静。

我把小学毕业文凭，放到书桌的抽屉里，再出来，老高已经替我雇好了到医院的车子。走过院子，看那垂落的夹竹桃，我默念着：

爸爸的花儿落了。

我已不再是小孩子。

（2）（音乐起）年仅13岁的英子，面对至亲至爱的爸爸的离去，面对人生中最哀伤的永别，她真的会这样地镇定，这样地安静吗？（出示插图）看，这是书中的插图，图上的英子紧闭双眼，悄然走到了院子的一个小小的角落里，此时此刻的她多么想……谁能想象那平静的外表下藏着的是一颗怎样哭泣、滴血的心呀！爸爸的笑、爸爸的话……往事一幕幕浮现在眼前……请你们在作业纸上接着往下写。

出示以下文字：

写话：亲爱的爸爸，你就这样永远地离开了我们，你可知道_____
_____，放心吧，爸爸_____。（写出痛苦与坚强）

（3）是呀，院子里的花依然静静地开着，年幼的弟弟妹妹依然在走廊下天真地嬉戏，而爸爸就这样离去了。英子不能哭，不能。她只能，只能在心里默念——

出示以下文字，配乐朗读：

师：是的，这里就数我大了，

女生：我是小小的大人。

齐：我是小小的大人。

女生：我从来没有过这样的镇定，这样的安静。

男生：我是这样的镇定，这样的安静。

师：爸爸的花儿落了，我已不再是小孩子了。

女生：我不再是小孩子。

齐：我不再是小孩子。

（4）爸爸去了，林海音也告别了那个哀愁淡淡的童年，长大了。

出示林海音的一段话，配乐朗读：

在别人还需要照管的年龄，我已经负起许多父亲的责任。我们努力渡过难关，羞于向人伸出求援的手。每一个进步，都靠自己的力量，我以受人怜悯为耻。我也不喜欢受人恩惠,因为报答是负担。父亲的死,给我造成这一串倔强,细细想来,这些性格又何尝不是承受于我那好强的父亲呢!

四、深情诵读,拓展升华

1. 林海音以自己的智慧和坚强挑起了家庭的重担,1948 年,林海音回到了台湾,她联络了大批文化界人士,提携了大量台湾的文学青年,出版了众多文学作品,被称为台湾文学"祖母级的人物"。

2.(播放音乐《送别》)在台湾生活的日日夜夜,并没有抹去林海音对北京的思念、对童年的思念。童年永远住在她的心中。她忘不了城南,因为那里是她的家,镌刻了她生命中最美好的年华。(出示:童年,永远住在她的心中。她忘不了_____,因为_____ _____。)

3. 是啊,童年的点点滴滴,小英子不会忘记,林海音不会忘记,我们也不会忘记。此时此刻,老师不由得想起了林海音先生在七十七岁高龄时写下的一首小诗。(音乐响起,师生共同朗诵)

出示小诗:

师:静静地听,
　　静静地想,
　　回忆我的童年。

生:忽见柳条儿摇曳,
　　柳絮飞扬,
　　柳絮吹向我的脸上,
　　鼻孔里刺痒。
　　抚摸着鼻尖,
　　泪珠儿沾湿我七岁的小手。
　　……

师:我愿在这儿静静地听;
　　向我自己的心诉求:

生:给我一盏七月的莲花灯,

提着它，

我去踏冬月的雪，

一步一个脚印，

踏到明春。

……

静静地想，

静静地听，

听城南的深夜，

听到冬阳的早晨。

4.孩子们，这节课，我们循着本书的写作方法——一线串珠法，通过抓住线索，咀嚼细节的方法品读了英子童年中的一次次离别，感受了英子充满哀愁与相思的童年。课后，有兴趣的同学还可以用这样的方法读读这两本书——《呼兰河传》《童年》，感受不一样的童年。

教学设计二

一、了解故事

1.请同学们回忆一下，《城南旧事》分别写了哪几个故事？

2.这些故事有什么共同点？（预设：五个故事，都相对独立完整。但是这些故事在时空、人物、叙述风格上都是连贯的，每一个故事都是作者的童年经历中难忘的故事，有快乐，有悲伤。贯穿这些故事的中心人物就是英子。）

3.这几个故事分别发生在英子几岁的时候？试着用自己的话简要概括一下每个故事的主要内容。

4.乍一看，似乎各个部分连接不紧密，像糖葫芦串上的一个个果子，然而，《城南旧事》又不完全是一个个独立的果子，英子这个叙述者使各个部分到结尾成为有机整体。读完之后回过头看，看似无联系的部分之间实际上是有着密切联系的。这正是作者设置悬念的技巧，你们也可以学一学！

二、走近人物

我们读着故事，一个个活生生的人物从书里面走出来，仿佛在与我们对话。合上这本书，那些熟悉的面孔、清晰的画面展现在我们眼前，有了这样的感受，就证明我们读懂了这些文章，接下来老师就来出一些题目考考大家。

★ "动作猜人物"

她从矮桌上拿起了一件没做完的衣服，朝我身上左比右比，然后高兴地对走进来的她的妈妈说："妈，您瞧，我怎么说的，刚合适！那么就开领子吧。"说着，她又找了一根绳子绕着我的脖子量，我由她摆布，只管看墙上的那张画，那画的是一个白胖大娃娃，没有穿衣服，手里捧着大元宝，骑在一条大大的红鱼上。

（1）"她"指的是谁？出自哪篇文章？

（2）假如你是演员，你怎样演这出戏？同桌之间试着演一演。

（3）评价演员，引出话题：秀贞是不是疯子？

（4）老师小结：当我们用自己的体贴之心走进人物内心的时候，我们就多了一份理解和爱心。当我们再面对被别人称为"疯子"或者"傻子"的人的时候，会不会多一些体谅和爱心呢？

★ "语言猜人物"

"吃窝头，我们娘儿仨，还常常吃了上顿没下顿呢。""我小兄弟是个好学生，年年考第一，有志气……可凭我这没出息的哥哥，什么能耐也没有，哪儿供得起呀！""我走这一步，也是事非得已。"

（1）这几句话是谁说的？这段话出自哪篇文章？

（2）假如你是法官，你怎样宣判这个"小偷"？是重判，还是轻判，为什么？引导学生分别从外貌、偷盗目的、对待英子的态度等方面来交流。

（3）老师小结：好人和坏人，额头上是不是都写着字啊？人是很复杂的，就像海与天交织在一起的时候，我们会分不清哪里是天，哪里是海。当你们认识到一个人不能简单地分成好人或者坏人的时候，你们就在渐渐地长大了。

★ "外貌猜人物"

过了三天，她的丈夫来了，拉着一匹驴，拴在门前的树干上。他有一张大长脸、黄板牙，怎么这么难看！……驴子吃上了干草，鼻子一抽一抽的，大黄牙齿露着。怪不得，奶奶的丈夫像谁来着，原来是它！宋妈为什么嫁给黄板牙，这蠢驴！

（1）这几句话描写的是谁？这段话出自哪篇文章？

（2）假如你是画家，根据这段话的内容画一幅插图，你会怎样评价黄板牙的肖像画？（提示：结合文字，要抓住人物的特点画。）

（3）评价肖像画，引出讨论黄板牙是一个怎样的人。（预设：不仅相貌丑陋，心灵也是丑陋的。）

（4）老师小结：人们常说"相由心生"，看样子是有一定道理的。我们在写作时，也要注意结合人物的特点进行外貌描写。

★ "我来说人物"

林海音在这本书里为我们描写了大大小小好多鲜活的人物形象，其中最惹眼的、最让你感兴趣的人物是谁？你能简洁地说说他(她)是个怎样的人吗？

三、感悟真情

幸福的童年固然令人回味，可是悲苦的童年也值得记忆。当英子身边一个个朋友、亲人都离她而去的时候，直至最后亲爱的爸爸也离她远去了……一个幼小的孩子无法理解这其中的悲与苦。读第一遍的时候也许只看故事，再回头看看，不难发现字里行间另有系人心处。哪些情节深深打动了你们？说说感动的原因，读读令自己感动的内容。

1. 出示片段一：

里屋点着灯，但不亮。我开开门，和妞儿进去，就站在通里屋的门边。我拉着妞儿的手，她的手也直抖。

……秀贞把妞儿从我身后拉过去，搂起她，一下就坐在地上，搂着、亲着、摸着妞儿。妞儿傻了，哭着回头看我，我退后两步倚着门框，想要倒下去。

从这里你们感受到了什么？

2. 出示片段二：

妈妈说："小英子，看见这个坏人了没有？你不是喜欢做文章吗？将来你长大了,就把今天的事儿写一本书,说一说一个坏人怎么做了贼,又怎么落得这么个下场。"

"不!"我反抗妈妈这么教我!

我将来长大了是要写一本书的,但决不是像妈妈说的这么写。我要写的是:"我们看海去。"

为什么"我"的想法和妈妈不一样呢?

3. 出示片段三:

快回家去!快回家去!拿着刚发下来的小学毕业文凭——红丝带子系着的白纸筒,催着自己,我好像怕赶不上什么事情似的,为什么呀?

……

瘦鸡妹妹还在抢燕燕的小玩意儿,弟弟把沙土灌进玻璃瓶里。是的,这里就数我大了,我是小小的大人。

……

我默念着:

爸爸的花儿落了。

我已不再是小孩子。

英子的童年结束于什么时候,为什么?

四、漫谈童年

1. 读了《城南旧事》,你们觉得英子在城南度过了怎样的童年呢?是从书中哪些语句了解到的?我们先和小组里同学一起交流一下,然后再全班交流。

2. 出示范例:

纯真——"我为什么要怕惠安馆的疯子?要不是妈紧拉我的手,我就会走过去看她,跟她说话了。其实那疯子还不就是一个梳着油松大辫子的大姑娘,像张家李家的大姑娘一样!"我从这些句子中看出英子不仅不害怕秀贞,还很想亲近她,让我觉得英子的童年是纯真的。

3. 学生小组讨论,老师相机指导。

4. 全班交流。

5. 教师小结:细细品读,英子在北京城南度过的童年时光,竟是那么天真烂漫，那么五彩斑斓。

▲ 延伸板块

一、推而广之

书中的一切都是那样有条不紊，缓缓的流水、缓缓的驼队、缓缓而过的人群、缓缓而逝的岁月……景、物、人、事、情完美结合，似一首淡雅而含蓄的诗。所有这一切都让我们全身心地、完完全全地沉浸在了林海音的《城南旧事》里面。我想这本书带给我们的东西也许是很多很多的。我们常说好书共享，向爸爸妈妈推荐这本书，让成人了解孩子，让孩子学会感动。你们会怎么说呢？

二、书写童年

悲欢离合是生活的真实写照，《城南旧事》却让我们感受到了超越悲欢的童年是永恒的！它让我们通过一个孩子的眼所看到的世界，看到了不一样的人生！这也正是这部作品经久不衰的原因所在。作者选材和叙述的高超之处，是值得我们学习借鉴的。每个人的童年应该都有一两个人、一两件事触动自己，让我们对未来、对成长、对大人的世界有了最初模糊却深刻的理解。每个人都有自己不可重复的童年生活，让我们试着写一写自己的童年，与班上的同学合作完成一本《童年足迹》。

三、佳片有约

很多人结识并爱上小说《城南旧事》，是缘于它的同名电影。这部由著名导演吴贻弓执导，拍摄于1982年的影片发展了原著的抒情风格和怀旧情绪，以"淡淡的哀愁，浓浓的相思"为基调，将一幅幅古城北京的风俗画和风景画展现在观众面前，是一部极有意境的散文式的电影，具有很强的艺术感染力，令人看后产生一股"挥之不去"的惆怅。本片曾荣膺中国电影金鸡奖最佳导演、最佳女配角和最佳音乐奖。比起文字，画面有种别样的魅力，那是典型的老电影——浓郁又朴素的色彩，狭窄的街道、吆喝的人群和放学的孩子嬉闹……在不断的告别与相遇中成长，身后是再也回不来的童年时光。这是一部值得一看的好电影哦！

四、好歌共赏

1. 出示歌词：

长亭外，古道边，芳草碧连天。晚风拂柳笛声残，夕阳山外山。

天之涯，地之角，知交半零落。一壶浊酒尽余欢，今宵别梦寒。

长亭外，古道边，芳草碧连天。问君此去几时来，来时莫徘徊。

天之涯，地之角，知交半零落。人生难得是欢聚，唯有别离多。

——《城南旧事》主题曲

当熟悉的旋律响起，音乐特有的穿透力把"淡淡的哀愁和浓浓的相思"点染开夫，僻巷的驼铃、挑担剃头的情景、沿街的卖唱、井台的打水、小学生放学的画面……丝丝入扣，一路下来使人陷入无言的哀伤。

2. 让我们也唱起这熟悉的旋律，眼前浮现出书中的文字。

出示以下文字：

我哭了，我们毕业生都哭了。我们是多么喜欢长高了变成大人，我们又是多么怕呢！当我们回到小学来的时候，无论长得多么高、多么大，老师！你们要永远拿我当个孩子呀！

这些人都随着我的长大没有影子了。他们是跟着我失去的童年一起失去了吗？

从这些话中，你们读懂了什么？

3. 老师总结：当作者送别童年，两鬓斑白后；当作者离开北京，长居台湾后；当作者经历了无数的波折、坎坷后，更加想念童年住在北京城南的那些景色和人物。（出示：这些童年的琐事，无论是酸的、甜的、苦的、辣的，却永久、永久地刻印在我的心头。）师生齐读。

（朱慧红，海门市优秀教育工作者；黄海燕，海门市骨干教师，全国新教育实验优秀个人）

□《草房子》阅读指导设计

■ 作品解读

  这是一部讲究品位的长篇小说。
  整部小说以聪明好奇、顽皮淘气的桑桑的成长历程为线索，讲述了一群人的故事。桑桑是一个常常"异想天开或者做出一些出人意料的古怪行为"的孩子，他为了让自己养的鸽子有个像样的家，就把家里用的碗柜改制成一所鸽舍；他看到渔船上的人用网捕鱼，就把家里的蚊帐剪开制成一张渔网；他在夏天想到城里卖冰棍的人总将冰棍裹在棉套里，就突发奇想在大热天里穿上棉衣棉裤……所有这些怪念头和行为，使他性格中的聪慧好奇、敢想敢做、爱自我表现等特点充分凸现出来。
  作品沿袭了曹文轩一贯的厚重、质朴的写作风格，洋溢着浓浓的人文气息。对于今天衣食无忧的孩子来说，面对这样一个物欲横流的社会，他们更多表现出的是对他人的漠视和对人生的无所谓。而《草房子》为他们搭建起的精神殿堂，能真正唤醒他们心底的人文情怀，使他们的心变得柔软起来，让他们真正学会感动。

■ 设计意图

恰当的课外阅读指导，不仅有益于学生情感的熏陶和良好品德的形成，更重要的是有助于学生语言的积淀。学生在积淀语言的过程中，不断感悟书本的内涵，让书籍中丰富的营养源源不断流入心中。虽然高年级学生已经有了较强的自主阅读能力，可是从语言的积淀到内涵的感悟，老师的指导还是不可缺少的。《草房子》作为一部备受人们关注的儿童小说，给我们带来了学生阅读的新方向。不仅要让学生在书籍中感受语言、体会内容，更要去感悟内涵，感悟童年带来的美好。即使碰到了苦难、病痛等，心里也有对美的无限向往。就像作者曹文轩说的那样："美的力量绝不亚于思想的力量。一个再深刻的思想都可能变成常识，只有一个东西是永远不变的，那就是美。"

■ 指导目标

1.了解故事内容，交流阅读感受，加深对作品的理解。

2.采用"班级读书会"的形式，促使个性化阅读与合作性阅读的融合。

3.感受作品的人文魅力，体悟作品的生命诠释，并能从桑桑等一些同龄孩子的身上受到潜移默化的影响，学习他们顽强、乐观的精神。

■ 指导过程

▲导读板块

一、语录导入

1.出示曹文轩语录，齐读：

读书使我们高贵。这是读书容易为我们忽略，但却非常重要的一个功能。我把这句话送给你们。有些人，如果他不读书，我们无法想象结果会怎样。比如鲁迅，一个瘦小、干巴的老头，如果他不读书，走在大街上，你未必会看他一眼。可是今天，每当我面对鲁迅当年的黑白照片的时候，我犹如来到了高山之下，有一种高山仰止的感觉，他压迫着我。这种巨大的力量是读书读出来的，是书本给了他一种气质、一种力量、一种境界。读书使他变得崇高而高贵。读书有一种非常奇妙的力量，它不仅可以改变你的内心，而且可以改变你的外形，影响你的谈吐、举止，使你获得一种气质。

——曹文轩

2.关于这部作品，我们先看看专家是怎样评价的？
出示以下文字，齐读：
水乡风情画，拳拳少儿心。

——高洪波

《草房子》就是当代中国之《爱的教育》。

——崔道怡

读《草房子》真正是一种享受，是一种文学的享受、艺术的享受，是一种真、善、美的享受。

——樊发稼

《草房子》是一首诗。

——肖复兴

3.读到这儿，对于这本书，你们有什么感受？
4.谈谈对书中《草房子》的印象。老师相机出示一段描写草房子的文字，引导学生个别读、齐读，体会油麻地小学的美。
出示以下文字：
在这些草房子的前后或在这些草房子之间，总有一些安排，或一丛两丛竹子，或三株两株蔷薇，或一片开得五颜六色的美人蕉，或干脆就是一片夹着小花的草丛。这些安排，没有一丝刻意的痕迹，仿佛是这个校园里原本就有的，原来就是这个样子。这一幢一幢草房子，看上去并不高大，但屋顶大大的，里面很宽敞……油麻地小学的草房子，冬天是温暖的，夏天却又是凉爽的。这一幢幢房子，在乡野纯净的天空下，透出一派古朴来，而当太阳凌空而照时，那房顶上金泽闪闪，又显出一派华贵来。

二、探究由来

1. 了解人名的由来。（出示：秃鹤、细马、桑桑、纸月、杜小康……）作者为什么要给这些人起这样的名字？

2. 了解地名的由来。（出示：油麻地、艾地、浸月寺……）这些地名有没有什么特殊的含义？

3. 在充分交流后，引导学生思考：通过研究人名、地名，你们觉得读书时应该注意什么？

三、品味语言

作家曹文轩叔叔用优美的语言开始他的故事，书写美丽的情怀，书写真诚的友谊，激起了我们心中无尽的感动。在书里，有许多感人的场景，把自己认为最感人的片段读一读或说一说，再呈现给同学，好吗？

1. 自由评说，追问感动的理由。（提示：感动你的或许是一幅画，或许是一种声音，或许是一个眼神。老师相机引导学生重点读描写这感人的一幕幕场景的文字。）

2. 语言欣赏。（老师根据学生的发言，重点指导下面两段文字的朗读、理解、体悟）

（1）出示以下文字：

同桌不给，拿着帽子跑了。

秃鹤追过去："给我！给我！给我帽子！"

秃鹤苦苦地叫着："我的帽子！我的帽子！"

秃鹤在校园里东一头西一头地找着阿恕："我的帽子，我的帽子……"

秃鹤就揪住了桑桑："我的帽子！"

桑桑说："我没有拿你的帽子！"

秃鹤依然叫着："我的帽子！"

"我真的没有拿你的帽子。"

秃鹤就将桑桑扑倒在田埂上："我的帽子！"

秃鹤为什么不停地重复着"我的帽子"？

（2）出示以下文字：

在一旁喂鸽子的桑桑，就一直静静地听着。等外婆与纸月走后，他将他的鸽子全都轰上了天空，鸽子飞得高兴时，劈劈啪啪地击打双翅，仿佛天空里都响着一片清脆的掌声。

桑桑此时在想什么？鸽子真的会鼓掌吗？

四、品味诗意

1. 再次出示肖复兴的评价，《草房子》明明是一部儿童长篇小说，怎么说是一首诗呢？你们是如何理解的？请结合这本书谈一谈。（学生交流阅读书中的优美片段）

2. 如果说《草房子》是一首诗，那么它是一首怎样的诗？以第一部分桑桑为例，各小组交流赏析。

3. 是啊，《草房子》不仅会让我们开心地笑，还会让我们感动地哭。

五、感受"成长"

1.《草房子》是一部成长小说，也是一首成长的诗。确实，书中的人物都在故事里慢慢长大。你们觉得书中的这群孩子仅仅是年龄在长大吗？请你们选择一个人物前后对照着读读，告诉大家自己发现的他（她）的成长之处。

2. 你们有没有从这些人物身上找到自己的影子？（学生自由评说）

六、深化内涵

1.《草房子》在我心中：同学们用心读着《草房子》，与它融为一体。《草房子》如诗、如歌、如画，带给我们童年的回忆、美的遐想。当我们回眸时，还觉得它仅仅只是一座座普普通通的草房子吗？

2. 一起感动：这本书已经有15万多的小朋友读着，并感动着。当同学们一口气读完《草房子》时，大家也真真切切地感受到了本书封底的那段话的内涵。(出示:他真正能感动今天和明天的孩子们。)

推进板块

一、导入作品,指导略读

1. 交流最近阅读《草房子》的方法:《草房子》这么厚的一本书,想要快速地了解它,可以怎么做?(预设:读封面、读作者简介、读内容提要、读目录、读导读。)

2. 今天,让我们再次走近这纯美而温馨的《草房子》。

二、品味作品,感受人物

(一)人物猜猜猜

作品中的油麻地小学里,生活着许多独具特点的人物。下面让我们一起来进行"人物猜猜猜"。

1. 出示以下文字:

到了严冬,他的形象就最容易让人记住:他上学时,嘴上总戴一个白口罩。他往台阶上一站,挺直了身子,左手抓住靠皮带扣的地方,肚皮稍微一收缩,用手拉住皮带头,这么潇洒地一拉,铁栓便从皮带眼里脱落下来,左手再一松,裤子就像一道幕布漂亮地落了下来。他撒尿,绝不看下面,眼睛仰视着天空的鸟或云,或者干脆就那么空空地看。

交流:这个孩子给你们留下怎样的印象?(预设:杜小康——一个撒尿也潇洒的杜大少爷,在经历了磨难后,更加坚强。)

2. 出示以下文字:

她有着乡下孩子少有的灵气和书卷气,却没有一点点傲气,她丝毫也不觉得她比其他孩子有什么高出的地方,一副平平常常的样子。她让油麻地小学的老师们居然觉得,她大概一辈子都会是一个文弱、恬静、清纯而柔和的女孩儿。

交流:你们觉得这个小女孩怎么样?(预设:纸月——一个文弱、恬静、清纯而柔和的女孩。)

3. 出示以下文字：

这年秋天，他卖掉了七十多只羊，只留了五只强壮的公羊和二十五只特别能下崽的母羊。然后，他把卖羊的钱统统买了刚出窑的新砖。他发誓，他一定要给妈妈造一幢大房子。

交流："一定要给妈妈造一幢大房子"这句话体现了他是一个怎样的人？（预设：细马——一个有孝心有责任心的细马。）

4. 出示以下文字：

那时，她正在看着她的鸡在草丛中觅食。她听到喊声，转过身来，隐隐约约地见到一张孩子的面孔正在水中忽闪，一双手向天空拼命地抓着。她在震撼人心的"奶奶"的余音中，来不及爬下河堤，就扑了下去……

交流：这个奶奶是一个怎样的人？（预设：秦大奶奶——一个令人久久不能忘怀的善良、执着的老人。）

5. 出示以下文字：

他是一个男孩。他最崇拜的就是他的语文老师蒋一轮，最喜欢的女老师是温幼菊。他一直把蒋一轮、白雀间的事情当作他们三人之间的事情。

（1）桑桑给你们留下了什么印象？能举例说说吗？（学生举例细说桑桑的善良、热心、爱心、勇敢、仗义等）

（2）你们能说说桑桑都做了哪些调皮事？（预设：他为了让自己养的鸽子有个像样的家，就把家里用的碗柜改制成一所鸽舍；他看到渔船上的人用网捕鱼，就把家里的蚊帐剪开做成一张渔网，还真捕到了鱼；他在夏天里想到城里卖冰棍的人总将冰棍裹在棉套里，就突发奇想地在大热天里穿上棉衣棉裤……）

（二）推荐阅读，品味情节与人物形象

1. 出示以下文字：

桑桑坚持上学，并背起了纸月送给他的书包。他想远方的纸月会看到他背着这个书包上学的。他记着母亲转述给他的纸月的话——"很多年很多年"。他在心里暗暗争取着，绝不让纸月失望。

桑桑的药奇苦。那苦是常人根本无法想象的。但是，当他在椅子上坐定之后，就再也没有一丝恐怖感。他望着那碗棕色的苦药，耳畔响着的是温幼菊的那首无词歌。此时此刻，他把喝药看成了一件悲壮而优美的事情。

①学生自由读，指名读。

②这是什么情况下的桑桑？（预设：患了鼠疮，面临死亡。）

③（板书：读情节）好的，你们读书时关注了情节的发展。我们读书都很关注情节。不要说你们，就是我们大人读一本书，往往最感兴趣的也是情节发展。但仅仅读故事情节行不行呢？阅读一部作品还需要我们读人物的形象。（板书：读形象）

2.出示句子，品味桑桑形象。

①出示以下文字：

刘一水们相互搂着肩，根本就不把桑桑放在眼里，摆成一条线，大摇大摆地走过来了。

桑桑举起了砖头，侧过身子，做出随时准备投掷的样子。刘一水们不知是因为害怕桑桑真的会用砖头砸中他们，还是因为被桑桑的那副凶样吓唬住了，暂时停了下来。

而这时，桑桑反而慢慢地往后退去。他心里盘算着：当纸月登上渡船的一刹那间，他将砖头猛烈地投掷出去，然后也立即跳上渡船……

这部分文字让你们觉得桑桑是个怎样的孩子？（预设：珍视友情、打抱不平、仗义、勇敢、机智。）从哪里可以看出？（引导学生再读文字）

②出示以下文字：

桑桑带着柳柳来到城墙下时，已近黄昏。桑桑仰望着这堵高得似乎要碰到天的城墙，心里很激动。他要带着柳柳沿着台阶登到城墙顶上，但柳柳走不动了。他让柳柳坐在了台阶上，然后脱掉柳柳脚上的鞋。他看到柳柳的脚底板长了两个豆粒大的血泡。他轻轻地揉了揉她的脚，给她穿上鞋，蹲下来，对她说："哥哥背你上去。"

柳柳不肯。因为母亲几次对她说，哥哥病了，不能让哥哥用力气。

但桑桑硬把柳柳拉到背上。他吃力地背起柳柳，沿着台阶，一级一级地爬上去。不一会儿，冷汗就大滴大滴地从他的额上滚了下来。

这里的桑桑又给你们留下了怎样的印象？说说理由。（预设：遵守承诺、坚强、乐观、长大了。）

③ 小结：面对死亡威胁表现出来的勇敢和坚强，才是人生的优雅和悲壮。我们在阅读的时候就要学会这样品读。不能只重情节发展，还要学会品味人物形象。

3. 现在让我们走近全书第一个出场的人物——陆鹤。陆鹤在你们眼中是一个怎样的人？（预设：自尊、倔强。）

（1）知道陆鹤最大的外貌特点吗？（预设：秃子。）

（2）陆鹤的成长故事离不开他有一个与众不同的脑袋。作者曹文轩用他细腻的笔法对秃鹤的光头做了特别传神的描写。

出示以下文字：

秃鹤的秃，是很地道的。他用长长的好看的脖子，支撑起那么一颗光溜溜的脑袋。这颗脑袋绝无一丝瘢痕，光滑得竟然那么均匀。阳光下，这颗脑袋像打了蜡一般的，让他的同学们无端地想起，夜里它也会亮的。由于秃成这样，孩子们就会常常出神地去看，并会在心里生出要用手指头蘸了一点唾沫去轻轻摩挲它一下的欲望……

雨沙沙地打在竹叶上，然后从缝隙滴落到他的秃头上。他用手摸了摸头，一脸沮丧地朝河上望着。水面上，两三只羽毛丰满的鸭子，正在雨中游着，一副很快乐的样子。

① 你们觉得哪些句子写得很精彩？

② 学生齐读这两段文字。

（3）十几岁，阳光般的年龄，但这个少年顶着这么一颗像打了蜡一般的光头确实让人挺难以接受的，但是在第一章最后一句话，作者却这样说——（出示：纯净的月光照着大河，照着油麻地小学的师生，也照着世界上一个最英俊的少年……）

① 为什么说秃鹤是世界上一个最英俊的少年？

② 请带着这个问题静下心来快速读一读第一章《秃鹤》最后两页上的内容。

③ 交流。

④ 小结：是的，秃鹤曾愤怒过、伤感过、捣乱过、报复过，但最终战胜自我，成了老师和同学们心目中的英雄。秃鹤倔强的外表下也有一颗

善良上进、热爱集体的心。活得有尊严、战胜自我，就是头秃了也英俊。来，一起读这句话。

三、朗读积累，感受语言

1. 我们一边读，一边收获着、感动着。中国已经有15万多的儿童在阅读《草房子》，除此还有美国的、日本的、韩国的，很多儿童都在读这本书。之所以大家都爱看这本书，是因为书中有太多让我们难忘和感动的画面。找出最让自己难以忘怀的画面，自由朗读。

2. 学生朗读交流。

3. 小结：听了大家的交流、朗读，老师又一次想到了作家肖复兴、樊发稼对《草房子》的评价。

出示评价文字，学生齐读：

《草房子》是一首诗。读《草房子》真正是一种享受，是一种文学的享受，艺术的享受，是一种真善美的享受。

四、阅读总结，延伸思考

1. 读完这本书后，我们每个人在心中都或多或少有一些感悟，请在扉页上写下自己最深刻的感受，并试着把这本书推荐给别人。

2. 交流阅读感受。

3. 课堂有限，阅读却无限。让曹文轩的名言勉励我们读更多的书。（出示：一本好书就是一轮太阳。一切一切都要回到读书上来。）愿《草房子》伴你们快乐成长。

延伸板块

一、佳片有约

1. 如今，《草房子》已经被拍摄成电影，让更多的孩子爱上了它。这部影片曾获1998年度中国电影华表奖优秀儿童片奖。片中把主人公桑桑童年时亲历的几个平常又动人的小故事有机地联系起来，真诚又富有诗意地歌颂了至真、至善、至美的人间情感，展示了富有独特风情的人生画卷。

2. 观看电影《草房子》。

二、情景再现

1. 选择《草房子》相关片段，排演情景剧。（以小组为单位，合作排演）

2. 班级展示。

3. 评选优秀表演奖。

（黄培，海门市骨干教师，南通市优秀少先队辅导员）

《我的妈妈是精灵》阅读指导设计

■ 作品解读

  《我的妈妈是精灵》的作者陈丹燕在幻想故事中，以现实生活为背景，表现人与精灵的感情交流，以此来探求生活的意义和人性的本质。作品在中国幻想小说的道路上，于现实主义小说和童话都鞭长莫及的地方，开拓了一片崭新的艺术领地，为中国的幻想小说创作提供了一种重要的风格。

  书中，精灵妈妈为了消除陈淼淼内心的恐惧想尽了一切办法；陈淼淼为了阻止父母离婚，做出了一个孩子的所有努力……故事情节曲折感人。值得关注的是，作者通过细腻的笔触描绘了一个个真实的生活细节，使读者对人物内心的感同身受远胜过幻想带来的奇妙感觉。温婉雅致的语言，句句震动人心，让人隐隐作痛。

■ 设计意图

  本设计将"了解书的主要内容"作为阅读的第一要义，用"主要情节流程图"的形式帮助学生对整本书的内容进行一番梳理,让曲折动人的故事情节深深地印在学生的脑海中。"婆婆世界,耳根最利",在围绕主旨进行话题交流的过程中,主要采用"有感情地朗读"这一方法深化情感体验,品味语言文字的细腻感人。配乐读、师生共读、分角色读等形式多样的朗读,使阅读真正成为学生的一种艺术享受,从而使他们爱上阅读,爱上语言文字。

■ 指导目标

1. 学会用"情节流程图"来梳理故事情节,把握本书的主要内容。

2. 围绕"感情是世界上最黏的胶水"进行交流,理解"感情"的丰富内涵,感受人间真爱。

3. 学习用反复品读、有感情地朗读等方法赏读语言,感受作者"特写镜头""心理描写"等细腻生动的表现手法在传情达意中的作用。

■ 指导过程

▲ 导读板块

一、解读书名,激发兴趣

1.（板书：妈妈）看到这个词,你们有什么感觉,会想起什么？

2.（板书：精灵）你们对精灵有哪些了解？

3. 把这两个词放在一起,你们会做怎样的猜想？

4. 今天老师给大家带来的书就叫——《我的妈妈是精灵》。妈妈变成了精灵,那会是什么样呢？让我们一睹为快。

二、片段阅读，感知主旨

1.学生阅读《我的妈妈是精灵》第二章内容："妈妈把她的脸伸到我的眼前，她的眼睛是棕色的……这是我们的世界没有的东西。你给我那么多，还有你的爸爸。"

思考：

（1）这是一个怎样的精灵妈妈？和自己的妈妈有什么地方不一样，又有什么地方特别相像？圈画相关句子，并以关键词的形式批注。（预设：不同之处：这是一个神奇的妈妈。相似之处：爱干净的妈妈、勤劳的妈妈、爱子如命的妈妈、温柔可亲的妈妈……）

（2）"这是我们的世界没有的东西"，是指什么东西？读了这个故事，你们知道妈妈心中的胶水是怎么变黏的吗？（预设：陈淼淼越觉得妈妈神奇、了不起，妈妈心里的胶水就越黏。因为她感受到了女儿对自己的喜欢与依恋。）

2.学生交流。

相机出示以下文字：

★ 她伸手往前一抓，再把握着的手一个手指一个手指地在我面前张开来，妈妈的手里面，出现了一个我一直吵着要买，可是爸爸不同意给我买的电子小鸡。

★ 妈满房子飞着，像真正的飞机一样，还会俯冲和上升。可是她嘴里不停地说窗帘箱里有蜘蛛网了，要打扫了，又说画镜线里装满了灰什么的，太像一个烦人的妈妈。

（1）学一学妈妈的动作，体会妈妈的神奇。

（2）有感情地朗读，读出心中的惊讶。

三、了解作者，习得读法

1.一个与自己如此亲密的妈妈竟然是一个精灵，这真是太不可思议了！我们把这样一部超乎想象的小说称为"幻想小说"（板书：幻想小说）。然而，作者细腻生动的文笔将奇妙的幻想和动人的情感紧紧结合在了一起，让我们对书中人物感同身受，这也是这部幻想小说的成功之处。（出示：

《我的妈妈是精灵》是中国迄今为止最好的幻想小说。）

2. 这部最好的幻想小说的作者是——陈丹燕。

出示陈丹燕图片与相关资料：

陈丹燕，一个十四岁就开始发表作品的作家，做过《儿童时代》的编辑，写过很多孩子爱看的书，得过很多国内外大奖。值得一提的是，她和女儿陈太阳合作的《走呀！》等作品，以独特的风格赢得了很多读者的喜爱。

3. 读了有关陈丹燕的资料，你们觉得她能写出这么一部优秀作品的原因是什么？（预设：富有童心，富有想象力，能贴近儿童的心，理解儿童的喜好。）

4. 是的，陈丹燕是个心思细腻、能贴近读者内心的作家，《我的妈妈是精灵》便是这样一本贴近我们心灵的书。从这本书里，你们还迫切想了解些什么呢？

5. 让我们带着这些问题，开始这本书的阅读之旅吧！注意：在读的过程中，要关注令自己心潮起伏的情节，感触特别深的地方应该画下来，写出感受。还可以像今天这样反复读读，有道理的句子可以记一记。

推进板块

一、回顾书本，梳理情节

1. 这段时间，我们一直在读《我的妈妈是精灵》。书中讲了一个什么故事？让我们一起来给这个故事设计一个主要情节流程图，梳理一下吧！事情发生在一个晚上，谁来接着往下讲。

学生交流，相机出示主要情节：

家里发生了惊天动地的大事：妈妈变成了精灵，"我"十分害怕⟶妈妈变出玩具小鸡，带"我"飞……想出一切办法让"我"开心⟶爸爸提出了离婚，幸好"我"要分班考试，这件事暂时搁下了⟶妈妈利用魔法帮助"我"考试⟶分班考试结束，爸爸要离婚，"我"想尽办法阻止，爸爸妥协了⟶家里又发生了惊天动地的大事：妈妈喝青蛙血，"我"觉得十分可怕⟶妈妈带"我"和李雨辰最后飞了一次，然后永远离开了我们。

2. 读完一本书，我们可以像这样画画情节流程图，那么书的主要内容就了然于心了。

3. 读完这本书，你们最大的感受是什么？

二、品读文字，体味真情

1. 倾听蓝人之声，引出交流话题。

（1）老师和你们有相同的感受，在读完书后的几天里，总有一种悲伤挥之不去。每当经过大树旁，我总会不由自主地停下来，我感觉那颤动的树叶上就住着一个个精灵，他们正对我唱着歌，他们在唱什么？还记得吗？

出示以下文字：

我就是那个渴望感情的蓝人啊，你愿意胶住我的心吗？

我就是那个千辛万苦的蓝人啊，你愿意原谅我的心吗？

我就是那个总要离去的蓝人啊，你愿意记得我的心吗？

（2）这是精灵的心声，更是精灵妈妈的心声，我们一起读一读。

（3）渴望感情的精灵，千辛万苦为的是什么？明明知道自己总要离去，可他们还是来到了人间，又是为了什么？

是啊，一切都是因为感情。这本书中，给了感情一个非常贴切的比喻，还记得吗？（板书：感情——世界上最黏的胶水）

2. 交流感人片段，品味人间真情。

（1）这黏黏的胶水，这浓浓的感情，藏在人物的心里，流淌在书的字里行间。书中的哪些地方深深打动了你们，让你们深有感触呢？我们来交流一下。

（2）根据学生汇报，相机出示并交流。

① 交流一：

出示以下文字：

妈妈真的神了！和皮若曹的仙女、阿拉丁的神灯一样。而更好的是，他们拥有的是宝物，坏人要抢，宝物是没有感情的，到了谁的手里，就为谁服务，而我有的是自己的妈妈，要是她真的是不吃我的怪物，她会永远向着我，不会被抢走。

我看着妈妈，她是奇妙的，是我的，虽然她不能做所有我想要的事，可已经很了不起了。

妈妈望着我说："我也爱你，陈森森。你救了我。我一想到你，心里就开始冒胶水出来，那是世界上最结实的胶水。"

a. 谁能为我们描述一下，那大概是怎么一回事吗？

b. 联系上下文，你们知道陈森森心里发生了哪些变化？

c. 这几段是心理活动的描写。在这里，作者抓住了人物内心的想法，进行了多次细腻入微的描写。因为心里的想法最能看出一个人情感的变化，也最能打动人心。（板书：心理活动）

d. 此时，陈森森的心里——充满着快乐，除了快乐，还有自豪。让我们快乐、自豪地读一读。

小结：这份爱，就是那黏黏的胶水，消除了陈森森心里的恐惧，将她和妈妈的心紧紧地黏在了一起。

② 交流二：

有一次，陈森森从外面回来，回到家里，看到爸爸和妈妈一起围着包饺子，这一刻，她不忍心打破这个温馨的画面，呆呆地站立在门口，把自己的家好好地打量了一下。指名读。

出示以下文字：

在我的脚边，有妈妈白色的皮凉鞋和爸爸的黑凉鞋排在一起，凉鞋里留着妈妈的脚印和爸爸的脚印。我多么喜欢这样的两双鞋子紧紧地排在一起啊。清凉清凉的风，也轻轻地吹过了它们，像一块最薄最轻的绸子。

在我的一生中，好像从来没有好好地注意过我的家，原来是这么美好的一个家，连吹过我家的风，都是美好的。

a. 陈森森看这个家时，目光落在了两双鞋子上，她真的只是在写鞋子吗？

b. 联系上下文，除了美好的愿望，你们还能体会到别的什么吗？

c. 紧紧依偎在一起的鞋子就是一个温暖的家，她多希望时间永远停留在这一刻，多希望世界上最黏的胶水能把一家人永远黏在一起啊！此时的陈淼淼在这温馨的片刻里，心中充满着无限的忧伤，谁来读一读？

d.在这里，作者用了一个特写镜头，把所有的温情写进了这两双鞋子里，却又看得让人隐隐心疼，想要落泪。这样的文字是值得我们好好品味的。谁再来读一读？（板书：特写镜头）

③交流三：

这样的特写镜头在文中出现过多次，比如下面这一处：

出示第五章结尾处内容：

我好像看到我家的厕所里，也只有两个人的刷牙杯子了……我最喜欢妈这么搂着我。

a.还记得这是在什么情况下发生的事情吗？（预设：有一次，陈淼淼和妈妈一起散步，她们遇到了一个就要离开人间的女精灵，她十分悲伤地和妈妈告别，妈妈也难过得脸都发白了。那一刻陈淼淼的眼前浮现出了这样的画面。）

b."我不知道为什么会看到这样的情景"，你们觉得是为什么？

c.感情是世界上最黏的胶水，这胶水越黏，就越不舍得对方离去，一旦感觉失去对方就会心痛不已。谁来静静地为我们读一读？

d.作者陈丹燕用这样的特写镜头进行细腻的描写，让我们透过这小小的杯子，看到主人公起伏的心潮，感受到无限的悲伤、害怕与担忧。让我们用朗读来表达心中的感受吧。

出示以下文字，师生配乐朗读：

（领读）她的杯子已经当花瓶用了。那些花，开得很白、很香，但有一点悲伤。我不知道自己为什么看到这样的情形。

（动情齐读）我不知道自己为什么看到这样的情形。我的眼睛慢慢地看不清东西，妈就在我面前，可她的影子一点也看不清。我哭了。

我拉着妈妈，（紧跟齐读）我拉着妈妈，

她是真的，（肯定地）她是真的，

摸得着的，（缓缓地）摸得着的。

暖暖的，（温柔缓慢地）暖暖的。

我把她的手搭到我自己的肩膀上,她就搂着我了,(温暖幸福地)她就搂着我了。我最喜欢妈这么搂着我。我最喜欢／妈这么／搂着我。

④ 交流四:

陈淼淼故意夜不归宿,爸爸妈妈十分着急,晚上十二点,他们为找她连晚饭都没有吃,回来后爸爸就告诉陈淼淼他保证再也不提离婚的事情了。

出示以下文字:

等爸妈千恩万谢送走警察以后,爸爸站在客厅中间,背对着餐桌上动都没动过的晚饭,眼睛深深地望着我,说:"陈淼淼,你听好,你什么也不用再干了,我再也不提离婚这件事,我保证永远不提。"

a. 感情不是什么高山大川,一句话、一个眼神,都包含着深情。你们知道此刻爸爸心里的想法吗?

b. 为了女儿,甘愿放弃了自己的追求,哪怕自己因此变成一个又老又苦的人。这是怎样一份沉甸甸的感情啊,这份感情就是那世界上最黏的胶水,把陈淼淼一家人黏在了一起。

⑤ 交流五:

a. 感情是世界上最黏的胶水,可最后这最黏的胶水却没能黏住妈妈。妈妈还是离开了,就在一个平静的夜晚,在大家伤心、失落、不舍、牵挂的目光里。那一刻,所有的情感都聚集到了心头。让我们通过朗读重回那一刻,希望我们的声音能替陈淼淼留住最爱的妈妈。

b. 师生合作读。

出示第十章结尾处内容:

爸爸走过来抱住妈妈,爸像抱一个人一样去把手臂合过去,可抱了个空。妈已经开始变空了。

……

爸爸慌忙去捂李雨辰的嘴,说:"(齐读)别哭别哭,要不然,精灵会走得很痛苦的。求你别哭。"

李雨辰马上自己捂住了嘴。

(全班)就让我的妈妈好好地回家乡去吧。

(男生)就让我的妈妈好好地回家乡去吧。

（女生）就让我的妈妈好好地回家乡去吧。

（渐强、泣音）（男生）不要哭。

（女生紧接）不要哭。

（齐读）不要哭。

c. 感情是世界上最黏的胶水，此时，我们似乎又听到了那蓝人的歌声。

出示以下文字：

我就是那个渴望感情的蓝人啊，你愿意胶住我的心吗？

我就是那个千辛万苦的蓝人啊，你愿意原谅我的心吗？

我就是那个总要离去的蓝人啊，你愿意记得我的心吗？

三、激发想象，续改结局

1. 这是一次多么伤感、多么痛心的别离啊！我们不禁要问：妈妈是为了寻找感情而来的，陈淼淼爱着妈妈，妈妈也爱着陈淼淼和爸爸，可为什么，妈妈最终还是离去了呢？书中，她有什么不得不离开的理由吗？

2. 大人们总是能找到各种各样的理由。可陈淼淼是一个孩子啊，没有一个孩子会愿意离开妈妈的。即便坚强的李雨辰，也每隔一段时间就能与妈妈相聚一次的啊！你们有什么办法改变这个让人伤感的结局吗？

3. 全班交流。

▶ 延伸板块

一、谈话导入

上节课，我们一起交流了《我的妈妈是精灵》这本书，作者用细腻的文字描写了一个情感真挚的故事，让我们感到无比温馨但又充满了无尽的忧伤。为此，我们很想改变这个故事的结局。这节课，我们来具体地写一写。

二、续改结局

1. 陈淼淼——一个精灵妈妈的孩子，她的结局会如何改变呢？回想一下，你们想到的办法是哪些？

2.陈淼淼具体是怎么做的,在你们心中,文章的结尾应该是一个怎样的场面呢?请动手写一写。注意学习文章的特色,在体现幻想色彩的同时,注重对人物心理的刻画和特写镜头的展现,使自己的片段情真意切。

3.交流分享。

4.评选最有创意奖、最美语言奖。

三、推荐阅读

《我的妈妈是精灵》是一部幻想小说,她用细腻的描写让我们感受到了人与人之间沉甸甸的情感,还有幻想带来的奇妙感觉。像这样有意思的书还有很多,英国作家特拉芙斯的《随风而来的玛丽阿姨》就是其中一本。

特拉芙斯以其丰富的想象力塑造了一个神奇的保姆——玛丽·波平斯阿姨,她的外表和一般家庭教师毫无二致,实际上却不是个普通人:撑一把伞从天而降,能转动指南针带孩子们周游世界……神通广大的玛丽阿姨将带我们走进一个美妙的奇幻世界,感兴趣的同学可以找来读一读。

(俞慧英,全国新教育实验优秀个人)

《夏洛的网》阅读指导设计

■ 作品解读

《夏洛的网》，一首关于生命、友情、爱与忠诚的赞歌！一只名叫威尔伯的小猪和一只叫夏洛的蜘蛛成为朋友。小猪未来的命运是成为圣诞节时的盘中大餐，这个悲凉的结果让威尔伯心惊胆寒。它也曾尝试过逃跑，但它毕竟是一只猪。看似渺小的夏洛却对威尔伯说："让我来帮你。"于是夏洛用它的网在猪棚中织出"王牌猪""朱克曼的名猪"等字样，那些被人类视为奇迹的字让威尔伯的命运逆转了，终于得到了比赛的特别奖和一个安享天命的未来。但就在这时，蜘蛛夏洛的生命却走到了尽头……

《夏洛的网》讲述的故事感人、细节温馨，正如封面上的文字："读它吧，带着传教般的热情与虔诚，因为，总有一种感动让我们泪流满面。"

■ 设计意图

《语文课程标准》提倡"读好书，读整本的书"，要求学生能"初步感受作品中生动的形象"，能"与他人交流自己的阅读感受"。因此，本设计把教学重点放在"角色篇"，设计了两个环节，第一个环节通过"猜猜他是谁"的小游戏，使学生对故事中人物的性格、发生的事情有个简单的回顾，同时激发学生阅读交流的兴趣。第二个环节通过"人物之最"评比，让学生对故事中的主要角色进行深入探讨，尤其对有关夏洛的几个重要话题的设计，进一步加深对作品的理解，体悟作品的内涵。"对话篇"的设计通过情境的渲染，触动学生的阅读体验，激起倾吐欲望，使学生入情入境地与故事中的人物进行对话，分享打动人心的内容，从而汲取语言营养，学会鉴赏文本，培养阅读兴趣。

▌指导目标

1.了解故事大意，分析、评价书中的人物形象。

2.感受作品的内在魅力，感悟作品对于生命价值的诠释。抓住书中打动人心的情节，进行爱和友谊的教育。

3.采用"班级读书会"的形式，个性化阅读与合作性阅读相融合，提升学生的阅读兴趣和阅读能力，培养学生细致的阅读习惯。

▌指导过程

▲导读板块

1.同学们，有这样一本书，它傲居"美国最伟大的十部儿童文学名著"首位，风行世界五十年，发行千万册。中外杂志都对它做出了很高的评价。

出示以下文字：

这是一本关于友谊的书，更是一本关于爱和保护、冒险与奇迹、生命和死亡、信任与背叛、快乐与痛苦的书，它几乎是一本完美的、不可思议的杰作。

——《纽约时报书评》

一个农场里的不测风云，被机敏与睿智扭转，使一个有缺陷的世界回归完美。

——《纽约客》

这本书本身就像一张精美的蜘蛛网，一曲美丽的幻想曲。

——《星期六书评》

2. 到底是一本怎样的书获得了如此高的赞誉？（出示《夏洛的网》封面）

3. 简介作者。

E·B·怀特(1899~1985)，美国当代著名散文家、评论家，擅长写散文，"其文风冷峻清丽，辛辣幽默，自成一格"。生于纽约蒙特弗农，毕业于康奈尔大学。作为《纽约客》主要撰稿人的怀特一手奠定了影响深远的"《纽约客》文风"。怀特对这个世界上的一切都充满关爱，他的道德与他的文章一样山高水长。除了他终生挚爱的随笔之外，他还为孩子们写了三本书——《精灵鼠小弟》《夏洛的网》《吹小号的天鹅》，它们同样成为儿童与成人共同喜爱的文学经典。

4. 先睹为快：《夏洛的网》一书故事生动，情节有趣，充满悬念，让我们先睹为快。

出示有关《夏洛的网》的内容简介：

在朱克曼家的谷仓里，快乐地生活着一群动物，其中小猪威尔伯和蜘蛛夏洛建立了最真挚的友谊。然而，一个最丑恶的消息打破了谷仓的平静：威尔伯未来的命运竟是成为熏肉火腿。作为一只小猪，悲痛绝望的威尔伯似乎只能接受任人宰割的命运了，然而，看似渺小的夏洛却说："我救你。"于是，夏洛用自己的丝在猪栏上织出了被人类视为奇迹的网上文字，彻底逆转了威尔伯的命运，终于让它在集市的大赛中赢得特别奖和一个安享天命的未来。但是这时，蜘蛛夏洛的生命却走到了尽头……

5. 带着你们的期待，开始这本书的阅读之旅吧！（学生自主阅读）

6. 同学们，这是一本给我们带来无限温情和感动的书，老师相信，读完这样一本书，对我们每个人的现在和明天，对于我们怎样看待友谊、看待生命、看待人与人之间的爱，都有着不同的启示。

▲ 推进板块

一、谈话导入

同学们，前一段时间我们一起在经典童话《夏洛的网》中散步。通过阅读，我们认识了一位深受全世界儿童喜爱的作家——怀特先生，怀特先生为我们描述了一个充满温情的童话故事。今天，我们就一起聊聊这个故事。

二、走近人物（角色篇）

1. 猜猜他是谁。

（1）在这个故事中有很多有意思的人物形象，下面我们做个小小的游戏，游戏的题目就叫"猜猜他是谁"。这个游戏怎么玩呢？请你从书中任选一个角色进行简单的描述，你描述的可以是人物的性格，也可以是在他身上发生的事情，然后大家根据你的描述猜猜他的是谁。

（2）学生代表描述大家猜，老师依次出示图片。

2. "人物之最"评比。

（1）看来，故事中的人物形象已经深深地印在了我们的脑海中。在这么多人物中，肯定有你最喜欢的、最不喜欢的，或者你认为最善良的、最勇敢的、最机智的人物形象。接下来我们举行一个"人物之最"评比，你可以模仿老师所说的，也可以在小组里讨论，或自行设计。这儿还有两点友情提醒：要说出你这样评比的理由；为了增强表达效果，你可以通过朗读或表演的方式。

（2）评比。

★ 老羊——最聪明机智、遇事最镇定、最有主见。

★ 弗恩——最善良。

★ 阿拉布尔先生——兼具残忍、慈祥的两面性。

★ 威尔伯——最天真可爱、最憨厚、最珍视友谊、最谦逊。因此，

夏洛给它织"谦卑"这两个字非常适合它。(阅读相关片段)

★ 夏洛——最聪慧,遇事镇定、做事细致、守信用,对朋友最忠诚、体贴、宽容。

出示以下文字:

你今天上午在圆围栏里的成功……所有这些景物、声音和香气都是供你享受的。

① 夏洛知道自己即将死去吗?面对死亡,它的表现是怎样的?

故事中还有一个角色也时刻面临死亡,它是谁?它又是怎么做的?

② 其实面对死亡,心里恐惧害怕,这很正常,可能大部分人都会这样,但夏洛那么平静、坦然、沉稳的表现,却让我们感觉它仿佛不是面对死亡,而是去出差、去旅游,跟朋友的短暂告别,这是多么难能可贵,又是多么可爱、可敬啊!同学们,一只小小的蜘蛛,一只平凡的蜘蛛却赢得了我们大家的尊敬,为什么?

③ 就像夏洛自己曾经对威尔伯说过的这样一段话。

出示以下文字:

一只蜘蛛,一生只忙着捕捉和吃苍蝇是毫无意义的,通过帮助你,也许可以提升一点我生命的价值。谁都知道人活着该做一点有意义的事情。

师生齐读。

④ 是啊,通过帮助别人,提升生命的价值,生命因为付出而更有意义!讨论到这儿,同学们,夏洛在你们眼中,还仅仅是一只小小的蜘蛛吗?它织出的还仅仅是一张普普通通的蜘蛛网吗?

★ 坦普尔顿——最自私贪婪,但又是最好的老鼠。

① 那么,坦普尔顿是不是已经无药可救了呢?(提示:可以有两种观点)

② 现在出现了两种观点,同意无药可救的举手,有药可救的呢?都不要再争了,无药可救也好,有药可救也好,其实都掌握在你们的笔中。回家后,请按照各自认准的观点编个小故事,以坦普尔顿为主角,看看在自己编的故事中它是怎么无药可救的?或者它又是怎么一点点取得进步

的？下一次我们举行一个"挑战怀特"读书会，到时大家再一起交流我们的想象，好吗？

三、对话感悟（对话篇）

1. 同学们，刚才我们讨论了坦普尔顿、夏洛、威尔伯……确实，故事中的人物都很有意思！不知你们在阅读的时候是不是有过这样的体验：有时看到紧张的时候，恨不得走进书中去帮它一把，或者大声喊叫提醒一下；有时看到气愤之处，恨不得进去揍它几拳解解恨。比如老师读到小猪威尔伯在评奖台前晕过去，而扩音器里说不能把奖项颁给一只死猪时，很着急，恨不得跑到它身边，使劲地推它、摇它，对着它耳边大声喊："威尔伯、威尔伯，快醒醒、快醒醒，不然这个奖项就不属于你啦，这对你来说可是一个非常重要的奖项呀！"这样的情节在书中还有许多，同学们，当你们读到这样的片段时，你们又有怎样的感受呢？关照它、提醒它、劝慰它、怒斥它？还是有别的做法？就请把它写下来，如果一下子想不出的话可以用老师刚举的例子。

2. 交流。

3. 小结：同学们，你们真了不起，刚才我们通过品读故事中一个个令人感动的情节，评出了自己心中的"人物之最"，这是一种重要的读书方法，希望大家在平时的读书中能够学以致用。

▲ 延伸板块

一、推荐阅读

1. 短短几十分钟，道不尽我们心中的感动与温情，怀特先生用柔韧无比的蜘蛛丝编织了一张温暖的、美丽的、爱的大网，感动着我们，感动着世界无数的读者。在读书之旅即将告一段落之际，老师想把怀特先生的另外两部作品推荐给大家。（出示图书并做简要介绍）

（1）《精灵鼠小弟》，这是大家非常熟悉的，并被拍摄为电影。故事充满了浓浓的亲情和深深的爱意。看了影视，再看看书，相信会别有一番风味！

（2）《吹小号的天鹅》中，故事主人公路易斯是一只生来就哑巴的雄天鹅。为了说出自己的想法，路易斯学会了在石板上写字。可是其他天鹅是不认字的，路易斯还是没办法向它心爱的雌天鹅倾诉衷肠。这可怎么办呢？你们想知道吗？那就继续到这本书中去散步吧！

2. 视频欣赏。

《夏洛的网》已经被拍成电影在世界各地上映，而怀特的名字也因此走进了千家万户，让我们一起来欣赏影片《夏洛的网》。

3. 写观后感。

（施伟东，中学高级教师，南通市学科带头人）

《科学家故事100个》阅读指导设计

■ 作品解读

在《科学家故事100个》这本书中,叶永烈为我们讲述了100个科学家的有趣故事。这些故事只是选取每个科学家一生中最有趣的一个,仿佛用照相机拍下的科学家一生中最精彩的镜头。

这些故事告诉读者,科学家多么勤奋,惜时如金;多么勇敢,知难而进;多么谦逊,永不满足;多么好学,孜孜不倦;多么坚定,捍卫真理。从这些故事中,可以学到科学家的种种优秀品质,鼓励大家向科学的高峰进军。

这些故事短小、生动、有趣,从各个不同的侧面反映了科学家们的思想、工作和生活。为了便于读者了解这些科学家,在每一篇故事前面还附有科学家的简历。读者读了本书以后,可以从中得到许多有益的启示。

■ 设计意图

"阅读是学生的个性化行为。"阅读中,要善于运用文本精华,吸引学生，激发他们的阅读兴趣，拓展知识面。引领学生全面了解科学家的精神品质，对培养他们的良好品质能起到潜移默化的作用，从而激发他们对科学的热爱，从小树立远大的理想。阅读中，通过多种形式，不断深入了解科学家，使科学家的形象更加立体、生动。阅读也是语言积累内化的过程，所以要注重引领学生感受科学著作语言的精准性、生动性、幽默性。

■ 指导目标

1. 了解科学家的故事，使他们的形象更加立体、形象、生动。
2. 感受科学著作语言的精准性、生动性、幽默性。
3. 感受科学家的精神品质，培养学生的良好品质，激发学生对科学的热爱。

■ 指导过程

▲ 导读板块

一、走近文本

1. 这节课，我们开启一段美好的阅读之旅，一起走近《科学家故事100个》。

2. （出示《科学家故事100个》的封面）从书的封面中，你们获取了哪些信息？

二、亲近作者

（出示叶永烈的照片）叶永烈是上海作家协会一级作家，毕业于北京大学。11岁时就发表诗作，19岁时写出第一本书，他的著作很多。本书是叶永烈继《十万个为什么》《小灵通漫游未来》销量近两亿之后，第三本销量过千万册的科普励志读物，也是青少年学习人物"以点概貌"之法的经典读物。

三、浏览文本

1. 你们知道的科学家有哪些？

2. 在我们的课本中也收录了一些科学家的故事，你们还记得有哪些故事？能说说主要内容吗？

3.《科学家故事100个》这本书囊括了世界各地的科学家，读了这本书你们一定会有更多的收获。正如书上所说的：

出示以下文字：

这些故事告诉你，科学家是多么勤奋，惜时如金；这些故事告诉你，科学家是多么勇敢，知难而进；这些故事告诉你，科学家是多么谦逊，永不满足；这些故事告诉你，科学家是多么好学，孜孜不倦；这些故事告诉你，科学家是多么坚定，捍卫真理。从这些故事中，你可以学到科学家的种种优秀品质，鼓励着你向科学的高峰进军，包含着叶永烈爷爷对你们的殷切希望。

师生齐读。

4. 出示图书封底中的文字：

本书中的主人公是人类科学发展史上的一百多位重要人物。他们几乎有一个共同的特点，即专业精神、持久毅力。如果真的存在天赋的话，他们的天赋在于能准确地找到自己的兴趣和存在的价值，即使牺牲生命中的其他乐趣甚或遭受苦难，也无怨无悔。

我的写作方法是用一个个能反映他们这种品质的小故事，即一个个小闪光点来反映他们的那种大追求、大精彩的人生。在写作的过程中，我经常被感动着，相信小读者你们也会豁然开朗：原来成才之路靠的是自觉自悟，那些有成就的人都不是在妈妈爸爸的威逼下苦读出来的，他们靠的是自己的勤奋和悟性。

齐读，谈感受。

▲ 推进板块

一、人物猜猜

叶永烈为我们讲述的100个科学家故事，侧面反映了这些科学家的思想、工作和生活，以及为人类做出的贡献，相信你们一定能根据提示一下子猜出他（她）是谁。

出示以下题目：

妙手神医——（　　　）　　　美洲大陆发现者——（　　　）

蒸汽大王——（　　　）　　　轮船之父——（　　　）

炸不死的人——（　　　）　　飞机兄弟——（　　　）

镭的母亲——（　　　）　　　数学怪人——（　　　）

昆虫迷——（　　　）　　　　中国导弹之父——（　　　）

自学成才的数学家——（　　　）　进化论奠基人——（　　　）

二、聚焦人物

1. 书中描写的科学家都具有不同的人格魅力。把自己最喜欢的科学家故事，绘声绘色地讲给大家听听。

2. 读了科学家的故事，老师对这三句话感触颇深——

出示以下文字：

（1）一个个小故事反映出他们那种大追求、大精彩的人生。

（2）原来成才之路靠的是自觉自悟。

（3）科学家是多么勤奋，惜时如金；是多么勇敢，知难而进；是多么谦逊，永不满足；是多么好学，孜孜不倦；是多么坚定，捍卫真理。

一起读一读，相信对你们有所启发。

3. 你们能从文章中找出3处体现科学家品质的语句吗？

三、精彩再现

1. 在这么多故事中，老师对我们中国的数学家华罗庚钦佩有加。你们对华罗庚有哪些了解？

相机出示华罗庚的照片及简介：

华罗庚，汉族，江苏省金坛市人，世界著名数学家，中国科学院院士，美国国家科学院外籍院士。他是中国解析数论、矩阵几何学、典型群、自守函数论与多复变函数论等多方面研究的创始人和开拓者，也是中国在世界上最有影响的数学家之一，被列为芝加哥科学技术博物馆中当今世界88位数学伟人之一。主要著作有《堆垒素数论》《优选学》《高等数学引论》等。

2. 华罗庚的成名，付出了常人无法想象的艰辛，让我们一起走进他的故事。能用一段话简单描述一下华罗庚自学成才的故事吗？

3. 阅读人物故事主要抓住两点：了解人生经历、感悟人物形象。请你们梳理一下华罗庚的生平，相信通过这样的方式你们会对他有更深入的了解。

时间（年龄）	经　历
1910年	
19岁之前	
19岁	
24岁	
28岁	
1948年	被美国伊利诺依大学聘为正教授。
1950年	

4. 读了这个故事，一定有一些触动你们心灵的话语，请摘录一处，并写下自己独特的感受。

（1）出示以下文字：

★华罗庚差不多每天要花十小时的时间钻研数学。有时，睡到半夜，他忽然想到一个解决数学难题的方法，便立即点亮油灯，把它写下来。

★华罗庚不幸染病，卧床半年，险些丧命。病愈后，留下了严重的后遗症——左腿大腿骨弯曲变形，从此落下了跛足的终身残疾。华罗庚在贫病交加中刻苦自学，又发表了几篇数学论文，引起清华大学数学系主任熊庆来教授的注意。

读着这些文字，老师想到华罗庚所说的几句话："勤能补拙是良训，一分辛苦一分才。""科学的灵感，决不是坐等可以等来的。如果说，科学上的发现有什么偶然的机遇的话，那么这种'偶然的机遇'只能给那些学有素养的人，给那些善于独立思考的人，给那些具有锲而不舍的精神的人，而不会给懒汉。"华罗庚在贫病中，仍然志存高远、惜时如金、孜孜不倦，他的这份执着感动着我，震撼着我，值得我们每个人学习。

（2）出示以下文字：

★华罗庚说："为了抉择真理，我们应当回去！为了国家民族，我们应当回去！为了为人民服务，我们应当回去！"

从三个感叹号中，可以看出他挚爱着祖国，在他功成名就之时仍然心系祖国，这就是华罗庚的那种大追求、大精彩的人生。虽然他在经济上是贫困的，但是在精神上却是富足的。这正如他所说的："锦城虽乐，不如回故乡；乐园虽好，非久留之地。归去来兮。"

5.华罗庚留给我们的不仅是数学学术成就，还有他那宝贵的精神财富，他告诉我们一条通往成功的必经之路。

出示以下文字，齐读：

学习最起码的一条是踏实。

学习要有周密的计划。

在学习的过程中要多想多练。

要以长期性、艰苦性来克服学习中的困难。

学习要善于抓住要点、突破难点，由点及面，融会贯通。

要有不耻下问的精神。

学习要注意同自己的工作结合起来。

6.科学的希望在于未来，华罗庚对青年一代寄托了莫大的希望，他在书中写道："发愤早为好，苟晚休嫌迟。最忌不努力，一生都无知。"

7.也正如叶永烈爷爷所期待的那样，"在不久的将来，在你们中间，涌现100个、1000个、10000个……新科学家，为科学做出新贡献"。

8.书上像华罗庚这样的故事还有99个，故事只是选取科学家一生中最有趣的一个，仿佛用照相机拍下的科学家一生中最精彩的镜头。这些故事短小、生动、有趣，从各个不同的侧面反映了科学家们的思想、工作和生活。读完这本书，你们一定会被科学家热爱科学、献身科学的精神所感动，并从中得到许多宝贵的教益。

9.现在请你们从书中挑选一位自己最感兴趣的科学家一睹为快，也可以像老师那样把科学家带给自己的感动、震撼以及点点滴滴在相应的文字旁做些批注。

延伸板块

一、分享感动

1.故事读完了，相信你们已经深深地感受到了科学家勤奋、勇敢、谦逊、好学、坚定的精神品质。在这些故事中，哪些文字最让你们感动，深受启发？

2.学生交流、朗读。

3.有一位同学写下了这样一段感人文字：

连着好几天，我都在津津有味地读叶永烈叔叔编著的《科学家故事100个》这本书。书中《从"红领巾"到数学家》的故事就像磁铁一样，深深地吸引着我。故事里的杨乐和张广厚两位叔叔从年轻、幼稚的"红领巾"成长为有名的数学家，他们的经历给了我学好数学的信心和力量，也给了我一把打开知识宝库大门的金钥匙。过去，我总是认为，学习数学，最主要的就是一定要有敏捷的头脑，只要够机灵、够聪明，就算不用听老师讲课自己也肯定能学会。看了这个故事，我才意识到事实上根本不是这样。张广厚叔叔并不是生来就是天才的。考初中时，他还曾因为数学不及格而落榜。但他并不灰心，到补习班去补习的时候，他奋起直追，在加倍的努力中，他的成绩得到了飞速的提高。第二年，他的数学竟然考了100分，终于踏进了重点学校——开滦二中的大门。从这个动人的故事中，我想起了爱迪生说过的一句话："天才，等于百分之一的灵感，加上百分之九十九的汗水。"我想，只有像张广厚叔叔那样勤学苦练，持之以恒，才能真正地提高自己的成绩。杨乐和张广厚叔叔在北京大学学习期间，他俩每天都坚持演算12个小时,苦练基本功。张广厚叔叔说:"科学的成就就是毅力和耐性。"杨乐叔叔也说:"我所取得的成绩,只不过是'熟读唐诗三百首,才能下笔如有神'罢了。"啊,我终于明白了,"万丈高楼平地起","勤能补拙,熟能生巧","长年累月,不畏劳苦,始终如一地努力"就是他俩用来打开数学知识宝库大门的万能的金钥匙。现在,他们把自己宝贵的"金钥匙"送给了我,我这个"红领巾"一定要拿着它,走过叔叔们曾走过的人生的道路,从小树雄心、立壮志,去获得更多的知识!

4. 同学们,我们也可以像这位小作者一样,把自己内心的那份感动、那份收获,通过自己的文字表达出来。相信有一天,叶永烈爷爷也会为你们的这份收获而感到高兴!

二、精彩待续

从古至今,全世界的科学家数不胜数,你们一定还知道其他的科学家吧,请你们也来讲一个科学家的故事,让这本书更加完善!

三、励志前行

书中到处都散落着科学家的至理名言,摘录其中的几句名言,让它们成为你们的座右铭。同时,老师希望你们把最喜爱的科学家的肖像画下来,贴在自己的床头,让他(她)成为永远激励自己前进的启明星。

四、佳片有约

每一位功勋卓著的科学家,都有一部可歌可泣的奋斗史,都可以写成一部长篇传记。发生在他们身上的故事数不胜数,你们可以去书店、图书馆,上网了解自己心中最喜爱的科学家的更多资料。也可以去欣赏介绍科学家的电影,如《居里夫人》。

(黄冬燚,海门市优秀教育工作者,海门市优秀辅导员)

《昆虫记》阅读指导设计

■ 作品解读

  《昆虫记》也叫《昆虫物语》《昆虫学札记》，是法国杰出昆虫学家、文学家法布尔的不朽著作，先后被翻译成50多种文字。《昆虫记》蕴含着求真求实的科学精神。法布尔几十年如一日地对昆虫进行细致观察与实验，真实地记录下昆虫的本能与习性，填补了昆虫学的很多空白，也因此赢得了"动物心理学先驱"的称号。《昆虫记》洋溢着对生命的关爱和对自然万物的赞美之情。法布尔尊重这些可爱的小生命，以人类的情感去关爱它们，使《昆虫记》这部科学著作有了灵魂，也使它从严肃、严谨的研究成果变成了趣味盎然的科普读物。法布尔把毕生研究的成果以散文的形式记录下来，充满了情趣，故《昆虫记》也是一部出色的文学著作。

■ 设计意图

  "兴趣是最好的老师"，读科普类书籍更需要激发学生的兴趣。本设计中学生互猜自己编制的谜语，激起阅读成就感。通过小组交流、问题竞答等多样活动感悟这本书的科学性和趣味性。

刘向说："书犹药也，善读之可以医愚。"读书要讲究方法。通过读书交流、点拨指引，让学生明白可以通过内容整合、查阅资料、比较阅读等方法去阅读，让学生学到终身受益的读书方法。

课外阅读，得法于课内。本设计侧重指导学生阅读片段，发现这本书的语言密码，学习作者运用全面细致的观察、生动形象的描写、拟人化的手法、精准表达事物的写作方法，引领学生把阅读与实践、写作结合起来，照顾不同层面的学生，开发学生多方面的学习潜能，用科学、有效的方式阅读科普书籍。

指导目标

1.走进昆虫王国，领略神奇世界，激发阅读兴趣。了解《昆虫记》在世界文学史上的地位，领悟追求真理、探求真相的"法布尔精神"。

2.学习运用全面细致的观察、生动形象的细节描写、拟人化的手法以及散文式的语言描述事物的写作方法。

3.认识人和大自然和谐相处的重要性，激发学生尊重生命、热爱生命的情感，培养仔细观察大自然的好习惯。

指导过程

导读板块

一、猜谜激趣，揭示课题

1.同学们喜欢猜谜语吗？老师这里有几个谜语，请你们来猜一猜。（逐

一出示谜语，并请学生尝试猜谜，学生答对后出示谜底和图片）

谜语一：名字叫作牛，不会拉犁头，说它力气小，背着房子走。（谜底：蜗牛）

谜语二：头带两根雄鸡毛，身穿一件绿衣袍，手握两把锯尺刀，小虫见了拼命逃。（谜底：螳螂）

谜语三：白天草里住，晚上空中游，金光闪闪动，见尾不见头。（谜底：萤火虫）

2. 刚刚我们所猜的蜗牛、螳螂、萤火虫，它们有一个共同的名字，知道叫什么吗？（预设：昆虫。）

3. 欣赏各种昆虫图片。

4. 揭题：有一本书就为我们展示了可爱的昆虫世界里发生的故事，这本书就是——《昆虫记》。

二、牵手作家，对话作品

1. 让我们来看看古今中外的读者对《昆虫记》的评价吧！（出示有关对《昆虫记》的评价）

2. 学生自读，交流感受。

3. 知道《昆虫记》是谁写的吗？你们对这位作者有哪些了解？

4. 学生交流法布尔的资料。

5. 老师相机出示法布尔图片、文字资料。请学生轻声读这些文字，看看通过这些文字获得了哪些知识。

6. 学生交流。

7. 接下来的阅读之旅，就让我们一起走进《昆虫记》，去探索昆虫们不为人知的奥秘，走近这位伟大的科学家、文学家——法布尔！

三、了解主脉，整体把握

1. 我们拿到书首先会看什么？通过看封面，能了解到什么？（相机介绍：中文题目、英文题目、作者、译者、图作者、出版社）介绍书脊和扉页。

2. 具体说说通过读这些内容，你们对《昆虫记》有了哪些初步了解？

相机介绍字数与版次：看，这本书已经是第三次印刷了，这充分说明这本书非常受欢迎！

3. 这本书这么受人欢迎，更能说明书中的内容非常精彩。讲了哪些故事？再往后翻，这是译者的话，有的书有编者的话或叫序言，我们可以课后去读读这里的内容。翻到目录，通过浏览目录，我们就可以把书本读薄了。谁来说说，你从目录中知道了哪些内容？

4. 一个数字代表一个故事，书中一共22个故事，都很有趣！你对哪种昆虫感兴趣，想知道有关这种昆虫的什么知识？

四、初赏片段，体会想象

1. 法布尔笔下的昆虫栩栩如生。圣甲虫有哪些特点，生活习性怎样，是如何工作的？（出示片段一：第一卷第一章《圣甲虫》）当你们听到"蜂"这个字的时候，会联想到什么呢？（出示片段二：第一卷第十五章《砂泥蜂》）《昆虫记》也是一部讴歌生命的宏伟诗篇。（出示片段三：第一卷第十九章《回窝》）请大家先自行读读这些故事。

2. 先在小组里互相说说，你心目中的圣甲虫、砂泥蜂是怎样的。

3. 小组交流。追问：你是从书中的哪些词句读出来的？这些昆虫多有趣，一个个小故事多生动！

五、讨论方法，课后延伸

1. 书中这样的故事还有很多，我们应该怎样更好地去读这本书呢？

2. 学生交流读书方法。

3. 小结：读前制订读书计划，第一遍通读，第二遍品读，第三遍精读；可以做做批注、写写读书笔记谈谈感受；可以图文结合，充分发挥自己的想象；可以提出疑问，观察昆虫，边读书边对照……让我们一起从《昆虫记》一书中领略昆虫世界的神奇，感受经典文学的魅力，体会人类与昆虫的自然和谐吧！

推进板块

一、揭题导入，激发兴趣

最近一段时间，我们共同读了一本书——《昆虫记》，大家一定从书中领略到了昆虫世界的神奇，并感受到了经典文学的魅力！这节课，就让我们共同交流读书心得。

二、交流方法，产生期待

1. 都说《昆虫记》是一部昆虫世界的史诗，是人一生中不可不读的书。这样一本好书，你们是怎么去读的呢？

2. 《昆虫记》是一本科普读物，这本书字数多，每个章节相对独立，所以读这样的书，和我们读文学类的书的方法还是有些不一样。那该怎么读呢，相信通过这一节课的交流，你们一定会有新的收获。

三、分享知识，学会阅读

1. 《昆虫记》自出版以来，先后被翻译成50多种文字，经历百年仍是一座无人逾越的丰碑。这小小的昆虫何来这样的魅力？你通过阅读知道了哪些昆虫鲜为人知的秘密呢？赶快把你的阅读收获和你的小组同学交流交流吧！

2. 学生在小组内交流，学生代表发言。

菜单式引导：

▲当学生交流到萤火虫吃蜗牛的时候：

（出示萤火虫和蜗牛的图片）这么大的蜗牛，背着重重的壳，萤火虫到底是怎么吃下去的呢？请大家读读这段文字。

出示以下文字：

萤火虫的捕食对象多为蜗牛。在捕食时，一只萤火虫会像人类进行外科手术一样，先给蜗牛注射一针麻醉剂，使它失去知觉。然后，萤火虫的客人们陆续赶来，它们用自己嘴里的两个弯钩向蜗牛体内注射一种液汁，将蜗牛的肉变成液体，然后再吸进体内，最后只剩下了空空的蜗牛壳。

小学高段（5~6年级）

小结：这段文字把萤火虫吃蜗牛的过程介绍得很完整，但这几句话都分散在《萤火虫》这个章节里的。所以，读《昆虫记》时，我们要善于把文中前后关联的内容进行整合，这样我们就能读得更加明白。

▲当学生交流到蜜蜂种类时，出示各种蜜蜂的图片。

小结：图文结合，我们才能真正认识这些小昆虫。

▲当学生交流到螳螂的时候，可展示一段螳螂捕食的视频。

（1）追问：听了同学的介绍，看了视频，你们对螳螂有什么新的认识？

小结：把书和影像资料相结合，能让我们对昆虫有更直观的了解，这也是一种很好的读书方法。

（2）了解了螳螂的凶残，你们再来看这两段文字：

出示以下文字：

条形蜘蛛：条形蜘蛛的巢是用丝制成的，为了给孩子们建巢，它随心所欲地从体内抽出颜色各异的丝，最后连给自己织张网来捕食的丝都没有剩下，等待它的只有死亡。

蟹蛛：更让人敬畏的是，母蟹蛛自从产了卵以后，就不吃不喝，不眠不休，只是静静地待在卵上，一刻不离地守护着它们。直到生命垂危的时候，怀里仍死死地抱着孵有卵的巢，直到身体缩成僵硬的一团。

① 默读以上文字之后，你们有什么感受？

② 老师总结：昆虫的世界有残忍，也有感动。前后进行比较阅读，就能让我们对昆虫世界有更深入的了解。

3. 聊了这么多，我们还是觉得有很多书中的内容还没聊到，如果接下来你们能用上这些方法去读这本书，相信一定会发现《昆虫记》里更多的奥秘。

四、分享趣事，习得方法

1.《昆虫记》不仅告诉我们很多科学知识，还让我们阅读到了许多妙趣横生的小故事。打开《昆虫记》，翻到第63页，读读松毛虫的故事，把你们觉得有趣的地方圈圈画画，写写批注。记住，默读批注是很重要的读书方法。

2. 在作者的观察过程中发现了哪些有趣的事？作者是怎么把它写得生动、有趣的？

3. 你们读这本书的时候，有没有发现一些有趣的地方？作者是怎么用文字描述的？

4. 老师在翻阅大家的摘抄本时，发现这几段文字很美，很有趣。请班上的朗读小能手给大家读读。（学生配乐读）

出示片段一：

它有纤细而优雅的姿态，淡绿的肤色，轻薄如纱的长翼。它的颈部柔软，头可以任意转动，看起来温柔可人。现在它半身直起，立在青草上，表情很庄严，宽阔的轻纱一样的薄翼，像面纱一样罩着。它前腿弯曲，伸在半空，好像修女在祈祷。

出示片段二：

在靠近河边的泥土上，我惊奇地发现了几段相互缠绕着的"绳子"，它们又粗又松，黑沉沉的，像是沾满了黑色烟灰的细绒线。我本想把那"绳子"放在手心里，可是这东西竟滑溜溜的，还有点黏，刚捏起来就从我的手指缝里溜了出去。我试了好几回，可都是白费力气。不料，有几段绳子的结突然散开了，从绳子里面跑出一颗颗小珠子，小珠子只有针尖那么大，后面还拖着一条扁平的尾巴。这回我认出它们了，原来就是我们很熟悉的小生物——蝌蚪。

出示片段三：

西西斯爸爸和妈妈一起做好孩子的食物球后，妈妈去找地方贮藏，而爸爸会留下来，蹲在食物球上守护着。如果等的时间太久，它就用它高高举起的后足灵活地搓球，用来解闷儿。瞧，它那幸福的样子，好像在说："我搓的这个球，是做给孩子们的面包。"等它们把食物球贮存好以后，爸爸会钻出洞穴为妻子和孩子们看门。

① 小结：我们就要这样大声地朗读这些优美、精彩的段落，并把它们积累下来。

② 交流：你们最喜欢哪一段文字，为什么？（预设：描写细腻，使用了比喻、拟人的修辞手法。）

5. 正是因为法布尔的准确表述、细腻描写，读《昆虫记》时，我们仿佛走进了一个小小的童话般的昆虫世界，充满了情趣。

6. 在我们的生活中，到处可见昆虫，你们能否也像法布尔一样，选择自己感兴趣的一种昆虫，用上比喻、拟人等修辞手法，准确、细腻地描写它的外形或者运动场景。咱们比一比，看谁是"小小法布尔"？

7. 学生练笔。

8. 交流展示。

五、课堂小结，反思收获

1. 今天我们一起聊了《昆虫记》，你们有哪些收获呢？

2. 愿你们用今天学到的方法继续阅读《昆虫记》，还可以阅读其他科普书籍，相信会有更多的同学喜欢这类书！

延伸板块

一、"法布尔的眼睛"读书交流会

1. 读完《昆虫记》后，我们分小组成立了课题研究小组，选择感兴趣的一种或几种昆虫进行了课题研究。现在进行"法布尔的眼睛"阅读成果交流，用你们的方式按小组进行交流。

2. 可以使用以下或其他的方式进行交流：

（1）《昆虫记》"采蜜本"交流。

（2）"昆虫世界"手抄报展示。

（3）"可爱的昆虫名片"书签赠送活动。同时，向大家介绍自己喜欢的昆虫的习性和特征。

（4）欣赏课余在大自然中拍的昆虫照片。

（5）"昆虫知识知多少"竞赛。

（6）昆虫故事会。通过观察或查找资料，了解昆虫的特征和习性，加入想象，借鉴作者的写作方法，写一写它们的生活或自己和昆虫之间的故事，再讲出来。

二、读书交流会评奖

师生共同对刚才进行交流的同学进行评点，评出"法布尔的眼睛"成果奖。

三、"小小法布尔"阅读行动计划

同学们，这么畅销的一本书，感动了一个世纪的一本书，吸引了全世界读者的一本书，也一样吸引住了我们。我们还可以利用空余的时间，再来读读法布尔《昆虫记》的另外几卷书。读完这些书之后如果想更多地了解昆虫、了解自然，还可以去读《人与自然》《当世界还小的时候》《科学的故事》等书籍，相信你们会有更的多收获。

（秦晓晖，海门市书香教师）

《地心游记》阅读指导设计

■ 作品解读

　　《地心游记》是世界上最著名的科幻小说家之一儒尔·凡尔纳的代表作。它是一部将知识巧妙穿插于小说情节，让读者在轻松的阅读中学到丰富的科学知识，并从中感受人类征服自然的坚强意志，充满了传奇色彩的科幻小说。故事讲述了德国科学家里登布洛克教授在一本古老的书里偶然得到一张羊皮纸，发现前人曾到地心旅行，便携同侄子阿克赛和向导汉恩斯，进行了一次穿越地心的探险旅行。他们从冰岛的斯奈菲尔火山口下降，在地心经历三个月的艰辛跋涉，一路克服各种艰难险阻，最后从西西里岛的火山口返回地面。全书记载了旅途上的惊险经历和地底下的种种奇观，浪漫而合乎科学的非凡想象力，把读者带进了一个超越时空的幻想世界。

■ 设计意图

　　课外阅读不仅是一种积累、一种体验，更是一种方法的汲取、自我生命的成长。《地心游记》是一本科幻小说，它不同于一般的文学作品。全书内容丰富、科学严谨，涉猎地质学、矿物学、植物学、动物学等多个领域的知识，再加上作品中所呈现的离奇、独特、大胆、丰富的想象，融趣味性与科学性于一体。本设计旨在以科幻作品的文学特点为经，引领学生从中收获科学知识，感受科学的神奇魅力；以科幻作品的丰富想象为纬，分享探险之旅的步步惊心，感受一路探险的曲折跌宕。从而帮助学生学会阅读科幻作品，感受科幻作品的独特魅力，培养他们对科幻作品的阅读兴趣。

指导目标

1. 通过阅读，收获书中的基本科学信息，了解"雷基尔""草质纤维性泥炭土""密斯都"等一些科学术语，感受科幻作品丰富的知识。

2. 与主人公共同经历地心之旅，品读描写地心神奇壮丽景象的句子，感受作者的奇特想象。

3. 指导学生阅读科幻作品的方法，培养他们对科幻作品的阅读兴趣，同时激发、培养他们丰富的想象力。

指导过程

导读板块

一、聊作者

1. 话题激趣：他的想象丰富离奇，他的想象震撼独特。他用想象征服世界，他用想象创造传奇。他是谁呢？他就是被誉为"科学时代的预言家"的儒尔·凡尔纳。（出示儒尔·凡尔纳的照片）

2. 说说自己对儒尔·凡尔纳的了解，交流资料。

出示以下文字：

儒尔·凡尔纳（1828~1905），世界上最著名的科幻小说家之一。自1863年起，开始发表科学幻想冒险小说，一生共创作了66部长篇小说及短篇小说集，此外还有剧本等作品存世。"他既是科学家中的文学家，又是文学家中的科学家。"凡尔纳，正是把科学与文学巧妙地结合起来的大师。

3. 我们一起再来看看其他名人对他的评价。

出示以下文字：

潜水艇发明者之一，美国青年科学家西蒙·莱克说："儒尔·凡尔纳是我一生事业的总指导。"法国的利奥台元帅甚至这样说过："现代科学只不过是将凡尔纳的预言付诸实践的过程而已！"

二、聊作品

1. 你们知道凡尔纳写过哪些科幻作品？

2. （出示部分代表作的封面）主要作品包括《地心游记》《格兰特船长的儿女》《海底两万里》《神秘岛》等。这些作品，使他获得了"科学时代的预言家"的称号。

3. 你们曾经读过凡尔纳的哪部作品？对这些作品有什么看法？

4. 凡尔纳的作品，不仅以流畅清新的文笔、波澜起伏的情节吸引了广大读者。更可贵的是，他那非凡的想象力，浪漫而又符合科学的幻想，使读者如痴如醉，跨过时代门槛，提前迈进了未来世界。

三、聊《地心游记》

1. 今天，老师带来了凡尔纳的代表作之一——《地心游记》。（出示《地心游记》图书）

2. 读了这本书的题目，你们能大概猜想一下它的主要内容吗？

3. 关于地心，你们有什么了解？又有哪些猜想？

4. 也许你们会与凡尔纳不谋而合，也许你们的想象与他不相上下，更也许会大相径庭，可是，这有什么关系呢？每一个猜想都弥足珍贵，每一个猜想都是一汪智慧的清泉。现在，就让我们怀揣着想象，加入里登布洛克教授一行，一起去地心游历，开始这一段神奇而惊险的历程吧！

四、阅读法

1. 提出话题：《地心游记》是一部科幻小说，与平时所读的人物传记、童话故事、诗歌、散文有很大的不同。你们觉得阅读这本书时该关注什么？

2. 同桌交流，寻找合适的阅读关注点。

3. 全班交流、相机总结：

第一，不要把科幻小说时与科普作品等同起来。科幻小说虽然有科学性，具有科普功能，有些科幻小说还具有预言和启发科学发明的功能，但它仍然是文艺作品，不能与科普作品画上等号。对于科幻小说，只要它倡导的是一种严肃的科学精神，具有好的创意和深刻的内涵，能够发人深省就可以了。

第二，阅读科幻小说时要注意它的创意。科幻小说不同于一般小说，因为它描写的是现实生活中一般不太可能发生的事情，这就需要不同于一般的创意。我们阅读科幻小说时，需特别注意其中的创意。

第三，科幻小说虽然以现实生活的经验为基础，但仍然是一种幻想性文学。阅读科幻小说，要培养敢于想象、敢于提出不合常规的观点，使自己更适应未来发展的多样性。

第四，我们在阅读科幻小说时，要注意体会作者的想象力，同时要注意作者是如何铺设情节的。大部分科幻小说都是情节性较强的小说，我们可以学习作者的叙述模式，也可以通过变通将其写作方法引用到我们日常记叙文的写作中。

▲ 推进板块

一、重温科幻特点

1. 前一段时间，大家都在读《地心游记》，并完成了相关的阅读记录。读了这本书，你们最大的感受是什么？（预设：知识丰富、内容精彩、情节离奇。）

2. 你们刚刚交流的就是科幻小说最大的特点，概括起来说，有这样几点：科学性、故事性、幻想性。

3.这一课，我们就从这几个方面来交流《地心游记》，感受它作为科幻作品特有的魅力。

二、感受神奇幻想

1.在读《地心游记》之前，你们有没有想过地心是个怎么样的世界？在作者奇幻的想象里，地心是如此妙不可言的。老师找来了一段视频，让我们一起来分享！（播放视频）

2.看了视频，有什么想说的？

3.一切得感谢凡尔纳，让我们看看他在书中的这段描述。

出示"蘑菇林"片段的文字：

它像一片高大浓密深邃的森林，林中树木高矮适中，远远望去，呈现太阳伞状，并带有清晰的几何形轮廓。风吹过去，树叶纹丝不动，如同岩石状的雪松。这是一片蘑菇的森林！这里的蘑菇数以千计，阳光达不到它们下面的土地，因此它们的头部下面是一片漆黑，这些蘑菇聚在一起，仿佛非洲城市里的圆屋顶。高达三四十英尺的白蘑菇，头部直径也有三四十英尺。

（1）请学生朗读。

（2）追问：作者的幻想神奇吗？你们从哪些地方可以感受到？

（3）丰富的想象加上细腻的描述，将这地心的"蘑菇林"栩栩如生地呈现于我们眼前。除了这段文字，书中哪些章节中也有令你们震撼的神奇幻想？

4.分享交流。

5.小结：是呀，想象，让一切变得非同寻常。

三、品味精彩故事

（一）牵手科幻人物

故事中的人物关系很简单，相信你们一定把主人公的形象记在心中了，一起来看。

第一关——人物猜猜猜

出示以下描写人物的文字：

（1）他少言寡语，不苟言笑，举止温柔沉稳，光看外表，让人难以想象他会打鸟捕兽。他是个忠贞不贰的向导，从来只是唯主人之命是从，一路上不离不弃，勇敢坚毅。　　　　　　　　　　（向导汉恩斯）

（2）他是约翰学院的教授，讲授矿石学。他博学睿智，喜欢收藏图书与矿物标本，精通多种语言，对地质学和探险有着疯狂的爱好。一旦是他认定的计划或目标，绝对会坚持不懈、永不言弃。他的脾气有些火暴冲动，但在亲情流露时也是无限温柔的。　　（里登布洛克教授）

（3）这是一个聪明的年轻人，虽然他的探险之旅多少显得有些被动，但实际上他一路上很享受惊险的历程，而且他的聪明常常能让里登布洛克教授豁然开朗。一路上，他虽然险情不断，但却总能化险为夷。（阿克赛）

恭喜过关！一来说明你们看得认真，二来得感谢作家对人物传神的刻画。

第二关——人物创作秀

（1）如果请你们为《地心游记》作品里再增加个角色，你们将让一个怎么样的人加入呢？想一想，用几句简单的话写一写。

（2）全班交流。

（3）真让老师惊喜，你们创作的人物都能成为里登布洛克教授最需要的帮手，很符合《地心游记》这部科幻小说的人物风格。教授知道了，一定会带上他们的！

（二）叩问精彩故事

人物难忘，故事更精彩！接下来进入我们的抢答题环节，相信一定难不倒认真阅读的你！

第三关——故事我知道

出示以下题目：

1. 经过确认，羊皮密码信上的文字是（　　）。

　　①卢尼字母　　②法文　　③拉丁文

2. 羊皮密码信的钥匙是（　　）找到的。

①阿克赛　　②里登布洛克　　③格劳本

3. 地心中最先看到的是一片海,这片海被命名为(　　)。

①阿克赛海　　②里登布洛克海　　③格劳本海

4. 地心中有一道特殊的光线,出现光线是因为(　　)。

①海水的反光　　②发电厂供应的电源　　③巨大的内部压力

5. 和叔叔散步时,我们发现地上冒着青烟,那是(　　)。

①火球散发的热量　　②沸泉　　③汉斯小溪溅起的水花

6. 我们看到的那片茂密的森林其实是(　　)。

①史前植物　　②蘑菇林　　③封印木、冷杉树

7. 除了植物,他们还发现不少古代动物的残骸,最先发现的是(　　)。

①乳齿象的下颚骨　　②猛犸象的股骨　　③短角兽的骸骨

8. 叔叔是用(　　)来探测海的深度的。

①激光探测仪　　②长绳绑上十字镐　　③抛下船锚

9. 随着地心探险的深入,我们发现地下的海水产生的原因是(　　)。

①从某一缝隙流入地心　　②原始存在　　③降雨形成

10. 可怕的巨兽之战是(　　)之间的战斗。

①海蜥蜴和鼠海豚　　②鳄鱼和巨龟　　③鱼龙和蛇颈龙

11. 十字镐上的牙印是(　　)留下的。

①鳄鱼　　②鱼龙　　③蛇颈龙

12. 地心热量论是(　　)提出来的。

①里登布洛克　　②英国一个船长　　③戴维

13. 唯一能证明我们是否抵达地心的仪器是(　　)。

①温度计　　②罗盘　　③流体气压计

14. 他们在地下发现的人骨是存在于(　　)的古人类活动证明。

①第二世纪　　②第三世纪　　③第四世纪

15. 阿克赛一行能从地心返回是借助了(　　)的力量。

①火山爆发　　②地球大爆炸　　③硫磺燃烧

16. 三百多年前(　　)就曾亲身体验地心之旅,并在地下做了很多记号。

①儒尔·凡尔纳　　②阿尔纳萨克怒塞姆　　③汉恩斯

附答案：1.③ 2.① 3.② 4.③ 5.② 6.② 7.① 8.② 9.① 10.③ 11.② 12.③ 13.③ 14.③ 15.① 16.②

（1）相信书中还有很多精彩的情节让你们难忘！回忆一下，挑一个自己印象最深的情节和小组里的同学绘声绘色地说一说。

（2）全班交流。

四、发现科学味道

1.科幻故事中的科学性不一定是现实中的科学，有现实科学，更有很多是现有科学还未触及的领域，属于科学预知。书里有这样一些科学痕迹，你们留意了吗？

2.下列这些知识你们知道吗？

出示图片及相关文字：

雷基尔：这是一种白色气体，它源自地下沸泉，非常猛烈，告诉人们此处的火山活动情况。

草质纤维性泥炭土：这是半岛沼泽地上古植物的遗迹，是一种尚未被开发的燃料。

煤的形成：当时的地壳具有伸缩性，由于地球内部液体的流动，形成了许许多多的沟隙和凹陷。植物大面积地被淹没在水下，逐渐变成泥炭，然后，由于发酵而完全硫化，因而形成了巨大的煤层。

3.除此以外，你们还从本书中了解到哪些知识？不妨说出来和大家分享，先说页码，再读知识。

第59页：地心的温度达到20万摄氏度，每往下100英尺，温度就会上升1度。

第60页：罗盘为我们指示方向。

第67页：植物先变成泥炭，然后在密封的条件下进行发酵，直到变成我们今天所发现的煤矿。

4 读科幻小说的乐趣之一，就是在于收获科学的智慧。看来大家都收获颇丰。

五、课堂总结埋伏笔

好的作品是一种唤醒！下一堂课，让我们继续深入阅读《地心游记》，去收获更多的精彩！

▲ 延伸板块

一、作品回顾

（一）内容梳理

1. 主人公经历了一件什么事？

全书讲述了里登布洛克教授在一本古老的书里偶然得到了一张羊皮纸，发现前人曾到地心旅行，里登布洛克教授决心也做同样的旅行。他和侄子从汉堡出发，到冰岛请了一位向导，他们按照前人的指引，由冰岛的一个火山口下降，经过三个月的旅行，历尽艰险和种种奇观，最后回到了地面。书中的汉恩斯、阿克赛、里登布洛克教授在地心环游了地球一周，好几次险些失去了宝贵的生命。他们从鱼龙的嘴里死里逃生，遭遇水源的危机……最终他们排除万难，在一次危险的火山喷发中被炙热的岩浆喷射到了地中海的斯德隆布利岛。

2. 能不能按照地点的变换，梳理故事的发展？以小组为单位，合作完成，全班交流。

（二）写法学习

1. 你们觉得这部科幻小说写得精彩吗？说说为什么会这么精彩，作品哪些地方处理得好？

2. 交流分享。

3. 总结方法：

（1）善于幻想。科学的真理总是从幻想开始，展开想象的翅膀，坚定自己的信念，将智慧与勇气结合起来，任何人都可以成功。

（2）这本书语言幽默，情节扣人心弦，书中的三位人物性格迥异。

二、视频欣赏

1.《地心游记》已经被拍成电影在世界各地上映，而凡尔纳的名字也因此走进了千家万户，让我们一起来欣赏。

2.欣赏影片《地心游记》，写观后感。

（何裕琴，海门市骨干教师，海门市书香教师，江苏省实施素质教育先进个人）

《孔子的故事》阅读指导设计

■ 作品解读

李长之写作《孔子的故事》经过了长期的酝酿，他选取了一个非常巧妙的角度写作孔子——孔子的故事。李长之说："我们讲孔子的故事，主要是想使大家看一看孔子在当时是怎样生活的，以及当时的人是怎样看待孔子的。"所以，当我们读完全文，会认为这是一本通俗读物，但是作者却没有因此减弱他斟酌史料的严肃性，相反，他在相关史料的取舍上做到了有根有据、一丝不苟。

全文从孔子的幼年开始，逐渐过渡到学习成长，从事教育事业，开展政治工作，周游列国，专心从事教育事业。在叙述方式上尽量客观地讲述孔子的生活。但是作为批评家，作者还是不忘在叙述之余发表三言两语的短论。《孔子的故事》往往引用《诗经》和《论语》上的话，作者把它们译成流畅生动的现代汉语，不仅准确地转译了原意，而且将孔子说话时的口吻和神态也惟妙惟肖地传递了出来，令人回味无穷。

■ 设计意图

　　《孔子的故事》是一本人物传记，所以本设计定位在了解孔子的人生轨迹，把握孔子是如何一步步从"孔丘"成为"孔子"的。紧紧把握关键节点上对其产生影响的人或者故事，从中获得有益的人生启示，并形成有一定深度的思考和判断，在此基础上，用自己的语言为孔子撰写小传。

■ 指导目标

　　1. 了解孔子的一生，把握其人生轨迹。
　　2. 感悟在关键节点上对孔子产生影响的人或者故事，从中获取启示。
　　3. 为孔子撰写人物小传。

■ 指导过程

▲ 导读板块

一、了解作者

　　1.（出示李长之照片）认识他吗？说说自己对李长之的了解。

　　2. 交流作者的相关资料：李长之(1910~1978)，山东省利津县人。出身于书香门第，清华大学毕业，是中国著名的现代作家、文学评论家、文学史家。

二、了解作品

　　1. 你们知道李长之写过哪些作品吗？（预设：主要作品有《道教徒的诗人李白及其痛苦》《司马迁之人格与风格》《陶渊明传论》《中国文学史略稿》《李白》《孔子的故事》等。）

2.你们读过李长之的哪些作品？对这些作品有什么看法？（指名交流）

3.李长之最善于进行传记式的批评，他善于把"人格和风格互相辉映阐发，感同身受地进入文学世界，引领读者深入地把握独特的生命，把生动的人格形象写下来"。讲述孔子的故事这种叙述方式，使得李长之最大限度地发挥其优势，绘声绘色地将孔子的精神面貌和生平事迹展现在我们的面前。

三、了解《孔子的故事》

1.老师带来了李长之写的一本书——《孔子的故事》。读了这本书的题目，你们能大概猜想一下这本书的主要内容吗？

2.关于孔子，你们有什么了解？（交流、分享）

孔子，名丘，字仲尼，鲁国人，春秋末期的思想家、教育家、政治家，儒家思想的创始人。孔子是当时社会上最博学者之一，被后世统治者尊为孔圣人，是"世界十大文化名人"之首。

3.现在，就让我们怀着对圣人的敬意，开始这一段神圣的"寻孔"历程吧！

四、了解方法

1.《孔子的故事》是一本人物传记，与平时所读的科幻小说、童话故事、诗歌散文有很大的不同。你们觉得我们读这本书的时候应该关注什么？

2.同桌交流，寻找合适的阅读关注点。

3.全班总结：

（1）了解书中人物的人生轨迹，能把握基本事实。

（2）分析人物形象——性格、品格、情感等，把握人物的性格、品格、情感与典型事件之间的关系。

（3）分析作品的选材、表现手法、语言特色等艺术形式，了解作者的处理意图。

（4）关注作者对传主及有关事实所作的评价，探讨传记反映的人生价值和时代精神，从中获得有益的人生启示。

▲ 推进板块

一、谈话导入

1. 前一段时间，我们一直在读《孔子的故事》。通过阅读，你们知道孔子的原名叫什么吗？（预设：孔丘。）

2. 后来为什么称他为孔子呢？

3. 补充说明："子"是古代对有学问、道德高尚的人的尊称，比如孔子、老子、孟子等。

二、交流汇报

1.《孔子的故事》是一本人物传记，人物传记是一种记录人物生平事迹的文学形式。阅读人物传记最重要的就是要把握住两点：了解人生经历、感悟人物形象。课前，我们大致梳理了孔子的一生。我们一起交流一下。谁来汇报？

根据学生交流，相机出示：

年份（年龄）	内　容
公元前 551 年	孔子诞生
三岁	父亲去世
十五岁	立志学习
十七岁	母亲去世
十九岁	结婚
二十岁	儿子孔鲤出世
二十六七岁	做了一两回小官
三十岁	有了第一批弟子
三十四岁	拜访老子
公元前 517 年	孔子第一次参与政治
公元前 501 年	孔子在鲁国当了中都宰
公元前 497 年 ~ 公元前 484 年	孔子离开鲁国，周游列国
七十岁左右	专心教育事业
公元前 479 年	孔子去世

2. 了解了孔子的一生，我们会发现在他一生中的不同阶段，总会有一些故事发生，这样的故事影响着孔子，改变着孔子，使得他一步一步地从"孔丘"成为"孔子"。

3. 读完这本书，哪些故事给你们留下了深刻的印象？（学生交流）

4. 看来大家读得非常用心。老师和大家一样，也对其中的一些故事印象深刻。（出示：《叫花子的故事》《孔子与老子的故事》《孔子离开鲁国的故事》《丧家狗的故事》《孔子教育弟子的故事》）

（1）有关《叫花子的故事》的赏析。

① 谁来讲《叫花子的故事》？（学生讲述）这个故事对于童年时期的孔子产生了怎样的影响呢？（预设：孔子从小时候起，就要看很多人的脸色，感受到了很多人情的冷暖，于是养成了谨慎小心的性格，很敏感，很善于应付人，并习惯了遇事有所思索，总之有点早熟。当然，由于孔子后来得到不断的历练，他并没有因此而变得孤僻和冷酷。）

② 这就是作者李长之对孔子童年的评价，孔子就是在这样的童年中长大了。

（2）有关《孔子与老子的故事》的赏析。

《叫花子的故事》讲完了，由于刻苦学习，这个叫花子逐渐成了博学多能的人。就在这时，孔子拜访了一个人，他就是老子。谁来讲《孔子和老子的故事》？（学生讲述）

① 你觉得在这次会见中，老子对孔子的影响是什么？（预设：这一次会见，对于孔子来说是极其有益的。这时的孔子正当壮年，在求知和修养方面，积极热情有余，但是不免有些急躁、粗枝大叶，仿佛还需要更阔大的胸襟，需要在精神层面上更加丰富一点，还需要从更高的角度对自己已经获得的学识技能进行审量。而在这些方面，老子恰可以为孔子提供帮助。孔子向老子请教了很多东西，甚至就是孔子所熟悉的礼数方面，也证明老子比他懂得多。）

② 老子送给孔子三句话：

出示以下文字：

第一，不要把古人的东西看得太死。

第二，要顺其自然。

第三，要戒骄戒躁。

③小结：著名学者余秋雨曾经说过："老子比孔子略胜一筹。"所以，这次经历对于孔子来说，收获颇丰，从此以后，孔子变得更加成熟了。在孔子的辅佐下，鲁国的实力日益强大，可是就在这个时候，却发生了这样一个故事。

（3）有关《孔子离开鲁国的故事》的赏析。

①谁来讲《孔子离开鲁国的故事》？（学生讲述）孔子为什么要离开鲁国呢？（预设：在孔子的辅佐下，鲁国的国力日益强大，这样就使得它的邻国齐国恐惧了，于是用离间计离间了孔子与鲁定公的关系。再加上季桓子也担心孔子再这样发展下去会把自己的势力削弱，所以也开始冷淡孔子。）

②你们觉得孔子应该离开还是留下？大家可以互相交流一下各自的看法。（预设：离开——既然得不到信任，还是离开。此地不留人，自有留人处。留下——自己的理想还没有实现，绝对不可以轻言放弃。）

③小结：《战国策》中有一句名言：士为知己者死。指甘愿为赏识自己、栽培自己的人献身。孔子就是这样的"士"，现在既然所处的环境中没有人赏识自己、栽培自己，他毅然决然地选择了离开。这件事情对孔子的打击是很大的，他伤心地离开了鲁国，一身本领无处施展，满腔热忱却无人理解，所幸的是还有他的弟子们陪伴着他。就这样，孔子和弟子们开始了长达14年的漂流生活，历史上称之为"孔子周游列国"。

（4）有关《丧家狗的故事》的赏析。

①在孔子周游列国的过程中，他先后来到了卫国、匡城、晋国、宋国、陈国、楚国等七个国家，在这个过程中，发生了一个非常有趣的《丧家狗的故事》，谁来讲这个故事？（学生讲述）

②孔子为什么承认自己像条丧家狗呢？（预设：此时孔子狼狈的样子的确蛮像的，另外孔子不能回到鲁国，就像一只没有家的狗，虽有一番爱国之心，却报国无门。但是从中我们却可以感受到孔子乐观豁达的心态。）

③小结：经过了14年的奔波，孔子终于回到了家乡鲁国。经历14年的风风雨雨，孔子最终认识到教育才是自己真正的使命，所以他把剩余的时间和精力都放到了教育上，终于成为一代圣人。谁来讲讲孔子教育弟子的故事？

（5）有关《孔子教育弟子的故事》的赏析。

出示以下文字：

子路曾经问孔子："听说一个主张很好，是不是应该马上实行？"孔子说："还有比你更有经验、有阅历的父兄呢，你应该先向他们请教请教再说，哪里能马上就做呢？"可是冉有也同样问过孔子："听说一个主张很好，是不是应该马上实行呢？"孔子却答道："当然应该马上实行。"公西华看见同样问题而答复不同，想不通，便去问孔子。孔子说："子路遇事轻率，所以要叮嘱他慎重。冉求遇事畏缩，所以要鼓励他勇敢。"

①这个故事中孔子的教育方法可以用一个成语来概括，那就是"因材施教"。

②你们喜欢因材施教的老师吗，为什么？

三、总结提升

1.故事暂时先讲到这里。通过这些故事，你们觉得孔子是一个怎样的人呢？

2.根据自己的读书心得和课堂收获，为孔子写一个人物小传。（200字左右）（预设：公元前551年，孔子诞生。由于孔子父母的结合不被当时的社会所接纳，所以孔子自幼与母亲相依为命。贫寒的生活激发了孔子的斗志，他勤奋学习，博学多才，又得到了老子的指点，在教育和政治上都取得了不俗的成就。14年的游学生活使孔子明白了教育才是自己的本行。在将近70岁时，他开始专心教育弟子，编写《春秋》，整理诗歌和音乐，直至生命的最后一刻。）

▲ 延伸板块

一、赏析电影

1. 孔子的故事已经被拍成电影在世界各地上映，而孔子的名字也因此走进了千家万户。

2. 欣赏影片《孔子》。

3. 写观后感，交流分享。

二、排演话剧

1. 选择《孔子的故事》相关片段，排演话剧。（以小组为单位排演）

2. 班级展示。

3. 评选优秀表演奖。

三、推荐阅读

作为六年级的学生，我们应该多读一些人物传记，从中获取有益的人生启示。在这里，老师向大家推荐《平民总统林肯》《我的一生——安徒生回忆录》这两本人物传记。（出示两本书的封面）

（徐勇，海门市骨干教师，全国新教育实验优秀个人，南通市优秀教育工作者）

■《少年音乐和美术故事》阅读指导设计

■ 作品解读

　　丰子恺编著的《少年音乐和美术故事》中的文章选自民国时期开明书店出版的青少年杂志《新少年》，旨在引导少年认识社会、欣赏文艺和了解自然。《少年音乐和美术故事》按照故事内容分为"少年音乐故事"和"少年美术故事"两部分，将枯燥的艺术基本常识融化在平易的小故事中，讲述风趣、情味悠然。虽然书中的一些乐理、美术知识的表达与当下有些差异，但读者绝不会因此而减少对这本书的喜爱，因为其中蕴含的对艺术的追求和感悟是不会因为时代的差异而褪色的。

■ 设计意图

　　《少年音乐和美术故事》是丰子恺先生为少年儿童"量身定制"的，每一个故事都蕴含着一些音乐、美术方面的知识，而这些故事本身涉及的生活场景又都是那么自然，虽然有的场景对现在的孩子来说不那么熟悉，但就像看老电影一样,学生通过阅读,都能马上进入其中的情境。本教学设计,旨在让学生先"走进故事",再"走出故事",通过形式各异的教学方式,充分提炼、感悟到丰子恺先生寄寓在故事中的艺术知识和艺术品位,体会到这本书的"良苦用心",并在生活中拥有发现艺术之美的眼光和心性。

■ 指导目标

1. 通过听故事、了解作者、交流知识点等环节,激发学生阅读本书的兴趣。

2. 在实践运用中提升对艺术的感悟能力,通过对精妙的、富有哲思性语言的品读,提升艺术修养。

3. 拓展知识面,进一步了解作者在漫画、散文等领域的伟大成就。

■ 指导过程

▲ 导读板块

一、故事导入

1. 从《少年音乐和美术故事》中的《巷中的美音》这一章节中选取仙人吹魔笛的故事讲一讲。

2. 学生谈感受,老师总结:可见,音乐的确有着伟大的感化力。

3. 大家知道老师是从哪本书中读到这个故事的吗?(出示《少年音乐和美术故事》一书)

二、走近作者

1. 这本书的作者是丰子恺先生。(出示丰子恺照片)

老师介绍有关作者的资料：

丰子恺（1898～1975），原名丰润，浙江崇德县（今属桐乡）石门镇人。中国现代画家、散文家、美术教育家和音乐教育家、翻译家，是一位在多方面均有成就的文艺大师。曾任中国美术家协会常务理事、美协上海分会主席、上海中国画院院长、上海对外文化协会副会长等职。他被国际友人誉为"现代中国最像艺术家的艺术家"。丰子恺先生风格独特的漫画作品深受人们的喜爱，作品内涵深刻、耐人寻味。他一生出版的著作达一百八十多部。

2. 丰子恺先生曾经说过这样一段话——（出示："我的心为四事所占据了：天上的神明与星辰，人间的艺术与儿童。"）他认为孩子"有着天地间最健全的心眼"，是世间"彻底真实而纯洁"的人。他甚至希望自己的孩子不要长大，让生命一直浸润在童心世界的快乐和本真中。为此他还曾满怀惆怅地写了一篇《送阿宝出黄金时代》的散文，既为自己的儿女长大欢欣，又为孩子告别童年而伤心。

3. 从今天开始，我们将要阅读的就是一个叫"逢春"的小姑娘和一个叫"如金"的小男孩身上发生的有趣的故事，他们是姐弟俩。这些故事有一个共同点，都和"音乐"或"美术"有关。

三、共读第一篇

1. 先来听一听《独揽梅花扫腊雪》的故事吧！
2. 出示以下文字：

漫天大雪，从去年除夜落起，一直落到今年元旦的朝晨。天井里完全变成白色，只见两株老梅的黑色树干从雪中挺出，好像一双乌木筷插在一碗白米饭里了。

这个比喻怎么样？

3. "除了两株梅树以外，还有一个浑身黑色的王老公公……"（老师朗读书中的内容至"爸爸伸手抚我的头，笑着说：'雪腊扫花梅揽独，王公公做不到，只好你去做了！'说着便离开我，自去同王老公公闲谈了"）

4. 你们听懂故事中爸爸的话了吗？

5. 老师继续往下朗读文章。

6. 交流：你们觉得在自己的家里，谁是"主音"do，谁是"属音"sol，"中音"又是谁呢？

7. 小结：丰子恺讲的这些和音乐知识有关的故事是多么有趣，多么容易理解啊！它比纯粹地讲乐理知识要有意思得多，那就让我们继续读故事吧！

▲ 推进板块

一、再次走近作者

1. 同学们，前一段时间，我们一起阅读了丰子恺先生的《少年音乐和美术故事》这本书。（出示《少年音乐和美术故事》）这本书实际上是由两大部分内容组成的，一部分是"少年音乐故事"，另一部分是"少年美术故事"。事实上，当初出版的时候就是独立的两本书。同学们觉得，书中的这些故事和你们平时读到的一些故事最大的区别是什么？

2. 将相对而言略显枯燥的音乐、美术知识通过故事的方式表达出来，让大家更容易理解，真是能看出丰子恺先生的"良苦用心"啊！同学们再来看。这书名，其中特别突出了"少年"，可见，这本书是专门写给青少年看的，因此，这也是一本给青少年"量身定制"的书籍。"量身定制""良苦用心"，丰子恺先生对少年儿童的那份爱可见一斑啊！

3. 丰子恺先生曾说过这样一句话——（出示：孩子"有着天地间最健全的心眼"，是世间"彻底真实而纯洁"的人。）大家大声地把这句话朗读一遍。

4. 据说，当年丰子恺先生的女儿阿宝快要长大成人的那段日子里，作为爸爸的丰子恺先生，心里特别矛盾。谁来猜猜他心中的矛盾是什么？

5. 丰子恺先生后来写了一篇散文，叫作《送阿宝出黄金时代》，这个"黄金时代"指的就是最美好的童年。因此，他说，他的心事为四事所占据了——（出示：天上的神明与星辰，人间的艺术与儿童。）大家齐读这句话。

二、音乐常识交流

判断下列有关音乐常识说法的正误。

（1）在钢琴上，黑键是划分半音的。七个白键之中，只有EF之间相隔一个"半音"，其余每两个白键间相隔都是两个"半音"，即一个全音。（错误）

（2）do、re、mi、fa、sol、la、si叫作长音阶，也叫大音阶，用长音阶作曲的乐曲，叫作长调乐曲。la、si、do、re、mi、fa、sol，叫作短音阶，也叫小音阶，用短音阶作曲的乐曲，叫作短调乐曲。（正确）

①老师唱两段旋律，你们来辨别一下，哪一首是长调乐曲，哪一首是短调乐曲？

②丰子恺先生在《竹影》这篇文章中曾写过这样一句话——（出示："院子里的光景已由暖色变成寒色，由长音阶变成短音阶了。"）谁来说说对这句话的理解？

（3）大凡吹运管中空气而发音的乐器，管愈长发音愈高，管愈短发音愈低。（错误）

（4）先有曲而后作歌词，方法不及先有歌词再作曲，因而难得那样融和而圆满的结合。（错误）

三、阅读感悟

1.关于音乐和美术，这本书中有许多精辟的论述。

出示以下文字：

①"对于个人，音乐好像益友而兼良师；对于团体生活，音乐是一个无形而有力的向导者。"

②"音乐是最善于表现感情的艺术。音乐可以说是感情界的言语。"

2.谁还找到了其他类似的句子？读一读，并谈谈自己的感想。

四、美术常识交流

判断下列有关美术常识说法的正误。

（1）"三原色"是指红、黄、白。"三间色"是指红黄成橙、红白成粉、

黄蓝成绿。（错误）

（2）远近法里有一个定规：同样大的东西，越远越大，同样长的距离，越远越长。（错误。结合图，想想正确的说法）

（3）一幅画，人物在中间是齐整的好看，在三分之一处是自然的好看，贴在边上就不好看了。（正确。结合图和生活经验来感受）

（4）看一幅画，应当靠近看，越近，看得越仔细。（错误。交流想法，既要看细节，也要有整体的把握）

五、实践作业点拨

1.《弟弟的新大衣》一文，等候开会前那一幕中对"各色人物"的描写很有意思，请模仿着写一写教室里同学的着装，也可以思考一下谁的着装最得体，并说说理由。

2.《初雪》一文中，有对家具装饰的"繁"与"简"的论述，你们不妨也到家具市场上去看一看，哪些是属于"繁"型的，哪些是属于"简"型的？你们更喜欢哪一种？还可以将自己喜欢的家具画下来。

3.《儿童节前夜》一文中讲到几个孩子用雕刻山芋的方法来做版画，你们觉得还可以用什么来做版画呢？动手试一试，一定很有意思！

六、了解几个美术流派

1.在美术史上，出现过许多不同的流派，《少年音乐和美术故事》一书中也用相关的故事把它讲述出来了。现在就请你们读一读以下几条描述，想想它们分别描述的是哪一个流派。

（1）到了罗丹，开始废弃一切定规，完全依照实际的人体而雕塑。所以雕出来的同真实的人体一样。（写实派）

（2）把过去、现在、未来的状态一齐描出。譬如描一只正在跑的马，就描几十只脚；描一个正在弹琴的人，就描好几只手。（未来派）

（3）描画不必描写外界的状态，应该描写我们看见一种状态时心中所产生的感想。（表现派）

（4）把物体的形状裂为种种几何形体，重新组织起来，使人看了不

知道所描的是什么东西。（立体派）

2.俗话说，光说不练等于零。我们来看几幅世界名画，想想它们分别属于哪个流派。（出示名画：米勒的《晚钟》、波丘尼的《城市的兴起》、蒙克的《生命之舞》、毕加索的《弹曼多林的少女》）

七、漫画欣赏

1.同学们都知道，绘画当中有一种很特别的种类，叫作"漫画"。这本书上有一幅漫画叫《军缩会议》，特别有意思。请说说，你们看懂了这幅漫画的意思了吗？

2.漫画常常能很好地起到讽刺现实、警醒他人的效果。我们再来看看这几幅漫画，并说出它们各自的内涵。

出示下列漫画：

3.其实，丰子恺先生本人就是一位漫画大师，他的漫画往往是寥寥几笔，就勾画出一个意境。几个茶杯，一卷帘笼，便是十分心情。他的许多漫画，都是以儿童作为题材的。

出示下列漫画：

八、延伸阅读

正因为丰子恺先生在美术、音乐、文学等方面的巨大成就，所以，他被国际友人誉为"现代中国最像艺术家的艺术家"。下面这张表格罗列的是从1926年开始，各出版社出版的丰子恺先生的作品，若有机会，同学们可以找来读一读！

出示表格：

1926	开明	《子恺漫画》
1927	开明	《子恺画集》
1928	开明	《西洋美术史》
1931	开明（增订本）	《缘缘堂随笔》（散文集）
1957	人文	
1933	上海开华书局	《子恺小品集》
1934	天马	《随笔二十篇》
1934	开明	《艺术趣味》（散文集）
1934	开明	《绘画与文学》（论文集）
1934	中华	《近代艺术纲要》（论文）
1935	良友	《车厢社会》（散文集）
1935	良友	《艺术丛话》（论文集）
1936	上海仿古书店	《丰子恺创作选》（散文集）
1936	上海人间书屋	《艺术漫谈》
1937	开明	《缘缘堂再笔》（散文集）
1939	开明	《漫画阿Q正传》
1941	成都普益图书馆	《子恺近作散文集》
1941	桂林文化供应社	《艺术修养基础》（论文集）
1943	桂林文光书店	《画中有诗》（诗配画）
1944	重庆崇德书店	《教师日记》（日记体散文集）
1944	桂林民友书店	《艺术与人生》（论文集）
1945	开明	《古诗新画》（子恺漫画全集之一）
1945	开明	《儿童相》（子恺漫画全集之二）
1945	开明	《学生相》（子恺漫画全集之三）
1945	开明	《民间相》（子恺漫画全集之四）
1945	开明	《都市相》（子恺漫画全集之五）
1945	开明	《战时相》（子恺漫画全集之六）

（续表）

1946	上海万叶书店	《率真集》（散文集）
1947	上海万叶书店	《小钞票历险记》（童话）
1955	人民美术出版社	《子恺漫画选》
1962	香港岭南出版社	《子恺漫画全集》
1979	香港问学社	《缘缘堂集外遗文》明川编
1982	上海文艺	《丰子恺散文选集》
1983	浙江文艺	《缘缘堂随笔集》
2010	海豚出版社	《丰子恺儿童漫画选》（全10册）
		《手指》
		《竹影》
		《李叔同先生的教育精神》
		《丰子恺》（经典赏读本）
2011.6	海豚出版社	《丰子恺儿童》文学全集（套装共7册）

延伸板块

1. 这本书的内容是以故事的方式连缀在一起的，其实，在这些故事中还含着好多有意思的"故事"，比如"仙人吹魔笛""希腊画家乌克西斯和巴尔哈西斯的故事"……可以讲给伙伴听或把它们表演出来。

2. 书中出现了许多歌谱，大家可以逐一对照着唱一唱，感受一下当年的生活。当然，好的音乐本质是不会因为时代的变迁而改变的。

3. 丰子恺先生的散文，在我国新文学史上也有较大的影响。主要作品有《缘缘堂随笔》《辞缘缘堂》《缘缘堂再笔》等。《丰子恺儿童文学全集》中，除了《少年音乐和美术故事》，还有《小钞票历险记》《博士见鬼》《中学生小品》《给我的孩子们》《华瞻的日记》等，都是不可多得的作品，一定要找来读一读！

（陆锦华，中学高级教师，教育硕士，南通市骨干教师）

附录 1
如何引领儿童读好整本书

吴建英

随着课改的深入，整本书阅读的重要性已深入人心，《语文课程标准》中"多读书，好读书，读好书，读整本的书"的精神也逐渐得到广泛响应。然而，从现状看，大部分教师仍不知如何引领学生读整本书，学生阅读仍呈现出零散、无序和随意的"自由风"状态。针对这一现状，我们近年来着力进行"整本书阅读"的探索与实施，促使学生的语文素养得以全面提升。

选书：把最好的东西给最美丽的童年

朱永新教授说，要把"最好的东西给最美丽的童年"。儿童的心灵是柔弱而稚嫩的，我们应当为他们输送契合他们心灵的优雅、诗意、柔美、精致的作品。为此，我们以"中国小学生基础阅读书目"为基础，构建了一至六年级整本书阅读课程体系。在书目选择上，注意了以下四点：

1. 绝对是经典的

儿童更需要经典。我们努力把人类那些最重要的价值，如爱、自信、尊重、感恩、诚信、同情、敬畏、宽容等成长维生素，通过最经典、最美好、最优秀的书籍带给孩子，为他们产生人生观、价值观、群体观、自然观等打下基础。这样，在儿童精神成长最敏感的时期遇到好书，就可以形成一个好的"胃口"，读书就有了品位、有了格调。

2. 必须是儿童的

我们尽量选择适合儿童读的书。比如，选择与学生心灵息息相通的书。儿童天生爱幻想、充满好奇，这就决定了他们爱读幻想故事，《中国神话故事》《地心游记》等这些故事可以刺激学生萌生源源不断的想象力。又比如，选择与学生生活密切相关的书，《草房子》《城南旧事》等这类书，学生读起来会感到特别亲切，可以从中寻找"自我"，还能从他人的思想、情感、苦难等经历中体验到生命的成长。

3. 强调是分层的

儿童心理研究表明：孩子七八岁喜欢阅读和自己现实生活密切相关的故事，九到十一岁喜欢阅读有丰富知识的作品，十二岁以后喜欢读较厚的作品和名人的传记故事。根据儿童的心理、年龄等特点，我们把书按低、中、高年级划分，这样，能"为每一个儿童寻找到此时此刻他最适合的书"。

4. 应该是全面的

我们所选的书以儿童文学为核心，兼选自然科学、人文科学等方面的其他优秀读物，如高年级儿童文学方面的有《西游记》《城南旧事》等，自然科学方面的有《昆虫记》《地心游记》等，人文科学方面的有《孔子的故事》《少年音乐和美术故事》等。这样，学生才能获得全面的营养。

指导：在"三部曲"中拾级而上

小学生由于阅读经验的不足，对整本书的阅读往往难以把握，这就需要教师加以指导。我们每周开设一节儿童阅读指导课，以经典书目为范本，师生每月共同精读一本书，通过整本书阅读的"导读——推进——延伸"三部曲的模式，引领学生阅读拾级而上。

1. 导读，开启阅读期待

整本书阅读的第一步是开启学生的阅读期待。阅读期待是一种迫切求知的心理状态，是通过悬念的制造、情境的创设等，激起学生体验和探究的欲望。重视阅读期待，对于激发学生的阅读热情、培养良好的阅读情趣有着重要的现实意义。

导读部分充分利用阅读期待，或从书中选取一个美好的场景、几个鲜明的形象，或讲讲作者和相关书评，或以书中精彩的内容、情节，或用书中的插图、故事里出现的音乐等，激起学生对新书阅读产生一份关注，形成一种期盼。比如，金波的《乌丢丢的奇遇》情节奇巧、文字优美，教师可以充满感情地朗读一段，读到精彩处停下来，把学生的兴趣充分激发出来，让他们欲罢不能。又比如，《绿野仙踪》的作者莱曼·弗兰克·鲍姆本人的经历充满传奇色彩，导读时给学生讲讲作者的故事，尤其是他创作《绿野仙踪》的经过，一下子就能抓住学生的心。导读部分，我们要做的就是让学生对即将开始的阅读旅程充满期待，兴趣浓厚。同时，为后面推进部分的主题探讨做好铺垫，有目的地阅读比漫无目的地阅读效果要好得多。

2. 推进，阅读走向深入

推进部分是阅读中的重要环节，可以是分章节的讨论，也可以是通读全书后若干小主题的讨论。此时的阅读讨论，需要带着一定的指向性。教师要做好引领，提出一些重要话题，让学生带着话题进行阅读。在阅读推进中，学生不但能理清困惑、深化理解，还能分享快乐、分享经验，使阅读走向深入。

比如，儿童小说、故事的推进阅读，教师可从故事情节、人物形象、语言风格、文学意蕴等方面展开。如《蓝鲸的眼睛》这本书语言优美抒情，意境空灵神秘，文本角色身上有着丰富的精神内涵，闪烁着人性的光芒，滋生着一种感动的力量。在指导中引导学生品味"蓝鲸献出眼睛"这一段文字，让他们感受抒情童话故事语言的意味，在品味中感悟语言文字的魅力。文本中的经典段落形象地描绘出角色的形象，反映出角色的内心情感和精神内涵，让学生有感情地诵读描写年轻人、小女孩、蓝鲸这些角色的主要段落，并引导想象、交流，谈对文本角色的印象。在诵读与交流中，学生不断丰富和铭记角色形象，感悟到书中深厚的精神内涵。在这基础上，通过给自己喜爱的角色写颁奖辞，来呈现他们对角色和文本的理解，让学生在写话中提升阅读品质。这样的推进活动，引领着学生进入阅读的又一重境界，提高了学生的阅读欣赏能力。

3. 延伸，阅读意犹未尽

一本书读完，并不意味着阅读的结束。相反，在推进部分结束时，学生由于观点的碰撞、心得的交流而获得的阅读体验正激起新一轮的波峰。

教师应把握住这一时机，巧妙整合资源，进行拓展延伸，顺势将阅读活动引向更为广阔的时空，进一步丰富学生的读书生活，深化读书感受。

可以拓展阅读作家的其他作品，如读完《永远讲不完的故事》，补充阅读米切尔·恩德的《毛毛》《犟龟》等；可以看电影，如阅读交流之后看《草房子》《夏洛的网》《城南旧事》等电影，别有一番滋味；可以排演书本剧，如读完《一百条裙子》之后演书中的精彩片段，学生会有更深的感受；可以进行延伸的写作活动，如读了《亲爱的汉修先生》，模仿书中的作者用假想收信人的方式倾诉自己的心声；可以画画、讲故事等，如读了《小淘气尼古拉》，把自己一天中有趣的事情画下来，组成漫画集《我的淘气史》，然后再讲给大家听……总之，只要巧妙安排，延伸活动能使学生对书中的情节、人物、内涵的了解更深入全面，感受更具体，受到的教育更深刻。

关注：让阅读更科学有效

师生共读整本书，常见教师不注意阅读规律，大包大揽、无微不至地"指点"，这样，反而加重了学生的负担，破坏了学生的阅读胃口。如何进行科学高效地阅读指导，提升"整本书"的阅读质量？我们以为，要重点关注以下三点：

1. 关注"整体"

整本书阅读，关键是"整体"。在读书交流时，教师始终要有整体观念。比如，对情节连贯性较强的小说类作品，要让学生抓住人物和事件的主要线索，形成连贯、整体的印象。读《鲁滨孙漂流记》，就可以让学生画一张鲁滨孙的漂流图——他依次到过哪些地方，呆了几年，干了些什么……这样，先从整体上把握这本书的脉络和走向，初步形成对书的整体印象。随着阅读的逐步深入，可以通过细节挖掘，牵一发动全身，促进学生对整本书的理解。最后，再从整本书结束，确保在学生头脑中形成一个完整的印象。

2. 关注"体裁"

教师要有"体裁意识"，不同体裁的书有不同的特点，要根据体裁的特点进行阅读指导。如阅读童话，要引导学生进入童话情境，成为童话人物，展开丰富想象；阅读小说，要从故事情节、人物形象、文学语言、文章主题等方面进行指导；阅读科技作品，要把握事物特征，理清说明顺序，研究说明方法，体会语言特点；阅读传记，要了解主人公的人生经历，分析人物形象，分析作品的选材、表现手法、语言特色，关注作者对人物及有关事实所做的评价等。这样，引导学生掌握不同体裁的书的阅读规律、基本方法，才能使他们真正读有所得。

3. 关注"话题"

共读中，选择话题至关重要。有的教师将一本书的内容细化出无数的问题，学生阅读的过程好像成了解答问题的过程，这样很容易陷入被动和机械的阅读状态。王林先生曾指出："少提小问题，多提大问题；少提事实性的问题，多提诠释性的问题；少提认同性的问题，多提批判性的问题；少提简单陈述性的问题，多提创意思考性的问题；少提封闭性的问题，多提开放性的问题。"这"五少五多"原则很有参考价值。我们认为，应选择能触动学生心灵的一石激起千层浪的话题，如可以引发学生认知冲突的话题，或涉及作品主题内涵的话题，或引导学生细细品味的话题，或源自学生需要的话题，或能够链接学生生活和情感世界的话题等。有了这些话题的讨论，阅读才会更深入，更动人，更持久。

（作者系海门市通源小学教育集团总校长，江苏省特级教师，全国优秀教师）

附录 2
新教育实验用书

2014年，新教育实验重新推出"新教育文库"的通识书系、萤火虫书系、蒲公英书系、阅读课书系、领读者书系，均为新教育实验用书。

因版权等原因，另有其他实验用书暂时未能收入"新教育文库"中。特将书目集中推荐如下。

1.《朱永新教育作品集》16卷，朱永新著
——新教育发起人朱永新教授的代表作，中国人民大学出版社出版。各册书名分别为：

卷一《中国古代教育思想史》

卷二《中国近现代教育思想史》

卷三《中国当代教育思想史》

卷四《中国本土心理学研究》

卷五《我的教育理想》

卷六《我的阅读观》

卷七《中国新教育》

卷八《新教育讲演录》

卷九《新教育对话录》

卷十《走在新教育路上》

卷十一《写在新教育边上》

卷十二《中国教育观察》

卷十三《外国教育观察观》

卷十四《教育心理学论稿》

卷十五《中国教育评论》

卷十六《中国教育建议》

2.《朱永新教育小语》，朱永新著

——精练而系统地以格言形式解读新教育。福建教育出版社。

3.《理想课堂的三重境界》，干国祥编著

——构筑理想课堂项目用书。漓江出版社。

4.《教师阅读地图》，魏智渊编著

——教师成长项目之专业阅读用书。漓江出版社。

5.《孩子的早期阅读课》，马玲编著

——"读写绘"项目用书。漓江出版社。

6.《一生有用的十二个好习惯——新教育实验"每月一事"项目操作手册》，新教育实验总课题组编著

——"每月一事"项目用书。天津教育出版社。

7.《做新教育的行者》，许新海著

——实验区推动新教育实验的经验总结。福建教育出版社。

8.《教育生活的救赎》，许新海著

——对用新教育理念重建教育生活的理论探究。山西教育出版社。

9.《澳洲课程故事——一位中国著名校长的域外教育体验》，许新海著

——以新教育之眼观照、审视、学习澳洲课程的教学理念和具体做法。福建教育出版社。

10.《24节气诵读古诗词》，常丽华编著

——新教育实验晨诵项目"农历的天空下"课程实践。漓江出版社。

11.《教室，在书信中飞翔》，常丽华著

——榜样教师在海外游学时以信件与国内学生的交流。教育科学出版社。

12.《完美教室——中国百合班的故事》，俞玉萍著

——初中榜样教师缔造完美教室的经验。南京大学出版社。

13.《一间可以长大的教室》，海门新教育研究中心编著，许新海主编

——新教育班主任的班级建设经验汇编。南京大学出版社。

14.《改变，从习惯开始》，顾舟群著

——小学低年段的家校信。教育科学出版社。

15.《小学创新作文教学设计 28 例》，牛心红主编

——绛县实验区自主研发的习作课程。中国轻工业出版社。

16.《小学学校仪式设计 20 例》，牛心红主编

——新教育小学与班级的常见仪式设计。中国轻工业出版社。

17.《中学学校仪式设计 16 例》，张硕果主编

——新教育中学与班级的常见仪式设计。中国轻工业出版社。

18.《新中国教育实验改革》，张荣伟编著

——新中国 60 年的教育实验。天津教育出版社。

19.《与理想同行 "新教育实验手册"指导手册》，"新教育理论的实践及推广研究"总课题组编

——新教育项目的操作指南。福建教育出版社。

20.《新希望工程——媒体眼中的"新教育实验"》，章敬平主编

——新教育实验新闻报道汇编。福建教育出版社。

21.《那些新教育的花儿》，童喜喜著

——新教育人的报告文学集。福建教育出版社。

22.《新教育的一年级》12 册，童喜喜著

——小学生、父母、教师共读的综合项目用书。二十一世纪出版社。

23.《新教育小学英语晨诵》8 册，新教育实验课题组组编

——小学 3 到 6 年级英语晨诵教材。南京师范大学出版社。

24.《新希望工程》，新教育研究院主编，储昌楼、刘恩樵编著

——新教育实验 2000～2006 年鉴。文化艺术出版社。

25.《过一种幸福完整的教育生活》，新教育研究院主编，刘恩樵编著

——新教育实验 2006～2007 年鉴。文化艺术出版社。

26.《共读共写共同生活》，新教育研究院主编，朱寅年编著

——新教育实验 2007～2008 年鉴。天津教育出版社。

27.《知识、生活与生命的共鸣》，新教育研究院主编，许新海、吴勇、

钱珏编著

——新教育实验 2008～2009 年鉴。文化艺术出版社。

28.《书写教师的生命传奇》，新教育研究院主编，陈连林、杜涛编著

——新教育实验 2009～2010 年鉴。文化艺术出版社。

29.《文化，为学校立魂》，新教育研究院主编，陈连林、杜涛编著

——新教育实验 2010～2011 年鉴。文化艺术出版社。

30.《活出中国文化的根本精神》，新教育研究院主编，杜涛、范静、丁洁编著

——新教育实验 2011～2012 年鉴。文化艺术出版社。